AF452278

ANDRÉ RABEL

LE
MARÉCHAL BESSIÈRES
DUC D'ISTRIE

AVEC UN PORTRAIT EN HÉLIOGRAVURE ET DIX CARTES

PARIS

CALMANN-LÉVY, ÉDITEURS

3, RUE AUBER, 3

LE

MARÉCHAL BESSIÈRES

DUC D'ISTRIE

314-03. — Coulommiers. Imp. Paul BRODARD. — 6-03.

MARÉCHAL BESSIÈRES

(DUC D'ISTRIE)

Imp. Ch. Wittmann

LE
MARÉCHAL BESSIÈRES

PARIS
CALMANN-LÉVY, ÉDITEURS
3, RUE AUBER, 3

MARÉCHAL BESSIÈRES

ANDRÉ RABEL

LE
MARÉCHAL BESSIÈRES
DUC D'ISTRIE

PARIS

CALMANN-LÉVY, ÉDITEURS

3, RUE AUBER, 3

LE MARÉCHAL BESSIÈRES

CHAPITRE PREMIER

INTRODUCTION

Le maréchal Bessières, duc d'Istrie. — Sa place dans l'histoire de l'Empire. — L'homme. — Le soldat.
Les origines de Bessières. — Bessières garde-française. — Il s'engage au 22e chasseurs : son éducation militaire dans la guerre des Pyrénées-Orientales.

Dans la brillante piéiade d'officiers qui se pressent autour de Napoléon — lieutenants du nouvel Alexandre — un des plus dignes d'appeler l'attention de l'histoire est sans contredit le maréchal Bessières, duc d'Istrie.

Bessières s'impose d'abord par sa haute valeur morale : cet ami fidèle de l'Empereur fut un des plus héroïques soldats de la Grande Armée; la noblesse de son caractère, son désintéressement et sa profonde bonté, son intelligence élevée mettent l'homme au premier rang de ses contemporains.

Le général s'y place également parmi les grands militaires de son temps. Commandant de la fameuse Garde Impériale, officier incomparable de cavalerie où il rivalisa avec Murat, il remplit dans les guerres de l'Empire un rôle important. Brillant soldat de la Révolution, il fut un des premiers à se ranger dans l'état-major de Bonaparte : dès lors il le suivit partout et conquit la gloire à ses côtés. Les campagnes de l'Empire le trouvent à la tête de la garde, qu'il dirige à Austerlitz, Eylau, et ramène couverte de lauriers. Après Tilsitt, il va commander la première armée d'Espagne et, par la brillante victoire de Medina del Rio-Seco, met Joseph sur le trône des Bourbons. Quand Napoléon vient diriger la conquête de la Péninsule, il prend la direction générale de la cavalerie française à la place de Murat : il se distingue à sa tête en Espagne, en Allemagne et surtout aux journées d'Essling, qui sont parmi les plus glorieuses de sa carrière. Blessé à Wagram, Bessières va se reposer en reprenant aux Anglais Flessingue, qu'ils ont gardé après l'échec de leur expédition contre Anvers. Il retourne ensuite en Espagne, mais y fait un séjour pénible, aux prises avec les difficultés infinies de la guerre de la Péninsule.

Il en revient pour accompagner Napoléon en Russie, où il suit constamment l'Empereur et se dévoue noblement, aux heures de la débâcle. Mis à la tête de la cavalerie pour la décisive campagne d'Allemagne, il y trouve la mort avant Lutzen, frappé d'un boulet comme Turenne. Il meurt à temps pour ne pas assister au triste écroulement du magnifique édifice impérial.

Sa carrière avait été dignement et glorieusement remplie. Cependant la personnalité de Bessières n'a pas encore reçu de l'histoire le juste tribut qui lui est dû. C'est qu'il a presque constamment vécu aux côtés mêmes de l'Empereur, comme Duroc, et que la gigantesque figure de Napoléon a fait souvent oublier ceux qui l'entouraient immédiatement. C'est aussi que le duc d'Istrie est mort au champ d'honneur, avant l'heure du repos, et n'a pu, comme beaucoup des grands généraux de l'Empire, laisser derrière lui des souvenirs écrits, recueil durable de leur hauts faits.

Les sources ne manquent point, heureusement, pour reconstituer les diverses étapes de cette belle existence. C'est un des aides de camp du Maréchal, le colonel Baudus, qui a laissé sur lui les plus précieux renseignements : Baudus fit partie de son état-major dans la plupart de ses campagnes, et les Mémoires, les études sur l'Empire, qu'il a écrits, donnent de nombreux et intéressants détails sur la vie privée et la carrière militaire de son chef. Les documents des campagnes de l'Empire, les correspondances et les rapports de Bessières qui y sont contenus, et les Mémoires de ses contemporains, fournissent également de multiples éléments pour l'histoire de sa vie et permettent de mettre en relief dans l'épopée impériale la belle et loyale figure du duc d'Istrie.

Jean-Baptiste Bessières est né à Prayssac, près de Cahors, le 6 août 1768. Il est le compatriote de Murat, son rival de gloire. Il eut la vivacité d'esprit des Gascons, la valeur militaire d'une race qui a donné à la France Montluc, Henri IV, Lannes, les deux grands chefs de la cavalerie impériale et tant d'autres illustres soldats. Il n'eut pas les mauvais côtés ou plutôt les petits côtés du caractère local : il ne fut pas « gascon », au sens vulgaire du mot; ni la légèreté d'un Murat, ni la coupable inconstance d'un Bernadotte ne se trouvèrent en lui, mais sa pureté morale, sa franchise et sa fidélité le rapprochent plutôt d'un Desaix, né dans les pays voisins de l'Auvergne, sur la rude terre de granit du Plateau Central.

La légende prétendait que Bessières sortait du bas peuple, comme beaucoup des plus grands généraux de la Révolution : on racontait que sa famille, très obscure, était sans fortune et qu'il était entré dans la vie comme apprenti perruquier. Il n'en est rien : le père du futur duc d'Istrie était un chirurgien aisé de Prayssac et appartenait à une excellente famille bourgeoise. Il envoya son fils faire ses études au collège de Cahors : Jean Bessières était intelligent et reçut une bonne instruction : il se préparait à exercer la profession paternelle, quand la Révolution de 1789 éclata.

Il voulut partir pour Paris et obtint, après quelque résistance, l'autorisation de ses parents. Il quitta son pays pour n'y plus revenir : il allait embrasser la carrière militaire où sa valeur d'abord, ses talents ensuite l'élevèrent jusqu'au rang suprême, où il devait trouver la gloire et la mort. Le 7 avril 1792 le jeune engagé volontaire entra comme cavalier dans la garde constitutionnelle de Louis XVI : il est curieux de remarquer que le futur commandant de la Garde Impériale fit ses débuts dans le corps similaire de l'Ancien Régime. Le 5 juin Bessières devint licencié, mais la garde royale fut dissoute : il ne se considéra pas comme libéré de ses engagements envers le Roi et essaya de servir la cause de l'infortuné souverain dans la journée du 10 Août. Il risqua courageusement sa vie, car c'était jouer gros jeu à cette époque, en sauvant ce jour-là plusieurs personnes de la Maison de la Reine menacées après la prise des Tuileries. Mais il fut alors obligé de se cacher pendant quelque temps et ne sortit de sa retraite que le 1er novembre pour s'engager à nouveau dans l'armée.

Il fut incorporé au 22e régiment de chasseurs et envoyé à l'armée des Pyrénées-Orientales. C'est là qu'il devait faire toute sa carrière militaire jusqu'au moment où il partit pour prendre part à la campagne d'Italie sous les ordres du général Bonaparte. Pendant trois années, son régiment allait opérer en Cerdagne et en Catalogne contre les Espagnols : le jeune soldat devait s'y trouver à dure école. La guerre des Pyrénées fut une des plus pénibles des guerres de la République, mais aussi une de celles où se formèrent le mieux et le plus vite les merveilleuses troupes de la Révolution. Les forces de la cavalerie française étaient presque nulles : aussi le 22e de chasseurs dut-il se multiplier au début pour assurer les services de

reconnaissance et tenir sa place aux combats.
Ceux qui résistèrent aux fatigues et échappèrent
aux balles eurent un avancement rapide. Bessières se fit remarquer aussitôt par sa bravoure :
le 1er décembre 92 il devint adjudant sous-officier,
le 16 février 93 il passa sous-lieutenant. Il fit le
reste de la campagne en qualité d'adjoint à l'adju-
dant-major général des chasseurs.

Pendant la terrible année 93, les débuts de la
guerre furent désastreux; sous le sanglant régime
de la Terreur, les chefs se succédèrent sans stabi-
lité aucune dans le commandement, et les défaites
se succédèrent aussi. L'armée française perdit la
Cerdagne et recula jusqu'à Perpignan. En 1799
l'état de choses changea, le général Dugommier
arriva à la tête de l'armée et la réorganisa peu à
peu. Sa cavalerie s'éleva à 2 000 chevaux : Bessières eut alors pour chef le général Labarre, un
intrépide officier de cavalerie avec lequel il s'ins-
truisit utilement. Dugommier attaqua les Espagnols dans leur camp du Boulou : l'héroïsme
d'Augereau et une charge enragée du 22° chasseurs décidèrent de la victoire; les chasseurs dispersèrent les forces supérieures de la cavalerie
ennemie et se jetèrent sur l'infanterie : l'escadron
de Bessières enfonça le premier la ligne espa-

gnole. Après cette victoire, la Cerdagne fut reprise et la Catalogne envahie.

La détresse des soldats était grande à cette époque : ils n'étaient ni vêtus, ni nourris, et soumis à de durs labeurs. Souvent la cavalerie ne pouvait faire ses étapes, faute de fourrages à distribuer aux chevaux. Mais, grâce à cet entraînement, les âmes comme les corps s'endurcissaient et de merveilleux soldats se formaient dans les courageuses légions pyrénéennes : les plus braves grenadiers d'Italie vinrent de là, et des rangs des officiers devaient sortir Bessières, Lannes, Augereau, Victor, Larrey.

Bessières servait maintenant sous les ordres du général Dugua, Labarre ayant été tué. Il avait de nouveau à déployer son courage et son ardeur sous les murs de Figuières, où s'était retranchée l'armée espagnole. Une bataille de deux jours s'engagea autour de la ville. Dugommier fut tué, mais l'attaque fut menée vigoureusement et, le 20 novembre, les Espagnols vaincus capitulèrent.

En 1795 la campagne continua : les Espagnols s'étaient retirés sur la Fluvia, et Schérer, qui venait de prendre le commandement, les y suivit. De durs combats s'engagèrent : à Bascara, sur la Fluvia, Bessières se distingua particulièrement par son héroïsme. Les temps redevinrent bientôt pénibles pour l'armée française, laissée en Catalogne dans une extrême pénurie de ressources : elle dut reculer jusqu'aux Pyrénées. C'est là que le traité de Bâle la trouva.

Une grande partie de ses corps fut envoyée aux Alpes pour être incorporée à l'armée d'Italie. Bessières traversa avec son régiment le sud de la France : les troupes dont il faisait partie étaient dans un affreux état de misère, mais c'étaient les plus héroïques soldats enfantés par la Révolution aux heures critiques où la patrie était en danger. Bessières avait reçu une trempe d'âme que ses grandeurs futures ne devaient jamais amóllir.

CHAPITRE II

LES PREMIÈRES CAMPAGNES DE BESSIÈRES

1796-1799.

Bessières à l'armée d'Italie. — Le général Bonaparte.
Les campagnes d'Italie. — Première campagne de Bonaparte
contre les Autrichiens. — La cavalerie française : Murat et
Bessières. — Création des guides : Bonaparte a distingué
Bessières et lui donne le commandement des guides.
Bonaparte et Würmser : charge de Bessières et des guides à
Roveredo. — Bessières chef d'escadrons. — Bonaparte et
Alvinzy : Bessières à Arcole et à Rivoli. — Bonaparte envoie
Bessières porter à Paris les drapeaux pris à l'ennemi : lettre
au Directoire. — Bessières rejoint Bonaparte avant Leoben.
— Séjour en Italie. — Bessières chef de brigade.
L'expédition d'Égypte. — Bonaparte confie à Bessières Eugène
de Beauharnais. — Conquête de l'Égypte. — Séjour au Caire.
— Expédition de Syrie. — Bataille d'Aboukir. — Bessières
suit Bonaparte qui rentre en France.

L'année 1796 s'annonçait sous de tristes
auspices pour l'armée d'Italie. Sa misère était
navrante : les soldats qui la composaient étaient
excellents, vieux vétérans des guerres de la Révolution n'ayant pas leurs égaux en Europe, mais

ils n'avaient pas de vêtements, pas de souliers, pas même le pain quotidien. Qu'allait faire cette poignée de héros contre les 60 000 coalisés, Autrichiens et Piémontais, qui, sous les généraux Beaulieu et Colli, gardaient l'Italie et menaçaient la France? Il fallait un miracle.

Le miracle eut lieu : ce fut l'arrivée d'un homme encore peu connu, mais dont le nom allait bientôt s'imposer à l'admiration de sa patrie et de l'Europe entière, un jeune général qui venait remplacer Schérer, le général Bonaparte. L'année 1796 allait révéler au monde le génie du futur empereur des Français, du plus grand homme de guerre dont l'histoire ait à relater les hauts faits.

Bonaparte avait séduit les Directeurs par un plan de campagne large et audacieux, difficile à réaliser, mais plein de talent, qu'il proposait d'exécuter en Italie. On l'y envoya au printemps. Il y trouva un merveilleux instrument pour ses desseins : 30 000 soldats capables de tout sous une heureuse direction — des généraux excellents : Masséna, Angereau, Berthier, Laharpe, Sérurier — un corps d'officiers d'une remarquable intelligence et d'une indomptable énergie, dont sortiront Murat, Lannes, Bessières et tant d'autres.

Avec une telle armée, Bonaparte put réaliser ses plans.

Aussitôt arrivé, il entre en campagne. On sait l'étonnante conquête qu'il termine en deux mois. Il fonce sur le centre de l'ennemi, le coupe en deux, écrase les Piémontais qu'il oblige à traiter. Puis il se retourne contre les Autrichiens, leur enlève la Lombardie, les rejette de l'Adda au Mincio, du Mincio à l'Adige. Enfin il revient pacifier le nord de l'Italie. Dans cette merveilleuse série de victoires qui s'appellent Montenotte — Millesimo, Dego, Mondovi — Lodi, Borghetto, Bonaparte inaugure les méthodes militaires qui feront ses triomphes futurs.

Au premier rang de ses innovations, il faut placer le rôle qu'il entend donner désormais à la cavalerie. La cavalerie française a été négligée jusque-là : elle ne valait rien en face de la cavalerie allemande, très nombreuse et très manœuvrière, et elle n'osait l'affronter. Bonaparte trouva d'excellents officiers qui allaient l'aider à relever cette arme et à l'amener au degré de perfection qu'elle atteignit sous l'Empire : c'est en Italie que Murat, Bessières, Kellermann, Milhaud, Lasalle conquirent leurs premiers lauriers. Murat était aide de camp de Bonaparte : c'est à Borghetto

qu'il exécuta la première de ces charges éclatantes qui firent sa gloire. Murat parla au
général en chef d'un de ses compatriotes, resté
son ami depuis le jour où ils avaient quitté
ensemble leur pays natal, c'était Bessières.

Bonaparte avait remarqué sa valeur aux différents combats de cette première campagne. A l'un
d'eux, Bessières, chargeant avec le 22ᵉ de chasseurs
une batterie ennemie, a son cheval tué sous lui.
Il se relève aussitôt, court à un canon autrichien
et attaque à coups de sabre les artilleurs. Deux
de ses cavaliers le voient et volent à son secours.
Les canonniers sont tous tués et Bessières enlève
la pièce avec ses hommes. Bonaparte prit en
affection le jeune capitaine de chasseurs et, quand
il créa l'escadron des guides, il mit Bessières à sa
tête.

Le corps nouveau comprenait des cavaliers
d'élite, distingués par leurs qualités dans tous les
régiments de cavalerie. Ils devaient constituer la
garde particulière du général en chef et l'accompagner partout; à vrai dire, Bonaparte avait fort
peu souci de sa sûreté personnelle. Ce qu'il voulait, c'était avoir sans cesse sous la main une
troupe prête à tout, capable des coups d'audace les
plus extraordinaires. Et bientôt il lui arriva de

décider les plus grandes victoires en se servant, aux moments critiques et décisifs, d'une poignée de ces dévoués et invincibles soldats. Nul mieux que Bessières, qui savait être intrépide et sage à la fois, n'était apte à les commander. Bonaparte l'avait distingué et l'appréciait déjà; son ami Murat le recommandait chaudement. Bessières devint donc commandant des guides, corps d'élite qui fut le premier noyau d'où sortit la Garde Impériale. Depuis ce jour, il ne quitta plus qu'à de rares intervalles la personne de Napoléon; et c'est en Italie que naquit cette véritable affection qui devait lier le Maréchal à l'Empereur et ne prendre fin qu'à sa mort.

Cependant la campagne allait s'ouvrir de nouveau : l'Autriche envoyait en Lombardie le général Würmser avec 60 000 hommes pour venger sa défaite, prendre sur Bonaparte une victorieuse revanche et reconquérir l'Italie. Bonaparte campait sur l'Adige avec son armée : il se trouvait en personne avec Bessières et les guides à Castelnovo. Les Autrichiens débouchaient du Tyrol par les trois routes de Salo, Rivoli et Vérone : ils commencèrent par rejeter la ligne française en arrière et marchèrent sur Mantoue abandonné. Bonaparte les laissa faire : il concentra ses forces sur le lac de Garde, arrêta l'aile droite ennemie et la rejeta dans le Tyrol; puis il revint sur les derrières de l'armée de Würmser, infligea un échec sanglant à son arrière-garde à Lonato, attaqua Würmser lui-même à Castiglione et, l'y battant complètement, l'obligea à se retirer en Autriche après avoir perdu un tiers de son armée. Pendant toute la campagne, les guides suivirent Bonaparte, et Bessières leur fit cueillir à Lonato et Castiglione leurs premiers lauriers.

Würmser reçut quelques renforts dans le Tyrol et redescendit aussitôt vers l'Italie, arrivant en personne par la Brenta, tandis que son lieutenant Davidovich suivait la vallée de l'Adige. Bonaparte laissa quelques troupes autour de Vérone et marcha contre Davidovich. Il le rencontra le 4 septembre à Roveredo. Il lança aussitôt sur les hauteurs des tirailleurs qui fatiguèrent les Autrichiens, puis il fit avancer contre eux la brigade Victor : mais l'ennemi tint bon. Bonaparte ordonna au général Dubois de charger avec ses hussards : Dubois fut tué et les hussards furent vivement ramenés, Bessières ébranla alors l'escadron des guides et exécuta avec lui une charge merveilleuse. L'infanterie autrichienne fut enfin enfoncée au centre même et un effort général de la ligne française assura aussitôt une victoire décisive. C'est dans cette charge que Bessières, avec six de ses cavaliers, enleva deux canons d'une batterie ennemie : il se couvrit de gloire et, le soir même de la bataille, Bonaparte le fit chef d'escadrons.

Le général en chef imaginait alors un mouvement d'une audace inouïe et possible seulement avec des troupes d'une indomptable énergie. Il poursuivit Davidovich jusqu'à Trente en achevant la destruction de son corps, puis passa de la vallée de l'Adige dans celle de la Brenta et redescendit en Lombardie par la route même que venait de suivre Würmser. Grâce à d'extraordinaires marches forcées, il parvint à rejoindre son rival, le battit à Primolano, Bassano, Saint-Georges et, le poursuivant à outrance, l'enferma dans Mantoue avec les restes de son armée. La troisième campagne d'Italie était encore terminée par le triomphe le plus éclatant.

Mais les Autrichiens ne voulurent pas s'avouer vaincus : ils espérèrent pouvoir profiter de la fatigue de l'armée française pour en finir avec Bonaparte et débloquer Mantoue. Ils donnèrent encore 60 000 hommes au général Alvinzy, qui s'avança sur l'Adige.

Bonaparte heurta Alvinzy devant Vérone, mais ne put l'entamer : il eut alors une idée de génie et vint, en longeant l'Adige jusqu'au Ronco, déboucher sur le flanc et les derrières de l'armée autrichienne près des marais d'Arcole. C'est là que les 15, 16 et 17 novembre eut lieu l'action décisive. Bonaparte ne pouvait se porter sur la rive gauche du fleuve que par deux étroites chaussées qui traversaient les marais; mais, sur ce terrain limité, il détruisait l'effet de la supériorité numérique de l'ennemi. Le 15, il fit balayer les digues, mais il fut arrêté par le pont d'Arcole, et le temps qui fut employé à tourner l'obstacle permit à Alvinzy de ramener ses forces vers le point menacé. Le 16, des rencontres continuelles eurent lieu sur les digues : l'héroïsme des Français y fit subir aux Autrichiens des pertes énormes.

Le 17, Bonaparte résolut de porter l'attaque décisive et de déboucher en plaine en face d'Alvinzy. La situation était désespérée : il fallait vaincre ou mourir. Une fois de plus, le génie de Bonaparte, favorisé par la fortune, allait l'emporter. La gauche de la ligne ennemie au delà de l'Alpon était couverte par un vaste marais plein de grands roseaux. Bonaparte fit exécuter un coup d'une audace extrême; sur son ordre, Bes-

sières confia vingt-cinq de ses guides au capitaine Hercule : celui-ci devait traverser les
marais, en cachant sa troupe dans les roseaux, et
venir déboucher à l'improviste sur le flanc des
Autrichiens, en faisant retentir un grand bruit de
trompettes pour donner illusion sur ses forces,
— Augereau et Masséna attaquaient de front
Alvinzy quand la diversion d'Hercule s'opéra;
l'ennemi se crut tourné par toute la cavalerie
française et flotta aussitôt. Bonaparte le fit
pousser très vivement, et bientôt l'armée d'Alvinzy, vaincue, fut en pleine déroute. Le général
en chef remonta l'Adige et rejeta le reste des
Autrichiens dans le Tyrol. L'Italie était une
fois de plus sauvée.

Le salut n'était pas définitif. L'ennemi n'avait
pas été détruit et voulut tenter un dernier effort;
les succès de l'année 1796 en Allemagne permirent à l'Autriche de renforcer encore l'armée
d'Alvinzy. 60 000 hommes allaient descendre à
nouveau contre l'héroïque armée d'Italie; mais
le génie de son chef devait lui permettre de subir
ce dernier et terrible assaut et d'assurer ainsi les
résultats des beaux triomphes des campagnes
précédentes.

Alvinzy opéra en 1797 l'attaque principale par

le Haut-Adige : il s'y heurta à la division Joubert, qui gardait les défilés de la Corona et de Rivoli. Le 12 janvier, il se prépara à enlever le plateau de Rivoli ; son principal corps, grenadiers, cavalerie, artillerie, bagages longeait la rive droite de l'Adige au pied du Monte-Baldo et débouchait par l'escalier tournant d'Incarnale. Trois corps d'infanterie descendaient les degrés du Monte-Baldo vers le plateau, un quatrième sous Lusignan devait, plus à droite encore, tourner les Français par le lac de Garde. Bonaparte accourut aussitôt, amenant les divisions Masséna et Rey, quelque cavalerie et ses guides. La bataille eut lieu le 14 janvier : les Français n'étaient pas 16 000 contre 45 000 Autrichiens.

Bonaparte s'efforça d'arrêter l'infanterie ennemie qui arrivait par les pentes du Monte-Baldo et de la couper du débouché d'Incarnale ; il y parvint après des efforts inouïs. La colonne autrichienne, qui montait par la route de l'Adige, y fut rejetée dans une affreuse déroute sans avoir pu se déployer. Bonaparte tourna alors toutes ses forces sur le centre ennemi : une charge éclatante de Bessières et des guides de Lasalle avec quelques hussards décida de la journée. La ligne autrichienne fut enfoncée : Joubert et Masséna achevèrent la victoire : seul le corps de Lusignan, parti vers Vérone le long du lac de Garde, restait intact : Bessières et Lasalle se rejettent à sa poursuite, l'infanterie de Masséna les rejoint et, comme Lusignan essaye de fuir, il trouve devant lui Rey qui arrive de Vérone et, cerné partout, doit se rendre.

Bonaparte repart alors pour Mantoue, où Provera, descendu par la Brenta avec la gauche d'Alvinzy, est arrivé. Il rallie Augereau à Masséna et rejoint Provera à la Favorite, le 6 janvier. Ses guides sont encore là : une charge enragée de Bessières et surtout une attaque irrésistible de la brigade Victor achèvent l'œuvre de Rivoli. Provera, cerné entre le corps qui assiège Mantoue et les troupes de Bonaparte, capitule : bientôt Würmser doit suivre son exemple et livrer la dernière possession des Autrichiens en Italie.

Bonaparte fit partir Bessières pour porter à Paris les drapeaux pris à l'ennemi depuis Rivoli. Il lui donna pour le Directoire la lettre suivante :

« Citoyens Directeurs, je vous envoie onze drapeaux pris sur l'ennemi aux batailles de Rivoli et de la Favorite. Le citoyen Bessières, commandant des guides, qui les porte, est un officier distingué par sa bravoure et par l'honneur qu'il a de commander de braves gens qui ont toujours vu fuir devant eux la cavalerie ennemie et nous ont rendu les services les plus signalés.

» BONAPARTE. »

Bessières vint à Paris où il reçut un accueil enthousiaste : il représentait cette armée d'Italie dont les exploits extraordinaires soulevaient l'admiration universelle. Les noms du général en chef et de ses héroïques lieutenants étaient sur toutes les bouches : aussi fit-on une glorieuse réception à l'envoyé de Bonaparte, au brave distingué entre les plus braves.

Mais Bessières ne se laissa pas endormir dans les douceurs de Paris. Il n'y resta que quelques jours et repartit aussitôt pour rejoindre son chef. Celui-ci, ayant reçu des renforts, marchait victorieusement sur Vienne, Bessières le rejoignit au début d'avril pour assister à la double victoire que, le 1er à Neumark et le 3 à Unzmark, il remporta sur l'archiduc Charles. Le 7 avril l'armée d'Italie s'arrêta à Leoben : l'Autriche vaincue demanda la paix.

Bonaparte repartit en Italie emmenant Bes-

sières et ses guides. Il allait y entreprendre encore
une merveilleuse campagne, toute pacifique, faisant triompher la Révolution dans toute la Péninsule, renversant les vieux gouvernements pourris
et créant une Italie républicaine et française. Il y
resta jusqu'à la signature du traité de Campo-
Formio, 17 octobre 1797. Ce fut une douce période
dans la vie de Bessières, comme celui-ci devait
peu en retrouver. Il vivait avec Bonaparte au
milieu de la richesse et de la gloire : il ne quittait pas son chef, dont l'affection ne faisait que
croître pour lui de jour en jour. Il le suivit quand
il revint en France et assista à la triomphale
réception qu'on lui fit à Paris le 10 décembre et
où la France se jeta dans les bras du général
vainqueur.

Bonaparte nomma Bessières chef de brigade le
9 mars 1798, en récompense de ses services en
Italie. C'est en cette qualité qu'il prit part à l'expédition d'Égypte.

Bonaparte voulait aller cueillir en Orient de
nouveaux lauriers et y chercher cette auréole de
gloire mystérieuse, nécessaire à ses ambitions,
que donnent les conquêtes lointaines. Il emmenait avec lui 40 000 soldats commandés par

Kléber, Desaix, Berthier, Lannes, Murat. Bessières le suivait comme colonel des guides : il recevait une mission de confiance pour la future campagne, car Bonaparte le donnait comme mentor à son jeune beau-fils, Eugène de Beauharnais, qui allait y faire ses premières armes; le général rendait justice aux parfaites manières et aux nobles qualités de Bessières.

Après une heureuse traversée où les Anglais furent évités, l'armée française débarqua en Égypte le 1er juillet : elle s'empara d'Alexandrie, traversa le désert, battit, le 21 juillet, les Mamelucks près des Pyramides et, le 23, entra au Caire. Dans toute cette première partie de la campagne le rôle de la cavalerie fut effacé : Bonaparte n'avait emmené que quelques chevaux et comptait monter ses cavaliers en Égypte même, avec des chevaux arabes : il ne put réaliser ce programme qu'après sa victoire et son installation au Caire. Bessières avec les guides ne put donc que suivre le général en chef sans prendre une part active aux actions de la guerre.

Il resta six mois au Caire avec Bonaparte, pendant que celui-ci achevait sa conquête et l'organisait avec tout son génie : il y vivait avec Murat et Eugène de Beauharnais. L'armée n'était guère occupée que par les discussions qui s'élevaient sans cesse entre les fidèles de Bonaparte et les adversaires de sa politique, que le désastre de la flotte française à Aboukir avait inquiétés. La duchesse d'Abrantès raconte à ce propos une affaire qui eut lieu au Caire entre son futur mari, Junot, et un des officiers mécontents, le général Lanusse. Un jour qu'il y avait dîner chez Murat, au cours d'une partie de cartes qui avait lieu entre Lannes, Lanusse, Bessières et Junot, ce dernier insulta gravement Lanusse. Un duel fut décidé; Junot prit pour témoins Bessières et Murat. Mais il ne voulut pas se servir du pistolet où sa grande habileté était connue : il se battit au sabre et fut grièvement blessé. Ainsi se groupaient déjà les fidèles de Bonaparte, les futurs maréchaux de l'Empire.

Cependant, après la victoire navale de Nelson, la Porte avait déclaré la guerre et une armée turque se formait en Syrie. Bonaparte résolut de la prévenir et partit en Palestine avec un corps expéditionnaire. Bessières l'y suivit. L'armée française s'arrêta pour assiéger la ville de Saint-Jean-d'Acre, formidablement défendue : du 19 mars au 20 mai elle y fut en grande partie immobilisée. Les Turcs essayèrent de faire lever le siège : le pacha de Damas fut écrasé au Mont-Thabor par une poignée de Français. A Saint-Jean-d'Acre les lieutenants de Bonaparte rivalisaient de courage : Murat, Lannes, Bessières, Kléber déployaient un héroïsme inouï pour enlever la ville d'assaut. Toutes les tentatives échouèrent et Bonaparte dut se résigner à rentrer en Égypte.

La grande armée turque réunie à Rhodes sous les ordres de Mustapha-Pacha débarqua bientôt à Aboukir sous la protection des Anglais : elle comptait 18 000 janissaires, excellente infanterie, quelque cavalerie, une bonne artillerie et des cadres anglais. Ils s'établirent dans la presqu'île d'Aboukir, sur deux lignes : la première contenait 7 000 hommes rangés entre deux mamelons qui appuyaient les positions des ailes vers la mer et le lac Hawamdieh. La deuxième s'étendait parallèlement en arrière, devant le village d'Aboukir, fortifiée au centre par une redoute que deux longs boyaux joignaient à la mer et au lac. De ce dernier côté restait un certain espace libre, mais le feu des canonnières anglaises pouvait le balayer.

Bonaparte arriva le 25 juillet avec une partie de son armée, 6 000 hommes environ, et résolut

d'attaquer les Turcs aussitôt. Les officiers de
cavalerie qui le suivaient, Murat, Bessières, dispersèrent la cavalerie ennemie et tournèrent la
première ligne de défense tandis que l'infanterie
l'enlevait de front : 5 000 Turcs poussés en
déroute vers la mer furent sabrés ou se noyèrent.
Bonaparte marche alors sur Aboukir, il veut
essayer un mouvement semblable à celui qui
vient de si bien réussir. Sur son ordre, Murat
s'élance pour passer entre l'aile gauche des Turcs
et le lac : il repousse l'ennemi, mais il doit reculer
bientôt, étant pris entre le feu de la redoute et
celui des canonnières. Bessières vient se joindre
à lui avec les cavaliers mis en réserve : après plusieurs charges vigoureuses, les escadrons français
passent enfin et débordent l'ennemi. Dès lors
la victoire est décidée. Lannes enlève la grande
redoute, Murat envahit le camp des Turcs et
prend Mustapha. Toute l'armée ennemie est
refoulée vers le rivage : c'est la répétition du
premier carnage. 15 000 Turcs ont succombé et
Bonaparte est maître à nouveau de l'Égypte.

Ses actions d'éclat à Saint-Jean-d'Acre et à
Aboukir valurent à Bessières le grade de général
de brigade.

Bonaparte ne séjourna plus longtemps en

Égypte. Il avait reçu des nouvelles d'Europe :
la France était envahie, le Directoire débordé à
l'extérieur comme à l'intérieur. La situation était
propice à ses desseins : il résolut de partir et de
rentrer en France. C'était une audacieuse expédition que de passer la mer à travers les croisières
anglaises : Bonaparte essaya d'y réussir, confiant
dans sa fortune. Il quitta le Caire avec ses
250 guides : il emmenait la plupart de ses fidèles :
Berthier, Bessières, Lannes, Murat, Beauharnais,
Marmont et quelques autres et s'embarqua secrè-
tement le 25 août.

« Soyez tranquille, disait-il, nous passerons! »
Les deux frégates qui portaient César et sa fortune
échappèrent par miracle, et Bonaparte débarqua
le 8 octobre à Fréjus, au milieu de l'enthousiasme
général des Français.

CHAPITRE III

LE CONSULAT ET L'EMPIRE

L'hiver de 1802. — Projet de Bonaparte pour descendre en
Angleterre : débuts du camp de Boulogne. — Fréquents
voyages de Bessières à Boulogne avec le Premier Consul.
Complot de Georges contre Bonaparte : mort du duc d'Enghien.
— Murat et Bessières, qui n'ont pu sauver le Prince, font
gracier, MM. de Rivière et de Polignac. — Bonaparte, empereur des Français.
Bessières maréchal. — Voyage à Boulogne : Napoléon sur une
barque brave le canon des Anglais. — Voyage en Belgique
et sur le Rhin; 1804. — Le couronnement et le sacre.
Voyage en Italie : représentations militaires à Marengo et Castiglione, séjour à Milan. — Nouvelle coalition contre la
France et retour rapide à Fontainebleau. — Dernier voyage
à Boulogne.

La France avait été sauvée d'une invasion
immédiate par la victoire de Masséna, mais la
coalition était encore menaçante sur les frontières, à l'intérieur le mécontentement était
général contre le Directoire, le pays profondément troublé. Un homme énergique, capable
d'entraîner l'opinion du peuple et de l'armée,
pouvait devenir maître de la situation. Bonaparte,
grâce à l'immense popularité de ses victoires,
allait être cet homme.

Dès son retour il chercha à gagner l'armée à sa
cause; ses fidèles lieutenants, revenus avec lui
d'Égypte, Murat, Lannes, Bessières, Berthier,
travaillèrent les généraux et les états-majors : sur
ses conseils ils donnèrent des réceptions nombreuses, où tous les officiers qui se trouvaient à

Paris se réunirent et se groupèrent peu à peu.
Aucun n'échappa à l'ascendant de Bonaparte, qui
était le premier d'entre eux, et s'assura vite leur
dévouement ou tout au moins leur neutralité
bienveillante. Du côté politique il s'allia avec le
parti modéré : le directeur Sieyès, Cambacérès,
Talleyrand, Fouché. Un coup d'État fut décidé
pour renverser le Directoire et établir un gouvernement plus fort et plus stable.

Il fut exécuté par Bonaparte le 18 brumaire
(9 novembre 1799) : il réunit le matin chez lui
tous les généraux qui lui étaient dévoués et les
envoya dans Paris pour se mettre à la tête des
troupes et garder la ville contre tout mouvement
populaire : un décret des Anciens lui avait
conféré le commandement militaire de Paris et
une grande revue lui avait assuré le dévouement
absolu des soldats. La démission de Sieyès et de
deux de ses collègues, l'arrestation des deux
autres, laissa libre le pouvoir exécutif, dont
Bonaparte s'empara. Le lendemain 19, il se rendit
à Saint-Cloud pour en finir avec les conseils : les
Cinq-Cents opposèrent une violente résistance et
voulurent le mettre hors la loi. Bonaparte fit appel
aux baïonnettes : Murat, Bessières, Leclerc ébran-
lèrent les grenadiers et dispersèrent le Corps

législatif. Bonaparte resta en possession de ce dernier champ de bataille, où la fortune avait failli l'abandonner. La Révolution était faite. Le règne de Bonaparte commençait, avec la longue suite d'années glorieuses que la France allait traverser avant l'effondrement final de l'édifice impérial.

Le nouveau gouvernement s'établit : tandis que Sieyès préparait la constitution du Consulat, Bonaparte prenait en main la direction générale des affaires. Un de ses premiers actes fut la création d'une garde consulaire : elle devait comprendre quatre bataillons d'infanterie, grenadiers et chasseurs, et deux régiments de cavalerie. Les soldats d'élite entreraient seuls dans la composition de ce corps, qui n'aurait pas son rival au monde. Bonaparte plaça à sa tête deux de ses plus fidèles lieutenants; assurant ainsi sa sûreté personnelle et la solidité du nouveau régime. Le 11 novembre, Lannes était nommé commandant en premier de la garde, chargé de la direction de l'infanterie; Bessières, commandant en second et chef de brigade de la cavalerie. Avec ces deux amis dévoués à ses côtés, Bonaparte pouvait être tranquille.

Le 15 décembre, il devenait Premier Consul :

la Constitution de l'an VIII était promulguée.
C'était, sous les dehors de la République, le rétablissement de la monarchie, au profit du triomphateur d'Italie et d'Égypte. Le 19 février, il alla
s'installer en grande pompe au Palais des Tuileries : les régiments qui se trouvaient de passage
à Paris en route pour la frontière, ouvraient
la marche, ayant Murat, Bessières et Lannes à
leur tête; tous les corps de l'État entouraient
Bonaparte, qui traversa les rues au milieu d'un
immense enthousiasme populaire. Au Carrousel,
Lannes et Bessières lui présentèrent la garde,
qu'il passa en revue, ainsi que les autres troupes;
puis il entra aux Tuileries où il reçut durant
toute la journée.

Il allait bientôt abandonner les affaires pour
la guerre : une grande victoire et la paix enfin
arrachée à la coalition vaincue vinrent utilement
servir son génie et ses ambitions et lui donner le
regain de gloire nécessaire à l'achèvement de
ses plans dominateurs.

L'Autriche se préparait à reprendre activement
la campagne au printemps. Elle mit sur pied deux
grandes armées, 150 000 hommes en Allemagne
sous le baron de Kray, 120 000 en Italie confiés

au général Mélas; le premier devant garder le
Rhin, le second envahir le Midi de la France en
donnant la main à la flotte anglaise. Bonaparte
confia l'armée du Rhin, portée à 130 000 combattants, au général Moreau, dont les grands talents
s'étaient révélés sur ce terrain; elle devait passer
le Rhin et attaquer les Autrichiens sur le Danube.
Les restes de l'armée d'Italie réorganisée avec
soin et comprenant 40 000 soldats, furent mis
sous les ordres de Masséna; le vainqueur de
Zurich devait arrêter Mélas à Gênes et chercher
dans les Apennins de nouveaux Thermopyles.
Enfin le Premier Consul conçut un plan de génie
pour décider de l'issue de la campagne : il l'exécuta
dans le plus profond secret. Sous le nom d'armée
de réserve, il commença entre Dijon et Genève
la réunion d'une troisième armée, pour laquelle
il poussa les préparatifs avec une extraordinaire
activité; il était seul capable de réussir dans cette
création presque instantanée, mais il avait deux
auxiliaires puissants dans Carnot et dans Berthier,
son chef d'état-major. Il se proposait de diriger ces
nouvelles forces, de descendre avec elles en Piémont et, après avoir traversé les Alpes, de venir
déboucher sur les derrières de Mélas pour lui porter
le coup fatal. Ces merveilleux projets réussirent.

Pendant deux mois, Masséna, enfermé dans Gênes, y fit une résistance belle « à l'envi d'une victoire », renouvelant dans la grande cité ligurienne le mémorable héroïsme de Montluc dans Sienne en 1555. Il fit éprouver de cruelles pertes aux Autrichiens et donna le temps à Bonaparte de rassembler son armée et de descendre en Italie. Au début de mai l'armée de réserve comprenait 40 000 hommes commandés par Berthier, Murat, Lannes, Victor, Kellermann ; une partie de la garde consulaire avait été envoyée de Paris aux Alpes sous les ordres de Bessières. Le 6 mai, le Premier Consul quitta lui-même les Tuileries, suivi seulement de Duroc, et arriva à Genève comme un éclair. Aussitôt il concentra ses forces : treize jours après, par une opération audacieuse et magistrale, l'armée de Bonaparte, après avoir franchi les Alpes au mont Saint-Bernard, se trouvait au centre du Piémont, et les avant-gardes françaises étaient sur le Pô. Ce fut un coup de foudre pour Mélas, arrêté sur le Var par Suchet, devant Gênes par Masséna, et ayant toutes ses forces dans un état complet de dispersion. Masséna, vaincu par la famine, dut se rendre le 5 juin, mais déjà Bonaparte était à Milan, depuis le 2 : il s'emparait de tous les pas-

sages du Pô, enlevant ainsi toute chance de retraite
à Mélas, ralliait un corps de 20 000 hommes que
Moreau lui envoyait d'Allemagne après ses premiers succès, et venait attendre les Autrichiens
à Stradella.

Mélas s'était efforcé de concentrer rapidement
son armée. Son avant-garde, formée des troupes
qui avaient assiégé Gênes, rencontra le corps de
Lannes, le 9 juin, à Montebello et fut complètement battue. Bientôt Bonaparte se porta lui-même
en avant pour aller au-devant de l'ennemi : le
13 juin il traversa la Scrivia et marcha vers la
Bormida par la vaste plaine de Marengo. Ses
avant-gardes sous Victor occupèrent Marengo sans
combat : nul ennemi ne se montrait vers Alexandrie, et le Premier Consul crut que Mélas,
repoussé sur le Pô, cherchait à s'échapper par
le sud. Laissant Lannes, Murat en arrière de
Victor, il envoya Desaix vers Novi en observation :
lui-même coucha avec Bessières et la garde sur la
route de Tortone, au petit village de Torre-di-
Garofolo.

Cependant l'armée autrichienne se trouvait bien
à Alexandrie, et Mélas décidait de passer la
Bormida pour livrer bataille : il avait environ
40 000 hommes sous ses ordres, ayant subi des

pertes importantes depuis son entrée en campagne et laissé, soit sur l'Adige et à Venise, soit derrière lui entre Gênes, Turin et Alexandrie, 40 000 soldats pour garder les places importantes. Le lendemain, toutes ses troupes devaient déboucher d'Alexandrie et franchir la Bormida : le général Ott avec 10 000 fantassins et cavaliers marcherait sur Castel-Cariolo, les généraux Kaim et Haddick avec 20 000 combattants suivraient la route de Tortone et enlèveraient Marengo, soutenus par une réserve commandée par O'Reilly et toute l'artillerie autrichienne.

Le 14 juin au matin, Victor et Lannes disputèrent avec acharnement à l'ennemi le passage du Fontanone, petit ruisseau qui coulait parallèlement à la Bormida de Marengo à Castel-Ceriolo : deux fois ils résistèrent victorieusement aux efforts des Autrichiens, mais Mélas fit exécuter par toutes ses forces une attaque générale. Les Français, très inférieurs en nombre, durent enfin reculer et perdirent les villages : ils allaient être enveloppés quand Bonaparte arriva. Il amenait avec lui la division Monnier, quelque cavalerie, les bataillons et les escadrons de la garde avec Bessières; il avait rappelé Desaix en toute hâte. Il jette à la

droite de Lannes les 800 grenadiers de la garde,
qui, formés en carré, restent inébranlables et arrêtent l'offensive de Ott : ils permettent ainsi à Monnier de venir se placer avec deux demi-brigades
en face de Castel-Ceriolo et d'empêcher l'aile
droite d'être tournée. A gauche, Bonaparte porte
la 3ᵉ demi-brigade de Monnier et fait charger
Murat et Bessières, pour donner à Victor et à
Kellermann le temps de rallier leurs troupes. Un
héroïque effort est tenté pour repousser les Autrichiens, mais il reste sans résultat : les Français
sont de nouveau accablés sous le nombre, écrasés
par la mitraille : vers midi la retraite commence,
couverte avec une extraordinaire vaillance par
Lannes et la garde. Mélas se croit sûr du succès et
rentre à Alexandrie, annonçant à l'Europe entière
qu'il a enfin vaincu l'invincible Bonaparte, le
triomphateur d'Arcole et de Rivoli, des Pyramides
et d'Aboukir.

Il se trompait. Cependant, de midi à quatre
heures, la retraite avait continué. L'aile gauche
française rompue avait reculé d'un seul coup
jusqu'à San Giuliano. L'aile droite était vivement
pressée par le corps de Ott, soutenu par toute
l'artillerie autrichienne : Lannes demanda à Bessières de charger avec sa poignée de braves pour

respirer un instant et rallier ses troupes. Le Prince Eugène, commandant alors sous Bessières les chasseurs de la garde, raconte ainsi les événements : « Le terrain était peu favorable, car il fallait traverser des vignes ; cependant nous arrivâmes à portée de fusil de ces deux bataillons (de Ott) qui nous attendaient l'arme au bras et dans la plus belle contenance. Le colonel Bessières, nous ayant formés, se préparait à commander la charge, lorsqu'il s'aperçut que la cavalerie ennemie se déployait sur notre gauche et allait nous tourner. En conséquence il fit faire demi-tour à gauche et nous traversâmes la vigne sous le feu de la mitraille et de la mousqueterie ; mais, arrivés de l'autre côté, nous fîmes assez bonne contenance pour imposer à la cavalerie ennemie : Lannes fut mécontent de ce mouvement, cependant il est certain que, si nous avions exécuté ses ordres, peu d'entre nous en seraient revenus. »

Le chef d'état-major de Mélas, Zach, faisait former sur la route de Tortone une énorme colonne d'infanterie, qui s'avançait sur notre ligne, allait la couper en deux tronçons et tout écraser devant elle. La bataille était vraiment perdue, quand Desaix arriva, ayant devancé l'appel de Bonaparte par une de ces heureuses inspirations, comme en 1815 il en eût fallu à Grouchy pour sauver la bataille de Waterloo. Il amenait 6 000 hommes de troupes fraîches, qu'il porta à San Giuliano pour arrêter la formidable colonne autrichienne : quand celle-ci déboucha pleine de confiance, Desaix commanda la charge et se porta impétueusement en avant. La bataille recommença pour la troisième fois.

Desaix fut tué aussitôt, mais l'élan était donné. Tandis que ses troupes attaquaient de front les Autrichiens, la cavalerie de Kellermann débouchait sur leur flanc, les culbutait et, coupant en deux la colonne du général de Zach, en obligeait la moitié à se rendre avec Zach lui-même. L'offensive était partout reprise et sur toute la ligne les Français ramenaient vivement les Autrichiens vers le Fontanone.

La cavalerie ennemie sous le Prince Lichtenstein essaya d'arrêter le désastre et s'apprêta à partir. Mais la garde consulaire à cheval entra en lice. Dans son rapport sur Marengo, Berthier dit : « Bessières, jaloux de donner à la troupe d'élite qu'il commandait, l'honneur de la charge décisive, s'élance sur l'ennemi, le fait plier et détermine sa retraite générale en portant le trouble et l'effroi dans ses rangs. »

La charge fut difficile, mais « quoique le terrain
ne nous favorisât pas, raconte le Prince Eugène,
puisque nous eûmes deux fossés à franchir, nous
nous précipitâmes avec vigueur sur une colonne
de cavalerie beaucoup plus nombreuse, que nous
abordâmes au moment où elle se déployait; nous
la poussâmes jusqu'aux premiers ponts de la Bormida, toujours sabrant... » La mêlée dura dix
minutes : la cavalerie de Lichtenstein fut rompue,
l'infanterie de O'Reilly, qui reculait depuis Cas-
sina-Grossa, enfoncée à son tour : Bessières brisa
toutes les résistances sur son passage.

On raconte un trait touchant d'humanité qui fut
accompli par Bessières au cours de cette charge :
celui-ci, comme il devait toujours s'efforcer de le
faire, adoucissait autant que possible les horreurs
de la guerre et laissait des souvenirs de modéra-
tion et de bienfaisance comme des souvenirs de
gloire. Pendant qu'il chargeait à Marengo, il
aperçut un cavalier autrichien renversé et baigné
dans son sang, qui levait vers lui des mains
suppliantes pour qu'on ne le foulât pas aux pieds :
« Mes amis, ouvrez vos rangs, cria Bessières à
ses cavaliers; honneur au courage malheureux! »
Eugène répéta le même avis aux chasseurs et
l'infortuné Autrichien fut sauvé.

Cependant le désastre de l'armée de Mélas s'achevait sur la Bormida, sous les yeux de son chef désespéré. Le lendemain il demanda à traiter : la célèbre convention d'Alexandrie livra de nouveau l'Italie à Bonaparte jusqu'au Mincio.

Le Premier Consul y demeura fort peu. Le 17 juin il quitta le champ de bataille de Marengo, suivi de Bessières et de sa garde, et se rendit à Milan, où il fut reçu avec un profond enthousiasme. Le 22, la garde repartit de Milan : elle se rendait directement à Paris où Bonaparte désirait la voir arriver pour les fêtes du 14 juillet. Bessières ne partit que le 24 avec Bonaparte lui-même, Duroc et Bourrienne : ils s'arrêtèrent à Turin, traversèrent le Cenis et se rendirent à Lyon. Dans cette ville Bessières quitta le Premier Consul : il allait retrouver la garde à Genève, où l'on préparait en son honneur un grand banquet, dont la fameuse madame de Staël fit les honneurs.

Le 14 juillet, le Premier Consul et tous les hauts dignitaires de l'État se rendirent au Champ de Mars, au milieu d'une énorme affluence populaire : ils allaient recevoir la cavalerie de la garde, qui ramenait à Paris les drapeaux pris à Marengo. Bessières défila à la tête de la troupe d'élite, dont les vêtements déchirés et pleins de poussière

rappelaient les combats et les dures fatigues; ils
avaient quitté Marengo le surlendemain de la
bataille, après avoir fait leurs preuves d'héroïsme,
et depuis ce jour n'avaient guère cessé de marcher. La foule acclama longuement les soldats de
Bessières dans leur appareil guerrier; elle se pres-
sait autour d'eux pour voir de plus près ces vain-
queurs.

Le 18 juillet, Bonaparte récompensait Bessières
de ses services en le nommant général de brigade,
tout en lui laissant son commandement dans la
garde et en le conservant près de lui.

Bonaparte était alors aux prises avec le parti
républicain avancé, qui ne voulait pas reconnaître
les immenses bienfaits de son gouvernement.
Quelques patriotes exaltés en vinrent à conspirer
contre son existence. Le Prince Eugène donne
dans ses Mémoires de curieux détails sur la décou-
verte du complot, que le sculpteur Ceracchi et le
Corse Arena, ancien membre des Cinq-Cents,
ourdirent contre le Premier Consul.

« Un jour, dit-il, que j'avais dîné avec Bessières,
je me rendis comme de coutume avec lui chez le
Premier Consul, qui devait aller ce soir même à
l'Opéra. Ma mère était déjà sortie pour faire sa

toilette. Le Premier Consul vint à nous et nous
dit avec un air riant et du visage le plus calme :
Eh bien! vous ne savez pas : on veut m'assassiner
ce soir à l'Opéra. Nous nous récriâmes d'horreur,
mais il nous dit de nous tranquilliser et nous
assura que toutes les mesures étaient prises par la
police pour déjouer cette tentative; ensuite il dit
à Bessières de faire de son côté ce qu'il jugerait
nécessaire pour sa sûreté. Celui-ci m'ordonna de
me rendre à l'Opéra avec un piquet de chasseurs
et de prendre les mesures convenables à la circonstance. »

Bessières accompagna en personne le Premier
Consul. Eugène le précéda avec ses chasseurs
dans les couloirs du théâtre et le fit entrer sans
danger dans sa loge. Au même moment Fouché
faisait arrêter les conjurés dans la salle (10 octobre 1800).

Peu après Bonaparte fit partir la garde, car il
avait peur de nouvelles hostilités avec l'Autriche,
où il fût forcé d'intervenir lui-même en Italie.
Les escadrons de la garde allèrent camper en
Maurienne : Bessières dut s'y rendre et n'en
revint que dans les premières semaines de 1801.

L'époque brillante du Consulat était commencée : l'Autriche, définitivement vaincue, venait

de traiter; l'Angleterre, fatiguée de la lutte, allait
le faire incessamment. Pour la première fois
depuis le début de la Révolution, la France se
trouvait en paix avec toute l'Europe. A l'intérieur, après l'attentat de la Machine Infernale,
Bonaparte s'était débarrassé des patriotes exaltés
et des royalistes irréductibles, ses plus violents
ennemis; les finances étaient refaites, le pays
voyait revivre toutes les sources de sa richesse.
Tout gravitait autour du Premier Consul.

Celui-ci gouvernait en maître. Ses amis, Cambacérès, Lebrun, Talleyrand, Fouché, dirigeaient
les affaires. Tous ses généraux dévoués l'entouraient : Berthier avait le ministère de la guerre,
Murat commandait Paris; Lannes, Bessières,
Eugène de Beauharnais, Duroc étaient à la tête
de la garde; Savary, Junot, Rapp, Lauriston à ses
côtés. C'était un état-major qui lui appartenait
corps et âmes et était prêt à tout pour son service.

Cette époque fut une des périodes les plus tranquilles de la vie de ces soldats. Bessières vivait
avec Eugène de Beauharnais, et la duchesse
d'Abrantès dit dans ses Mémoires que ces deux
jeunes gens, beaux et riches tous deux, ne s'en-
nuyaient pas et jouissaient gaiement de l'exis-

tence. Elle donne un charmant portrait de Bessières à cette époque, à propos de son repas de
noces, où Junot avait convoqué tous ses amis, les
fidèles du Premier Consul : Berthier, Lannes,
Eugène, Duroc, Rapp et Bessières : « Celui-ci
avait trente-trois ans. Il était plus grand que
Lannes; comme lui il était du Midi, et son accent
ne laissait aucun doute à cet égard. Il avait de
belles dents, des yeux qui louchaient un peu sans
que cela fût désagréable et une tournure qui était
plutôt bien que mal. Mais, comme Lannes, il
avait la manie de la poudre; la différence qu'il
mettait dans sa coiffure était dans la coupe des
cheveux; ils étaient de chaque côté en petites
oreilles de chien, et sa queue, longue et mince
comme une queue à la prussienne, remplaçait
chez lui le cadogan de Lannes. » Ses manières
étaient distinguées, son intelligence fine : il
plaisait à tous, et surtout au Premier Consul, qui
lui portait la plus grande affection.

Comme tous les officiers alors, il songeait au
mariage. Bonaparte lui offrit les plus brillants
partis, mais Bessières les refusa et préféra
épouser une charmante jeune fille de son pays,
qu'il aimait. C'était mademoiselle Lapeyrière,
fille de l'ancien receveur des revenus du clergé à

Cahors. Elle était très belle, d'une grande douceur de caractère et d'une vive intelligence. Sa
famille était religieuse et Bessières se maria dans
la chapelle familiale devant un prêtre non assermenté. C'est Pélissier, curé de Pern, délégué de
Maydieu, vicaire général du diocèse d'Agen, qui
signa, le 26 octobre 1801, le procès-verbal de
mariage. Bessières ramena sa jeune femme à
Paris, où son grand charme la fit accueillir à bras
ouverts à la cour du Premier Consul et fit impression sur Bonaparte lui-même.

Madame Bessières, par sa famille, avait des
attaches nombreuses avec le parti royaliste :
Baudus, dans ses Mémoires, raconte un incident
qui arriva à ce propos. Un jour qu'elle était en
visite chez madame de Narbonne, madame Bessières assista à un service secret en l'honneur de
Louis XVI. Bonaparte le sut par un rapport de
police de Fouché; il fit venir Bessières et lui fit
de vives observations. Celui-ci, qui ignorait le
fait, gronda sa femme, qui accepta docilement les
reproches mais résolut de ne plus aller aux Tuileries. Le Premier Consul aimait madame Bessières
pour ses grâces et sa vertu : au bout de quelques
jours il désira la voir et fit demander par Berthier à Bessières d'amener sa femme au palais.

Il l'attendit à son arrivée et s'excusa de l'avoir
fait gronder : madame Bessières lui expliqua son
acte et lui demanda pourquoi il n'autorisait pas le
libre exercice du culte. « Madame, lui dit-il, vous
avez raison et avant peu j'exécuterai un projet
que j'ai fondé. »

C'était le projet du Concordat. Le Premier
Consul voulait réconcilier l'Église et la France
républicaine. Les rigueurs contre les prêtres
avaient cessé avec le Directoire, mais le schisme
existait encore dans le culte. Il y avait un clergé
assermenté, reconnu par l'État, mais non par
Rome, et un autre, non assermenté, insoumis à
l'ordre établi, mais autour duquel se groupaient
tous les vrais fidèles. En Province surtout ce
clergé jetait un grand trouble dans les familles
car il ne reconnaissait que les actes civils con-
firmés par lui.

Bonaparte voulait en finir avec cet état de
choses. Il croyait au besoin d'une religion chez
tous les peuples, et la religion catholique lui
paraissait seule acceptable. Mais il avait à vaincre
de nombreuses difficultés pour arriver à la paix
religieuse, car tous les gouvernants, auteurs de la
Révolution, les militaires habitués aux railleries
des camps, sa famille même ne s'en souciaient

guère. Le Premier Consul trouvait peu d'appuis
dans son entourage : Bessières et sa femme étaient
parmi ceux qui partageaient son opinion. Cependant Bonaparte s'efforçait par tous les moyens de
la faire triompher. Un jour, il donnait un dîner
politique et militaire où assistaient avec son état-
major les sénateurs et les tribuns plus ou moins
opposés aux projets du Concordat : le Premier
Consul s'adressa aux quelques jeunes femmes
présentes pour connaître leur pensée. Quand
vint le tour de madame Bessières : « Et vous,
mon enfant, demanda Bonaparte, par qui avez-
vous été mariée? — Général, par un prêtre non
jureur, dans la chapelle de mon père. » C'était la
réponse que désirait le Premier Consul; il se
tourna vers ses convives : « Vous voyez, dit-il,
l'esprit des provinces; on y veut la religion catholique, on y veut le libre exercice du culte. D'ailleurs point d'État sans religion. » Cette scène
publique fut connue partout et eut un grand reten-
tissement. Bonaparte commençait les négociations
qui devaient aboutir au Concordat.

C'est à cette époque qu'il achevait d'organiser
la Cour consulaire, avant-goût de la grande Cour
impériale. L'hiver de 1801 à 1802 fut particulièrement brillant, et l'entourage du Premier

Consul vécut tranquillement. Le seul point noir
pour Bonaparte était l'opposition du parti républicain modéré qui l'avait aidé à faire le 18 Brumaire et ne voulait pas subir sa dictature : ce
parti cherchait des alliés parmi les chefs militaires. Son principal fut Moreau, dont la rupture
avec Bonaparte date de ce moment. On essaya
même de produire des défections parmi les plus
fidèles lieutenants du Premier Consul. Lannes,
qui commandait la garde consulaire, se montrait
d'une coupable légèreté : il tenait table ouverte
dans l'hôtel réservé à l'état-major de la garde et
dénigrait le gouvernement au milieu des festins
payés par lui, à la grande joie des mécontents
qui l'entouraient. Bessières sut le premier avec
quelle folle prodigalité Lannes administrait le
trésor de la garde : il le dit à Murat. Tous deux
étaient d'ailleurs brouillés avec Lannes depuis le
mariage du futur Roi de Naples. Murat et Lannes
avaient aspiré tous deux en effet à la main de
Caroline Bonaparte, la plus jeune des sœurs du
Premier Consul et la plus jolie, qui « avait alors,
dans toute sa suavité, cette fraîcheur de rose qui
depuis fit sa renommée de beauté » (Duchesse
d'Abrantès). Cette beauté et sa parenté avec le
héros qui gouvernait la France la firent recher-

cher avec une ardeur passionnée. Murat l'adorait, mais il avait en Lannes un rival dangereux, car le Premier Consul le préférait. Heureusement pour lui, Caroline ne pensait pas comme son frère et lui résistait : elle avait été charmée par la mâle beauté et la nature entraînante de Murat. Celui-ci trouva en outre, parmi ceux qui chaque jour approchaient le Premier Consul, un puissant auxiliaire : c'était Bessières. Il était compatriote de Murat et n'avait eu qu'à se louer, à ses débuts en Italie, de l'amitié de l'aide de camp de Bonaparte, qui s'était efforcé de le faire distinguer par le général en chef. Maintenant qu'il était en pleine faveur, il était heureux de rendre à Murat les services qu'il en avait reçus et il le fut d'autant plus volontiers qu'il n'aimait pas Lannes. Il plaida donc chaleureusement la cause de Murat et aida Caroline à la faire triompher.

Bessières et Murat furent enchantés de faire, au début de 1802, une mauvaise farce à Lannes et firent savoir à Bonaparte ses agissements à la garde. Lannes, grondé, fut éloigné comme ambassadeur au Portugal, et cette histoire fut, comme on le verra, la principale cause de l'inimitié de Bessières et de Lannes, qui devait si violemment éclater plus tard à Essling.

Le 8 janvier 1802, Bessières accompagna à Lyon Bonaparte qui s'y rendait pour présider à l'établissement de la République italienne. Il figura dans la grande revue que passa le Premier Consul pour les troupes de l'armée d'Égypte revenues en France (26 janvier).

Bonaparte profita de ses triomphes, de la paix enfin obtenue avec l'Angleterre à Amiens (25 mars) pour vaincre l'opposition et rendre docile le corps législatif. Il en obtint le Consulat à vie et héréditaire. Le 15 août, jour de sa naissance, il célébra le triomphe de ses ambitions. Ses fidèles furent bientôt récompensés de leur dévouement : le 13 septembre 1802, il nomma Bessières général de division, le laissant à la tête de la garde consulaire.

Comme l'hiver de 1802, celui de 1803 fut très brillant à Paris. Le Premier Consul, cependant, révolutionnait l'Europe par sa politique et amenait l'Angleterre à rompre la paix d'Amiens et à reprendre la guerre en mai 1803. C'est alors qu'il conçut ce vaste projet de descente en Angleterre, qui allait trouver sa réalisation dans le fameux camp de Boulogne. Le 23 juin, Napoléon partit de Paris avec toute la Cour et une partie de la

garde pour un grand voyage sur les côtes du
Nord : Bessières l'y accompagna partout. Le
Premier Consul s'installa d'abord à Boulogne, où
il jeta définitivement les bases de l'expédition en
Angleterre. Le port d'Ambleteuse fut organisé
pour l'embarquement de la réserve de Bessières.
Après Boulogne, le voyage continua le long des
côtes, à Calais, Dunkerque, Ostende, Anvers, puis
à Bruxelles d'où Napoléon rentra à Paris après un
court séjour, au début du mois d'août.

Jusqu'à la fin de l'année, le Premier Consul fit
de fréquents voyages à Boulogne, et Bessières l'y
suivit chaque fois. Napoléon poussait fébrilement
ses immenses préparatifs et, comme tout allait
merveilleusement, pensait être prêt dans l'hiver.
De graves événements, que suscita la terreur des
Anglais, l'en détournèrent à ce moment. L'argent
britannique servit à fomenter une nouvelle et
dangereuse conspiration contre lui : les Princes
eux-mêmes, le comte d'Artois, les Condé, le duc
d'Enghien, étaient à sa tête. Georges Cadoudal était
chargé d'exécuter un coup de force à Paris. Enfin,
par l'intermédiaire de Pichegru, on cherchait à
s'assurer l'alliance de Moreau. Fouché et Bonaparte découvrirent le complot. Le 15 février 1804,
Moreau fut arrêté; et bientôt, Pichegru, MM. de

Rivière et de Polignac, Georges lui-même, le suivirent en prison ; mais cela ne suffisait pas à Bonaparte : il savait qu'un « Prince » devait se mettre
à la tête du coup d'État. Le Premier Consul voulait s'emparer de ce « Prince » et frapper sur ses
ennemis un coup de terreur, en le faisant fusiller.
Aucun Prince ne venant, Napoléon résolut d'en
enlever un de vive force : il fit saisir le duc
d'Enghien sur territoire étranger par ses troupes
et le fit amener à Paris. Il était alors dans une
terrible colère et personne autour de lui n'osait
contrarier ses volontés dans ces jours d'orage.
Sa résolution était prise de faire exécuter le duc
et bien peu montrèrent qu'ils désapprouvaient cet
acte ; le sage Cambacérès, Murat et Bessières
essayèrent vainement de dire quelques mots à
l'encontre du terrible projet. Ils n'eurent aucun
succès, et le duc d'Enghien fut fusillé le 21 mars.
L'entourage du Premier Consul réussit mieux
pour MM. de Rivière et de Polignac, condamnés à
mort dans le procès fait aux conspirateurs. Joséphine, madame Bessières, Caroline Murat reçurent
les parents des condamnés, introduisirent les sup-
pliants près de Napoléon et obtinrent la grâce des
coupables.

Ce dernier complot ne réussit qu'à servir les

suprêmes ambitions du Premier Consul, qui en profita pour rétablir à son bénéfice l'Empire d'Occident. Le 18 mai 1804, le Sénat proclama Napoléon Bonaparte empereur des Français; le nouveau souverain reçut à Saint-Cloud la délégation du Sénat : sa famille, Joseph, le Prince Eugène, Murat, Bessières, Berthier, Duroc étaient autour de lui. Cambacérès présenta au nom de la nation le sénatus-consulte qui mettait Bonaparte sur le trône, tandis qu'au dehors retentissaient des acclamations enthousiastes, qui devaient se répercuter dans toute la France. L'Empire était commencé. -

Napoléon entoura aussitôt le trône de tous ses fidèles et répartit entre eux les grandes charges et les grandes dignités de l'Empire. Dans l'armée, il créa vingt places de maréchaux, quatre honoraires et seize actives : celles-ci furent données à Berthier, Murat, Masséna, Jourdan, Brune, Lannes, Augereau, Bessières, Ney, Moncey, Mortier, Soult, Davout et Bernadotte. Bessières, devenu maréchal de France, conserva le commandement de la garde, et, comme le voulait son rôle, ne quitta point Napoléon pendant les débuts de l'Empire.

Il l'accompagna d'abord à Boulogne, où ils partirent le 29 juillet. L'expédition était remise à

l'hiver et l'Empereur venait d'ordonner les grands
mouvements de flottes qui devaient débarrasser
la Manche des escadres anglaises. Il profita de sa
fête, le 15 août, pour passer une grande revue au
Camp de Boulogne de la première des grandes
armées de l'Empire : il y parut dans tout l'éclat
de sa gloire et le prestige de sa force, entouré de
ses maréchaux. Avant son départ, Napoléon eut
la joie d'assister à un victorieux combat de sa
flottille plate de transport avec la croisière anglaise
(26 août). Pour suivre de plus près le combat,
Napoléon monta dans un grand canot avec les
deux amiraux Bruix et Decrès, Berthier, Bessières et Duroc : il ordonna de s'approcher de
l'ennemi qui résistait mal au feu supérieur de la
flottille : lui-même, malgré les prières de son
entourage, vint passer tout près d'une frégate
anglaise qui ne se douta pas, heureusement, de
l'auteur de cet acte inouï de hardiesse. Tous les
passagers du canot sortirent indemnes de l'esca-
pade impériale.

Napoléon continua avec sa cour et sous l'escorte
d'une partie de la garde de Bessières un long
voyage en Belgique et sur les bords du Rhin, d'où
il ne revint à Saint-Cloud que le 12 octobre 1804.
Il s'occupa alors de l'organisation des cérémonies

du couronnement et du sacre. Le pape Pie VII
arriva le 25 novembre à Fontainebleau ; le 28,
Bessières lui fut présenté avec les autres grands
dignitaires de l'Empire. Le 2 décembre, la cérémonie eut lieu : l'Empereur se rendit à cheval à
Notre-Dame, entouré de ses maréchaux. Le pape
y attendait le nouveau Charlemagne.

Bientôt Napoléon repartit de Paris, cette fois
pour l'Italie : il allait, après la couronne impériale, mettre sur sa tête la couronne de fer des
Rois lombards. Quittant le 4 avril les Tuileries,
il passa par Turin. Le 5 mai, on donna une grande
fête en son honneur dans la plaine de Marengo :
Murat, Bessières, Lannes, se mirent à la tête des
troupes et donnèrent devant la cour une grandiose
représentation de la bataille de Marengo. L'Empereur et sa suite continuèrent leur voyage : le
26 mai, le couronnement eut lieu à Milan et Bessières eut sa large part dans l'échange de décora-
tions que Napoléon fit en cette ville avec les cours
étrangères. Après Milan, la Cour passa à Bergame,
Vérone, Mantoue, Castiglione où les maréchaux
exécutèrent encore, devant l'Empereur, le simu-
lacre de la bataille de 1796, — puis à Bologne,
Modène, Parme, Plaisance, enfin Gênes. Arrivé le
8 juillet à Turin, Napoléon en repartit aussitôt

avec Berthier, Bessières, Murat et quelques autres généraux : il doubla les étapes et, le 11 juillet, arriva à Fontainebleau.

En Europe une nouvelle coalition venait de se former entre l'Angleterre, l'Autriche et la Russie pour sauver l'équilibre européen menacé. Le 3 août, Napoléon se rendit une dernière fois à Boulogne. Bessières y amena 3 000 soldats de la garde. Tout était prêt pour attaquer l'Angleterre : on n'attendait que l'arrivée de la flotte française. Elle ne vint pas : la mer resta aux Anglais, et l'Empereur, après une longue attente, ajourna définitivement l'expédition pour tourner vers le continent ses forces et ses ambitions. C'est là que pendant sept années il va engager contre l'Europe une lutte de géant, dont Bessières ne verra que les périodes glorieuses, sachant mourir à temps au seuil des revers décisifs.

CHAPITRE IV

LE MARÉCHAL BESSIÈRES

Le maréchal Bessières : portrait physique.
Son caractère : un « honnête homme ». — Désintéressement
du maréchal : anecdote de la campagne d'Espagne. — Sa
bonté : adoration de la garde pour son chef. — Respect uni-
versel qu'il inspire, même aux ennemis : sa conduite en
Espagne et en Russie.
Son dévouement absolu pour l'Empereur. — Il est ami, non
courtisan. — Conduite du duc d'Istrie lors du divorce de
Napoléon. — Il essaye d'empêcher la campagne de Russie.
— Intelligence à la fois sérieuse et fine du maréchal.
L'homme privé. — Madame Bessières.
Le soldat. — Le général de cavalerie. — Le chef d'armée. —
Conclusion : jugement de la duchesse d'Abrantès.

Le maréchal Bessières était, en 1804, dans toute
la plénitude de sa force et de son intelligence. Il
avait trente-six ans. Madame Junot, duchesse
d'Abrantès, qui l'avait beaucoup connu et l'a souvent dépeint dans ses Mémoires, en fait à cette
époque un portrait flatteur. Il avait, dit-elle, la
figure agréable, « son sourire avait de la finesse
mais surtout une extrême douceur. Il avait les
yeux à la Montmorency, ce qui donnait également

une grande douceur à son regard ». Ce regard s'animait fréquemment : les yeux pétillaient de toute la vivacité gasconne et rayonnaient d'une réelle intelligence. Bessières ne voulut jamais quitter la poudre ni couper ses cheveux : il fut le seul, avec Lannes, qui résista à la mode nouvelle et se montra intraitable à ce sujet; il se coiffait à la prussienne, ayant deux mèches de ses cheveux bouffant derrière les oreilles et une queue assez courte et pointue. Sa taille était haute, élancée, l'ensemble de la stature très vigoureuse. Sa démarche franche était empreinte d'élégance et de noblesse. Le Maréchal était un homme essentiellement séduisant et le resta jusqu'au bout.

Au moral, Bessières fut, de l'aveu de tous ceux de ses contemporains qui l'ont approché, un « honnête homme » dans l'ancienne et large acception de ce mot. C'était un véritable chevalier moderne, et la noblesse de son caractère était vivement appréciée par l'Empereur, qui aimait à se faire accompagner par Bessières auprès des plus grands princes de l'Europe. — Cette noblesse se manifestait également par le profond désintéressement du Maréchal : après avoir rempli les plus hauts emplois, il mourut le plus pauvre des lieutenants de l'Empereur. Il tenait à apporter dans les moin-

dres actes de son existence une régularité parfaite
et une scrupuleuse honnêteté. Dans toutes les
questions financières qu'il eut à régler à la tête de
l'armée, il s'inspira de ces principes, et rares
étaient ses pareils à cette époque. La concussion
régnait de bas en haut de l'armée et Baudus
raconte à ce propos une amusante histoire sur
Bessières. Le lendemain de la prise de Madrid, en
1808, Bessières s'était dirigé à la tête de sa cavalerie sur Guadalaxarra : il trouva dans la ville un
trésor qu'il s'empressa d'envoyer à Madrid, par un
de ses aides de camp, le capitaine de Waldner.
Celui-ci remit cent deux sacs de mille piastres chacun au lieu de cent qu'annonçait Bessières sur son
ordre de transport. Cela ne suffit pas au trésorier de
l'armée qui, à son retour, lui demanda ce qu'était
devenu l'or du trésor de Guadalaxarra. Le Maréchal répondit que l'argent envoyé constituait
toutes les valeurs contenues dans ce trésor et qu'il
n'avait pas trouvé d'or à Guadalaxarra. De nombreuses calomnies furent aussitôt répandues sur
son compte : on prétendait qu'il avait gardé une
partie du trésor et le Maréchal était furieux. Il se
plaignit au major général Berthier, qui le plai-
santa et lui dit : « Croyez-moi, une autre fois,
partageons ! » Quelques jours après, le général

Latour-Maubourg arrivait chez Bessières, suivi de
dragons portant des sacs pleins de piastres : il
s'était également emparé du trésor d'une ville
espagnole : « C'est très bien, mon général, dit
Bessières en le recevant, voilà l'argent : mais
l'or? » Le général Latour-Maubourg, vieux guerrier de noble famille et de parfaite honnêteté
s'arrêta court, l'air scandalisé. « Ne vous fâchez
pas, reprit le Maréchal, je vous fais en riant le
compliment qui m'a, tout récemment, été sérieusement adressé », et il lui raconta l'anecdote.

Un autre trait du caractère de Bessières fut la
bonté : c'était une « belle âme », dit la duchesse
d'Abrantès. Il était humain, charitable. Il se
montra tel particulièrement pour ses officiers et
ses soldats. Jamais chef d'état-major ne s'occupa
avec plus de sollicitude de ses lieutenants, et ses
aides de camp l'adoraient. Ses soldats et surtout
ceux de la garde ne l'aimaient pas moins. « Dans
la garde, écrit la duchesse d'Abrantès, il était
comme le frère adoptif de chaque soldat; jamais
sa porte n'était fermée pour eux : Je suis sorti
de leurs rangs, disait-il souvent, et ne dois pas
l'oublier. » Ce grand frère se montrait d'une justice parfaite et savait être généreux au besoin. Il
veillait personnellement avec un soin jaloux à ce

que personne ne manquât de rien et, partout où
il se trouvait, ses troupes, parfaitement traitées,
avaient la meilleure tenue. — Lorsqu'il fut blessé
à Wagram, les soldats, qui le crurent mort, pleu-
rèrent en le voyant tomber, et quand il périt dans
les plaines de Lutzen, on fut obligé de cacher cette
perte à l'armée, car l'Empereur craignait de la
voir démoralisée à la nouvelle de ce triste événement. Mais le Maréchal ne se fit pas seulement
aimer par les militaires, il étendit sa bonté à tous
ceux à qui il eut affaire. Pendant les gouvernements qu'il exerça en Espagne, il fut un des rares
généraux français qui sut s'imposer par la grandeur de son caractère aux Espagnols, qui nous
détestaient tant. Bessières avait pitié de l'infortuné peuple vaincu, soumis si longtemps au dur
régime de la guerre : il se montra juste avec lui
autant qu'habile. Il respecta le clergé, ne commit
aucune des exactions dont tant d'autres se rendirent coupables et évita ces terribles sacs des villes
prises d'assaut qui, en Andalousie, exaspérèrent
le sentiment national espagnol foulé aux pieds.

Il s'efforça toujours de régulariser le service
de ses armées qui vivaient en pays conquis et
rendit ainsi ce lourd fardeau moins pénible aux
contrées qui le subissaient. Il laissa en Espagne

un nom respecté et aimé de tous; après sa mort, une manifestation touchante pour sa mémoire s'y produisit, car dans maint village de Castille et de Léon que n'occupaient déjà plus nos troupes, le clergé et le peuple célébrèrent des messes en l'honneur du Maréchal, et c'est là un acte presque unique chez des ennemis, un acte qui force le respect de la postérité pour l'homme qui s'en est rendu digne. C'est aussi pendant la campagne de Russie que l'illustre Maréchal sut donner de multiples preuves de son humanité : partout où le désastre appela les dévouements, il apporta noblement le sien. On trouve Bessières disputant Moscou aux flammes et essayant, à la tête de la garde, d'arrêter les terribles ravages du feu. On le trouve à la Bérésina aux côtés d'Eblé, veillant avec lui au salut général, puis tâchant comme lui de sauver le plus possible des malheureux traînards qui suivaient l'armée dans sa débâcle : le duc d'Istrie recueille à son état-major un petit enfant dont la mère vient de succomber. On pourrait multiplier les preuves de sa bonté.

Bessières avait ainsi tous les caractères moraux des grands soldats républicains : héroïsme, désintéressement, noblesse d'âme. Il fut cependant un des hommes les plus dévoués à l'Empe-

reur : son attachement à Napoléon était absolu et
celui-ci le savait, le rangeant au nombre des très
rares compagnons sur lesquels il était sûr de
pouvoir entièrement compter : Duroc, Cambacérès, le Prince Eugène, étaient seuls peut-être
aussi aimés que lui par le terrible maître. C'est
que le Maréchal avait une nature essentiellement fidèle et dévouée : il le montra dans sa vie
privée. Dans sa vie militaire, il en donna toujours les preuves : quand il avait débuté comme
garde de Louis XVI, il n'avait pas voulu abandonner le Roi déchu et risqua sa tête à la journée du 10 Août. Avec l'Empereur, son dévouement ne se démentit jamais : il lui devait en effet
toute sa grandeur. Bonaparte l'avait trouvé lieutenant, avait su distinguer aussitôt son intelligence et son courage et l'avait attaché à son
service; longtemps, il s'était confié à lui et l'avait
récompensé de sa fidélité et de sa valeur en
l'élevant successivement aux plus hauts grades,
au grade suprême de Maréchal de l'Empire.
Bessières savait reconnaître l'amitié impériale
par un dévouement absolu : il suivit partout
Napoléon jusqu'à ce qu'il laissât sa vie à son service.

Mais il sut toujours conserver de la dignité

dans ses relations. Jamais il ne fut courtisan et
voulut rester ami. Il ne flattait pas l'Empereur et
ne se gênait jamais, tant pour lui dire sur toutes
choses la vérité, que pour lui donner les conseils
qu'il jugeait utiles. C'était là des conversations
difficiles avec Napoléon, dont le caractère ombrageux supportait mal les contradictions et même
les avis; cependant, il sembla toujours écouter
Bessières, comme il écoutait Cambacérès dans les
affaires civiles, quitte à n'en faire qu'à sa tête
après les avoir entendus. Une seule fois, le
terrible Empereur faillit vraiment se fâcher.
Bessières était adversaire de son divorce, que
son amitié pour Joséphine et les Beauharnais
lui faisait désapprouver. Quand l'Empereur laissa
Fouché tâter l'opinion à ce sujet, Bessières
manifesta une opposition violente. Napoléon
s'en fâcha d'abord, mais quand la séparation
fut un fait accompli, il oublia sa colère. Il sut
même gré de sa franchise au Maréchal qui
continuait à voir l'Impératrice déchue et à lui
témoigner publiquement de son respect. Dans
une autre circonstance, l'Empereur eut bien tort
de ne pas écouter son lieutenant. A son retour
d'Espagne, avant l'expédition de Russie, Bessières, toujours prêt d'ordinaire à marcher et à

combattre, fit un effort violent près de Napoléon pour lui conseiller de ne pas tenter l'expédition, de ne pas risquer ses forces dans les immensités de la Russie et d'attendre plutôt que celle-ci vînt l'attaquer pour la vaincre. Napoléon ne se rendit pas à ces sages conseils de défensive et continua ses préparatifs pour envahir la Russie : il devait amèrement le regretter plus tard.

Bien souvent Napoléon put entendre et suivre les avis de Bessières, car celui-ci savait lui dire d'utiles vérités. Et ce n'étaient pas de simples boutades que ce Gascon vif et spirituel laissait échapper; c'étaient de sages conseils, pleins de sérieux et de suite. Le Maréchal avait l'intelligence fort ouverte et le jugement très sûr. Ce n'est pas un superficiel comme Murat, enfant du Midi comme lui, véritable héros en guerre mais d'une inconcevable légèreté de caractère. Bessières fut toujours sérieux, sans rien perdre de la vivacité d'intelligence et de la finesse d'esprit que sa race avait mises en lui.

Tel fut le duc d'Istrie. Comme homme privé il possédait toutes les vertus. Sa femme en était le modèle, et la duchesse d'Abrantès raconte que ce noble couple inspirait du respect à tous. Madame

Bessières avait la figure d'une vierge de Raphaël; fort timide dans le monde, elle n'osait y lever les yeux qu'en rougissant; mais elle était aussi bonne et douce que belle et les rares heures de repos que le Maréchal passa près d'elle furent pleinement heureuses.

Comme soldat, il s'était toujours montré d'une valeur extraordinaire dans sa jeunesse. C'était un officier de cavalerie de premier ordre, n'ayant d'égal que Murat : la justesse des difficiles manœuvres où il remuait d'énormes masses de cavalerie atteignit sa perfection à la bataille d'Essling; la hardiesse de l'exécution était merveilleuse et quand Bessières chargeait avec la cavalerie de la garde, il n'y avait pas d'escadrons en Europe capables de résister à l'impétuosité de son élan.

Marmont dit dans son *Esprit des Instructions militaires* : « Pour commander la cavalerie, quand il s'agit de masses considérables, il faut des qualités supérieures et un mérite particulier. Rien de plus rare qu'un homme sachant les manier, les conduire et s'en servir à propos... La veille de la bataille et jusqu'à ce qu'il soit appelé à combattre, le général de cavalerie administrera hommes et chevaux avec un soin minutieux; il

entretiendra ses forces dans toute leur valeur,
mais le moment venu il doit savoir dépenser
cette cavalerie sans égard aux chances de pertes,
avec la seule préoccupation d'en tirer tout le
parti possible. Un général ne remplit jamais au
même degré ces deux conditions. » Tel trop bon
administrateur ne sait pas, au jour de bataille,
employer ses forces avec hardiesse. Tel, au contraire, n'est pas assez avare de ses troupes et les
épuise sans compter. L'Empire eut le bonheur de
posséder quelques généraux de cavalerie dont les
facultés étaient merveilleusement équilibrées :
tels furent Lasalle, Montbrun, Nansouty et, au
premier rang, Bessières.

Comme chef d'armée, celui-ci eut à exercer
plusieurs fois le commandement suprême : il
avait une grande justesse de coup d'œil, beaucoup de décision en face du danger et autant de
prudence en dehors des combats que d'énergie
aux heures décisives : certains de ses contemporains lui ont reproché de s'être parfois montré
trop timoré, mais l'événement donnait raison à sa
sagesse. Après sa superbe victoire de Medina del
Rio-Seco, on a prétendu qu'il pouvait conquérir de
plus beaux lauriers encore et se rendre maître de
toute la péninsule : il aima mieux temporiser pru-

demment et assurer la possession de la Castille à ses troupes. Il évita ainsi d'être compromis par le désastre de Baylen et sauva la situation en Espagne. Dans toutes les campagnes de l'Empire, il suivit toujours la personne de Napoléon et celui-ci écoutait avec plaisir les avis éclairés que le duc d'Istrie donnait dans la bataille.

Tel fut Bessières, excellent capitaine et grand caractère tout à la fois. « Il avait, dit la duchesse d'Abrantès, quelque chose d'antique. Au milieu de cette époque merveilleuse des grandeurs de l'Empire, époque dont lui-même était un acteur si important, eh bien! jamais une sotte fierté, des avis qui provoquent la raillerie d'adversaires trop heureux de se moquer avec raison, n'ont été reprochés au duc d'Istrie. Il me faisait bien l'effet d'un vrai républicain par sa franchise, son extrême naturel dans ses manières, son inépuisable bonté. Voilà ce qui lui donnait cette couleur antique, à la Plutarque, dont je viens de parler... »

CHAPITRE V

L'expédition de Boulogne a définitivement
échoué : Napoléon va tourner ses forces vers le
continent, où l'Autriche et la Russie se préparent
à attaquer le nouvel Empire, et pour la première
fois il va pouvoir réaliser librement les vastes
conceptions de son génie guerrier. La coalition

allait lui opposer deux armées principales, l'une
en Italie de 100 000 Autrichiens commandés
par l'archiduc Charles, l'autre en Allemagne de
90 000 Autrichiens sous les ordres du général
Mack, soutenue dans le Tyrol par un corps de
25 000 hommes avec l'archiduc Jean, et à laquelle
devaient se joindre 60 000 Russes qu'amenaient
le tsar Alexandre et le général Kutusow. Napoléon
résolut de porter en Allemagne le coup décisif
à ses adversaires : laissant Masséna en Italie
pour arrêter l'archiduc Charles, il voulait porter
sur le Danube l'armée de Boulogne, profiter
de l'éloignement des Russes pour attirer Mack
sur le haut Danube, l'y acculer et l'y écraser, puis
se retourner contre Kutusow pour le battre et
mettre fin à la guerre en marchant sur Vienne. Ce
merveilleux plan devait réussir.

Pour en commencer la réalisation, il dirigea
vers la Souabe tous les corps qui devaient composer la Grande Armée d'Allemagne. — La première « Grande Armée » comprenait sept corps
commandés par Bernadotte, Marmont, Davout,
Soult, Lannes, Ney et Augereau, une réserve de
22 000 cavaliers confiée à Murat — enfin la
réserve générale, la Garde Impériale, sous les
ordres de Bessières — au total 186 000 combat-

tants dont l'Empereur prenait la direction suprême avec Berthier pour major général.

Il est impossible de commencer l'histoire du rôle de Bessières dans les campagnes de l'Empire, sans parler de la garde, qui suivit Napoléon dans toutes ses campagnes et y fut presque toujours dirigée par le Maréchal. Jusqu'à sa mort, celui-ci consacra tous ses instants à l'organisation et à l'administration de ce corps d'élite, que ses soins paternels maintinrent toujours au plus haut degré de perfection militaire.

Le nom de Bessières est attaché à l'histoire de la garde depuis sa fondation. Quand Bonaparte créa l'escadron d'élite des guides, c'est Bessières qu'il plaça à la tête de ce noyau de la future Garde Impériale. Les premières campagnes d'Italie montrèrent les immenses services que pouvait rendre un corps de réserve et, dès son arrivée au pouvoir, le Premier Consul en jeta définitivement les fondements. Un arrêté du 28 novembre 1799 régla l'organisation de la garde consulaire; celle-ci devait comprendre : 1 compagnie d'infanterie légère et 2 bataillons de grenadiers à pied; 600 cavaliers formant une compagnie de chasseurs et 2 escadrons de grenadiers à cheval;

1 compagnie d'artillerie légère : au total 2 100 soldats environ, auxquels le gouvernement assurait un traitement privilégié et une place d'honneur dans l'armée. Le général de division Lannes était commandant en chef, le général de brigade Bessières commandant en second. Celui-ci touchait 16 000 francs par an et la garde coûtait déjà un million et demi à l'État.

La garde reçut en 1800 un éclatant baptême du feu à Marengo. En 1801, Lannes en quitta le commandement à la suite de discussions avec le Premier Consul. Celui-ci fit nommer quatre officiers généraux dans la garde : Davout pour les grenadiers, Soult pour les chasseurs, Bessières pour la cavalerie, Mortier pour l'artillerie. Ces quatre généraux commandaient alternativement le corps. Bessières était chargé de l'administration et devenait ainsi le véritable chef. La garde fut considérablement augmentée par un arrêté du 8 mars 1802 : l'infanterie comprit 4 bataillons à 8 compagnies chacun, 2 de grenadiers et 2 de chasseurs ; la cavalerie 1 régiment de grenadiers à cheval, 4 escadrons à 2 compagnies, colonel Ordener, et 1 régiment de chasseurs à 2 escadrons, colonel Eugène de Beauharnais ; l'artillerie fut également accrue.

Cette organisation dura jusqu'à l'établissement

de l'Empire. A la fin de 1804, Napoléon constitua la Garde Impériale. Son état-major comprenait quatre colonels-généraux : les maréchaux Bessières, Davout, Soult et Mortier; — les aides de camp de l'Empereur : Savary, Lauriston, Rapp, Lamarrois, Caffarelli; — le chirurgien principal Larrey et de nombreux officiers. Bessières était définitivement chargé de l'administration générale. L'infanterie et la cavalerie étaient portées chacune à deux régiments : la cavalerie devait aussi recevoir une compagnie de mamelucks, souvenir de l'Égypte, et une légion de gendarmerie d'élite. L'Empereur s'occupa beaucoup de la garde, qui ne devait jamais quitter sa personne : il lui choisit des costumes éclatants, lui assura comme à la garde consulaire de forts traitements. D'ailleurs les simples soldats avaient rang de sous-officiers dans l'armée et les officiers possédaient un grade au-dessus de celui qu'ils occupaient dans le corps d'élite. Ordener et Lepic pour les grenadiers, Eugène de Beauharnais et Morland pour les chasseurs, dirigeaient la cavalerie. Ce fut celle-ci qui, dans une charge mémorable, décida de la victoire d'Austerlitz.

L'année 1806 marque un nouvel accroissement de la garde, qui est alors doublée. Infanterie et cavalerie sont portées à quatre régiments : la garde compte un moment 12 000 hommes au début de la campagne de Prusse, par la création d'un corps de dragons à pied qui est monté à Berlin et versé dans la réserve de cavalerie. Elle suit l'Empereur, de Paris au Niemen, et se couvre de gloire à Eylau.

Chaque année d'ailleurs amène désormais de nouvelles améliorations et une constante augmentation de l'effectif. L'artillerie s'accroît sans cesse et sous Lariboisière et Drouot rend les plus grands services à l'Empereur. Le corps des marins est créé et la campagne de 1809 met à dure épreuve son infatigable énergie. La cavalerie comprend deux nouveaux régiments : les dragons de l'Impératrice et les lanciers polonais, qui remportent en Espagne des succès éclatants. Enfin en 1809 Napoléon crée la Jeune Garde. En 1810 l'adjonction de corps étrangers, gardes des pays annexés à l'Empire, porte à 32 000 soldats l'effectif de la garde.

Elle ne devait pas s'arrêter là. La Jeune Garde augmentait sans cesse. En 1812, pour la campagne de Russie, la cavalerie comprenait 8 570 combattants ; 7 régiments la composaient : deux de grenadiers commandés par le général Walter, deux de

chasseurs sous le général Lefebvre-Desnoëttes
avec les escadrons de mamelucks, le régiment de
dragons du colonel Ornano et deux de cavalerie
légère , lanciers polonais du colonel comte
Krasmski et chevau-légers lanciers du colonel
Colbert. Un 8ᵉ régiment, de chevau-légers lanciers, s'ajoute à Wilna. C'est une véritable doublure de la réserve de cavalerie. La garde à elle
seule forme un corps d'armée de 50 000 hommes
avec 200 pièces de canon. C'est le meilleur de
la Grande Armée; il est plus frais et mieux
traité : il fait le plus grand honneur aux soins
jaloux de Bessières. Durant la campagne, Napoléon l'épargne autant que possible : aussi résiste-
t-il plus longtemps que les autres troupes et,
quand la guerre et les fléaux ont fait fondre à
Moscou la Grande Armée, il reste encore presque
entier dans ses éléments nationaux. Bessières a
précieusement conservé sa cavalerie et, quand le
froid et la maladie eurent anéanti la réserve de
Murat, on trouve en elle une dernière ressource
qui résiste à la débâcle. Celle-ci cependant gagne
aussi la garde, qui est pour la première fois
vaincue par la nature. Et des 50 000 hommes qui
ont traversé le Niemen, c'est à peine si le Maréchal
peut rassembler plus d'un milier de survivants.

En 1813, Bessières eut un mal infini à remettre sur pied une partie de la garde et à remonter ses escadrons, avec les cadres qu'il avait pu sauver de l'horrible déroute de Russie. Sa chère cavalerie lui coûta la vie dans cette dernière campagne : il mourut en venant de sa personne faire enlever en face de l'ennemi le cadavre d'un de ses lanciers d'élite, afin que les Prussiens ne pussent s'enorgueillir d'avoir fait donner ce jour-là la suprême réserve de l'armée.

La garde devait encore se couvrir de gloire en Allemagne et en France, avant d'aller succomber avec l'Empire lui-même sur le champ de bataille de Waterloo, où elle s'anéantit au moins dans une apothéose finale de ses vertus guerrières, digne de ses succès passés et de l'héroïque Maréchal qui l'avait si souvent conduite à la victoire.

Cependant, au mois de septembre 1805, l'armée autrichienne de Mack s'était avancée à travers la Bavière jusqu'à Ulm, où elle attendait les Français au débouché de la Forêt-Noire; l'armée russe était encore à Vienne, Napoléon se prépara à réaliser son plan de génie : franchir le Rhin et côtoyer la Forêt-Noire et les Alpes de Souabe en se dérobant à l'ennemi, pour venir passer le Danube sur les derrières de Mack, le séparer des Russes et, l'acculant à Ulm même, en finir peut-être d'un seul coup avec l'armée autrichienne.

A la fin de septembre, Napoléon partait de Paris et venait rejoindre l'armée sur le Rhin. Bessières avait amené la garde à Strasbourg par courtes étapes. Le 1er octobre, les Français franchissaient le Rhin et le Mein et se dirigeaient vers le Danube sur le flanc de l'armée autrichienne ignorante et immobile ; tous les corps devaient déboucher sur le fleuve entre Donauwerth et Ingolstadt, dans la plaine de Nordlingen. Bessières avait traversé le Rhin à Strasbourg et longeait, avec la garde et le quartier général, les Alpes de Souabe, à l'arrière-garde de l'aile droite. Il arrivait le 4 à Stuttgard et restait avec l'Empereur deux jours à Louisbourg, où celui-ci séjournait avec le prince de Wurtemberg, pour consolider son alliance avec les souverains allemands de Souabe. Le 5 il repartait par la route de Göppingen et d'Heidenheim et arrivait le 7 sur le Danube, à Donauwerth : l'armée française était déjà maîtresse du fleuve et débouchait sur la rive droite.

Alors commença une nouvelle série d'opérations, plus merveilleuses encore que la concentration de la Grande Armée en Bavière, par lesquelles

Napoléon allait, en huit jours, enfermer dans Ulm l'armée autrichienne, la cerner victorieusement et l'obliger à se rendre tout entière. De Donauwerth Napoléon fit partir Bessières pour Augsbourg le 9 octobre et vint l'y rejoindre : il se trouvait ainsi au centre et en arrière de l'armée qui investissait Ulm, avec la garde en réserve. Derrière lui il délivrait la Bavière et faisait rentrer l'Électeur dans Münich; devant lui ses troupes resserraient les Autrichiens.

Le quartier général ne quitta Augsbourg que le 12 : Bessières se porta avec la garde à Weissenhorn et le 14 à Elchingen. L'Empereur se trouvait là sur les bords du Danube, son armée entourant Ulm sur les deux rives. Toute retraite était fermée aux Autrichiens : quelques corps, qui essayèrent de s'échapper, furent rejoints par la cavalerie de Murat et presque entièrement détruits. Le 15, Napoléon faisait enlever les approches de la ville et le 16 sommait Mack de capituler avec toute son armée. Le malheureux général autrichien était dans une situation sans issue : il dut obéir : de ses 90 000 soldats, 25 000 à peine étaient parvenus à s'échapper en fuyant à travers le Tyrol. En quinze jours, l'Empereur avait anéanti l'armée ennemie par un triomphe sans précédent dans l'histoire.

Il allait maintenant se tourner vers Kutusow, qui débouchait sur l'Inn avec 65 000 Russes et Autrichiens. Envoyant Ney dans le Tyrol en face de l'Archiduc Jean, il traversa la Bavière avec le gros de ses forces pour envahir l'Autriche. Il dirigea Bessières avec la garde, le 20, vers Augsbourg puis vers Münich. Détachant alors Bernadotte et Marmont vers Salzbourg pour flanquer la marche de la Grande Armée et appuyer Ney, il se porta sur l'Inn pour y déboucher entre Mühldorf et Braunau. Le 28 octobre, les avant-gardes occupaient le fleuve : Bessières arrivait avec la garde à Mühldorf, venant de Münich par Hohenlinden et Ampfing. On ne croyait pas l'ennemi sur l'Inn : Kutusow ne trouvait pas son armée assez forte pour résister et battait en retraite le long du Danube.

L'armée passa l'Inn et marcha sur Vienne. L'armée russe continua à se retirer et passa sur la rive gauche à Krems, pour se diriger sur la Moravie, où Kutusow voulait rallier les renforts qui lui arrivaient de Russie. L'Empereur avec la garde suivit le Danube : le 5 novembre, il arriva à Lintz, le 10 à Mölk. Le 12 novembre, son avant-garde surprit Vienne et les ponts du Danube : l'Empereur se porta aussitôt sur la capitale et vint s'établir à Schœnbrünn.

Il n'y resta guère et se prépara à joindre l'ennemi en Moravie, pour y chercher dans un nouveau et définitif succès la fin de cette campagne. Le 20 novembre, il transporta son quartier général à Brünn, que ses lieutenants avaient occupé après avoir infligé un sanglant échec à l'arrière-garde de Kutusow. Les empereurs de Russie et d'Autriche étaient à Olmütz : ils y avaient réuni une armée de 90 000 hommes, 15 000 Autrichiens et 75 000 Russes, commandée par Kutusow : ils avaient résolu de livrer bataille et marchèrent vers Brünn.

Murat était sorti de Brünn en avant-garde avec sa réserve de cavalerie suivi par Bessières avec la cavalerie de la garde. Kutusow repliait devant eux ses avant-postes pour choisir un terrain favorable de combat : il avait laissé 6 000 cavaliers russes à la jonction des routes de Brünn et d'Olmütz : ce fut la division des dragons Walther qui les rencontra la première. Elle les contint avec la division des cuirassiers d'Hautpoul qui la suivait, mais les escadrons de Murat étaient harassés et s'épuisaient en vaines charges sans résultats. Bessières accourut avec quatre escadrons de la garde ; il ébranla aussitôt ses troupes et fit un effort si impétueux qu'il rompit la cavalerie russe au pre-

mier contact et la mit en complète déroute. Les
Russes laissaient deux cents morts et cent prisonniers. C'était la première rencontre où l'on eût eu
sérieusement affaire aux Cosaques ; ces sauvages
et hardis cavaliers ne tinrent pas contre les vétérans de la garde, que les lances de leurs ennemis
n'effrayèrent pas. Le succès acquit par là une
réelle importance.

Cependant Napoléon avait concentré son
armée et venait prendre position en face de
Kutusow près Austerlitz. Il fit occuper à ses
troupes une forte position, le long d'un petit ruisseau appelé le Goldbach, sur de faibles hauteurs
appuyées d'un côté aux collines de Moravie et à
un mamelon assez élevé, le Sauton, de l'autre
aux étangs gelés de Satschau et de Menitz. En
face de ces positions, au-dessus des villages de
Ghirzikowitch, Pontovitz, Cobelnitz, Sokolnitz et
Tellnitz, s'élevait le large plateau de Pratzen où
s'avançait l'armée austro-russe venant d'Austerlitz. Napoléon devina que les ennemis cher-
chaient à tourner son aile droite pour le séparer
de Vienne : il résolut d'agir en conséquence et de
les attirer dans un piège habile par des dispositions pleines de génie. Il chargea Lannes et
Murat de maintenir ses positions à l'aile gauche

autour du Sauton ; au centre il plaça le corps de
Soult entre Ghirzikowitch et Kobelnitz. A l'aile
droite, la division Friant, du corps de Davout,
devait déboucher à Tellnitz et s'y maintenir
avec opiniâtreté même contre des forces supérieures, jusqu'à ce que l'Empereur, vainqueur au
centre, pût porter ses réserves à Pratzen et
prendre à revers l'aile gauche de l'ennemi
séparée du reste de l'armée. Napoléon gardait à
cet effet sous la main Bessières avec la garde, les
grenadiers Oudinot et deux divisions du corps de
Bernadotte. Il disposait au total de 65 000 combattants contre 90 000 Russes et Autrichiens.

Ceux-ci avaient pris les dispositions suivantes :
le corps d'armée du prince Bagration avec toute
la cavalerie austro-russe devait attaquer notre
aile gauche entre Ghirzikowitch et Dwaroschna.
Au centre, se trouvaient l'infanterie autrichienne
de Kollowrath et le corps de Miloradovitch, et en
arrière, les réserves d'infanterie et de cavalerie de
la garde impériale russe. A l'aile gauche enfin, le
général Buxhœwden devait descendre le plateau
de Pratzen avec trois fortes colonnes, composées
des corps d'armée russes de Doctoroff, Langeron
et Pribyschewski, enfoncer notre aile droite et
tourner les Français vers Tellnitz.

Le 2 décembre, le soleil se leva sur le champ
de bataille désormais immortel d'Austerlitz. Dès
la pointe du jour le combat s'engagea : Bagration
attaqua Lannes et Murat, qui, après une longue
lutte, triomphèrent complètement. A l'autre extré-
mité de la ligne, Buxhœwden descendit sur Tellnitz
et Sokolnitz, où Davout lui opposa une opiniâtre
résistance. C'est au centre que la victoire se
décida : Soult gravit les pentes du plateau de
Pratzen et s'empara du village en enfonçant l'infanterie ennemie. Kutusow essaya de l'arrêter : il
lança sur Pratzen les réserves de l'armée russe et
la bataille recommença. A gauche de Pratzen
quelques bataillons de la division Vandamne
s'étaient avancés imprudemment à la poursuite de
leurs adversaires; ils descendaient vers Austerlitz par un terrain accidenté et couvert de vignes.
Le grand-duc Constantin s'avança sur eux avec
la cavalerie de la garde impériale russe : il
attaqua les Français au milieu des vignes, avant
que ceux-ci eussent pu se rassembler, et en sabra
un certain nombre; il enleva même le drapeau
du 4ᵉ de ligne.

Napoléon s'était porté avec tous ses corps de
réserve sur le plateau; il vit l'échec du régiment
de Vandamne et, se tournant vers Bessières qui

était à ses côtés : « Il y a là du désordre, dit-il ; il faut le réparer. » Aussitôt Bessières donne à Rapp les chasseurs à cheval de la garde et les mamelucks et le lance au secours du 4ᵉ de ligne ; il suit en personne Rapp avec ses grenadiers à cheval et la division Drouet du 1ᵉʳ corps dirigée par le colonel Gérard. Cependant Rapp charge les cavaliers du grand-duc Constantin, les ramène vivement en arrière et dégage les débris du malheureux régiment ; il continue sa poursuite, mais le prince Repnin le charge à son tour avec les chevaliers-gardes du tsar Alexandre : Rapp doit battre en retraite et voit tomber à ses côtés le colonel des chasseurs, Morland. A ce moment, Bessières débouche avec ses escadrons : les grenadiers à cheval de la garde étaient les meilleurs cavaliers de l'Europe, des vétérans intrépides qui n'avaient jamais connu la défaite : ils abordent avec leur maréchal l'élite de la cavalerie russe et l'enfoncent au premier choc. Rapp a rallié les chasseurs et les ramène en avant : les chevaliers-gardes sont dispersés et sabrés, leur chef, le prince Repnin, est fait prisonnier. La bataille est rétablie au centre et le sort de la journée décidée. La cavalerie de la garde revient près de l'Empereur qui ne cache

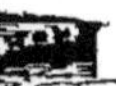

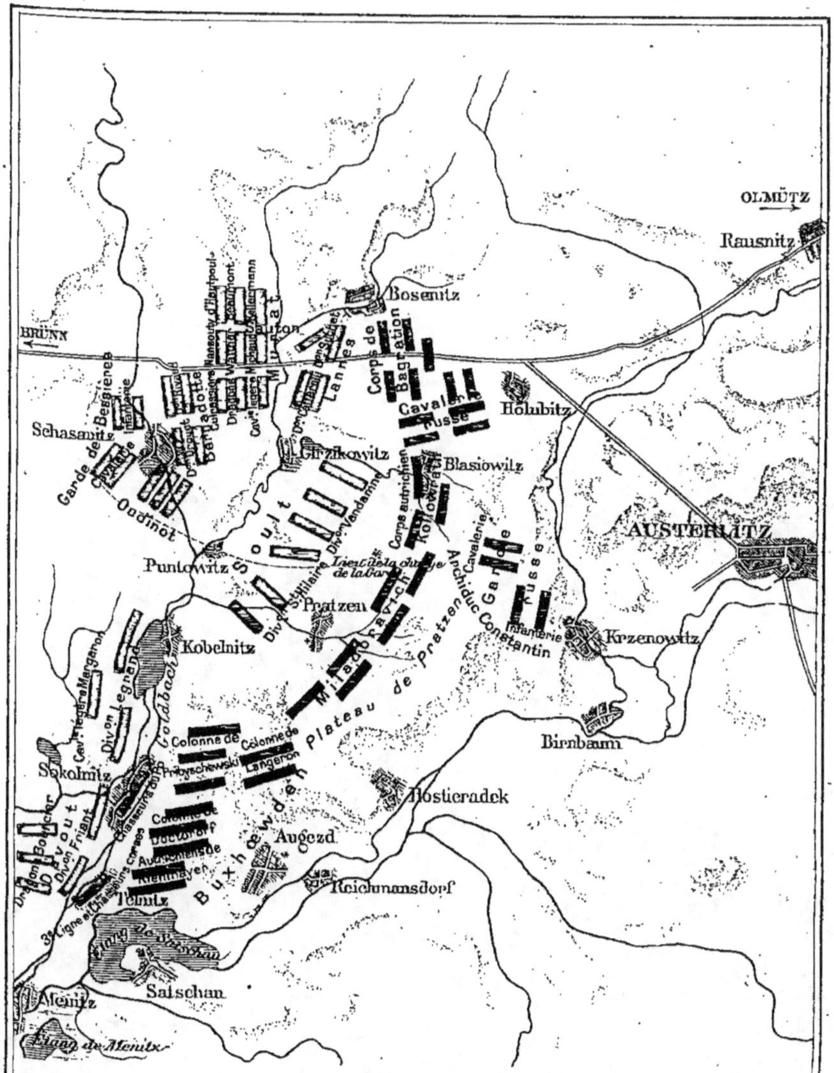

BATAILLE D'AUSTERLITZ

2 Décembre 1805

Position des Armées Française et Russo-Autrichiennes dans la matinée

Gravé par F. Vavasseur.

pas sa joie profonde. Cependant Bessières a porté
la division Gérard sur Pratzen qu'elle occupe
définitivement. Alors Napoléon se prépare à exécuter son beau plan et descend avec ses réserves
au secours de Davout sur les derrières de
Buxhœwden. C'en est fait de l'aile gauche de
l'armée ennemie : elle est arrêtée sur son front,
cernée par des forces écrasantes. Une partie se
fait prendre dans les villages, une autre essaye de
s'échapper en traversant les étangs glacés. Mais
Napoléon fait casser la glace par l'artillerie de la
garde et tout le corps de Buxhœwden s'anéantit
dans le plus affreux des désastres.

La bataille était terminée. Les deux empereurs
étaient en fuite vers Olmütz, précédant leur
armée en déroute et à moitié détruite. Les Russes
ne songeaient qu'à partir : l'empereur d'Autriche
demanda la paix, dont les conférences prélimi-
naires s'ouvrirent aussitôt. Napoléon reprit avec
Bessières et la garde le chemin de Vienne.

Il y séjourna jusqu'à la signature du traité de
Presbourg. Le 27 décembre, la garde repartit
vers l'Inn avec Bessières : tandis que le reste de
l'armée demeurait en Allemagne ou en Italie,
elle rentra en France et revint prendre son poste
près de l'Empereur à Paris.

Bessières s'était arrêté en passant quelques jours à Münich pour assister au mariage de son ami Eugène de Beauharnais avec la princesse Auguste, fille du roi de Bavière. Il avait bien mérité de Napoléon durant cette campagne, et la cavalerie de la garde, en cueillant ses beaux lauriers d'Austerlitz, avait pleinement réalisé les espérances fondées sur cette élite de la Grande Armée.

CHAPITRE VI

IÉNA. — CAMPAGNE DE PRUSSE. — EYLAU
ET FRIEDLAND

La guerre contre la Prusse. — Bessières organise la garde. —
Départ de la garde en poste. — Bessières rejoint l'Empereur en Franconie. — Iéna, 14 octobre. — Marche sur Berlin
et séjour dans la capitale. — Départ pour Posen.
Plan de campagne de l'Empereur au delà de la Vistule. — Formation d'une 2° réserve de cavalerie : le commandement est
confié à Bessières. — Rôle assigné à ce maréchal. — Départ
de Thorn le 16 décembre. — Marche sur l'Ukra et épuration
des rives de la Vistule. — 23 décembre, beau combat de
Biezun : Bessières bat les Prussiens. — Inaction sur l'Ukra.
— Défaite générale de l'armée ennemie. — Marche sur
l'Orezyc. — L'armée revient prendre ses cantonnements :
dissolution de la 2° réserve de cavalerie.
Bessières reprend à Varsovie le commandement de la garde.
— Retour offensif des Russes sur l'Alle. — Napoléon concentre son armée. — Marche de la garde de Varsovie à l'Alle.
— Bataille d'Eylau, 8 février 1807. — Positions des deux
armées; début de la bataille par une affreuse canonnade;
arrivée de Davout. — Attaque du centre ennemi et échec
d'Augereau; charges de la cavalerie de la garde et de la
réserve de Murat. — Le centre ennemi est enfoncé. —
Succès de Davout à droite et arrivée de Ney à gauche. —
Retraite des Russes. — Résultats de la bataille. — L'armée
prend de nouveaux cantonnements.

La Prusse venait d'entrer en lice à son tour :
l'armée du Grand Frédéric allait se heurter contre
la grande armée impériale. Le roi de Prusse
mettait en ligne contre Napoléon une première
masse de 150 000 combattants dirigés par le duc
de Brunswick et le prince de Hohenlohe. De son
côté l'Empereur commençait activement les préparatifs de guerre dès le début de septembre.

Le maréchal Bessières avait fort à faire pour
l'administration et l'organisation de la garde. La
correspondance de l'Empereur entre dans les
moindres détails à ce sujet : remonte, service du
train, boulangerie, ambulances, rien n'échappe
à ses préoccupations. Dans une lettre du 12 septembre, on lit : «... Ayez soin qu'on arrange les
épinglettes, qu'on complète les tire-bourre et les
petits bidons, tant pour la cavalerie que pour
l'infanterie; enfin qu'on fasse tout ce qui est
convenable pour se tenir parfaitement en état... »

La garde devait être irréprochable. Le 13, Bessières recevait des ordres pour la formation, qui devait être temporaire, d'un nouveau corps.

Saint-Cloud, 13 septembre

L'Empereur au maréchal Bessières.

« J'ai l'intention de former 6 bataillons de dragons à pied, chacun de 6 compagnies, chaque régiment de dragons fournissant 2 compagnies de 100 hommes chacune. Il faudrait pour l'état major de ce corps 3 majors; chacun commanderait 2 bataillons, l'un sera fourni par les grenadiers vélites, l'autre par les chasseurs vélites; ils seront attachés, l'un aux grenadiers sous les ordres du général Hulin, l'autre aux chasseurs sous les ordres du général Soult. Un autre major serait fourni par la ligne. Il faudrait voir si des corps de la ligne on ne pourrait pas tirer 6 chefs de bataillon, 6 adjudants-majors, 12 adjudants sous-officiers, intelligents et sachant bien leurs manœuvres. Par ce moyen ce corps tiendrait par la tête à la garde. »

Le 15, la formation de 4 bataillons à 4 compagnies fut commencée : à Mayence le général Dorsenne organisait les deux premiers; à Stras-

bourg le major Friederichs, de la garde, les deux
autres ; les 4 divisions de dragons des généraux
Klein, Grouchy, Beaumont et Sahuc fournis-
saient chacune les éléments d'un bataillon, à
150 hommes par compagnie, ce qui devait porter
à 2 400 combattants l'effectif du nouveau corps.

Le 19 septembre, Napoléon donnait les ordres
pour la réunion de l'armée. 6 corps d'armée se
trouvaient déjà en Allemagne : avec les réserves,
la cavalerie de Murat et la garde de Bessières,
c'était 180 000 hommes qu'il allait concentrer en
Franconie pour lutter contre la Prusse. Voici
comment une lettre de l'Empereur fixe la composition de la garde pour cette campagne et sa mise
en mouvement :

Saint-Cloud, 19 septembre.

L'Empereur au maréchal Bessières.

« Donnez l'ordre à votre chef d'état-major de
partir le 23 pour se rendre à Mayence en toute
diligence, afin de tout préparer pour l'organisation de la garde au fur et à mesure de son arrivée.
Il est nécessaire de faire partir les boulangers
et tous les autres ouvriers de la garde par les
voitures établies pour les transports de la garde,

afin qu'ils arrivent aussi promptement qu'elle.
Donnez également ordre aux commissaires ordon-
nateurs, chirurgiens et employés de la garde,
d'être rendus le 30 septembre à Mayence. Vous-
même, vos aides de camp et le reste de votre
état-major, partirez le 24, afin d'arriver le 28 à
Mayence, pour accélérer l'organisation des corps
de ma garde et préparer tout ce qui est nécessaire
pour votre dépôt. Vous ferez partir le reste de la
garde à cheval de toute arme le 21, de manière
que, le 21 au soir, il ne reste plus à Paris personne à partir.

» Voici les corps qui doivent composer ma
garde :

	Hommes.
Deux régiments de chasseurs à cheval.........	1200
Deux régiments de grenadiers à cheval.........	1200
Un régiment de gendarmerie d'élite...........	400
L'escadron de mamelucks.....................	80
Deux régiments de chasseurs à pied...........	2000
Deux régiments de grenadiers à pied..........	2000
Quatre divisions d'artillerie de 24 pièces de ca-	
nou ; un parc composé de 12 pièces de canon,	
plus 1000 hommes d'artillerie................	1000
Quatre bataillons de dragons à pied, chaque ba-	
taillon composé de quatre compagnies........	2400
Quatre bataillons de grenadiers et de voltigeurs,	
composés des compagnies des 3e et 4e batail-	
lons formés dans les 5e, 25e et 26e divisions	
militaires..................................	2400

ce qui fait plus de 12 000 hommes, infanterie,
cavalerie et artillerie..... »

Le maréchal Lefebvre commandait nominale-
ment la garde à pied. Bessières avait l'administration générale du corps et le commandement de
la garde à cheval, comme d'ordinaire ; le général
Roussel était son chef d'état-major, Doullem-
bourg l'adjudant commandant la garde à cheval,
Laville le premier aide de camp du maréchal.

Ce fut alors la première fois que l'on fit transporter en poste de grandes quantités de troupes.
Bessières organisa un service de relais avec l'aide
de l'administration préfectorale : les grenadiers
étaient envoyés de Meaux à Worms par Metz, les
chasseurs de Dammartin à Bingen par Luxembourg. De Worms et Bingen la garde devait
descendre par eau jusqu'à Mayence. La route fut
ainsi parcourue en six jours. Bessières lui-même
et son état-major partirent un jour avant l'Empereur.

De Mayence, Bessières fit partir la garde à pied
à Würtzbourg d'où elle se dirigea à partir du
4 octobre sur Bamberg. La garde à cheval
n'arriva à Würtzbourg que le 8 par la route de
Manheim et le 10 à Bamberg. Dans cette ville, le
maréchal Lefebvre, remplacé à la tête du corps
qu'il commandait par Lannes, avait rejoint le quartier général et pris la direction de la garde à pied.

C'est le 8 octobre que Napoléon commença les admirables opérations qui devaient en moins de quinze jours le conduire à Berlin après avoir vaincu et anéanti l'armée prussienne. Il franchit les monts de Thuringe, déboucha sur la Haute Saale puis se dirigea sur Erfurt, où se trouvaient toutes les forces prussiennes. La rencontre eut lieu le 14 octobre. Tandis que Davout à Auerstædt se heurtait à l'armée du roi et du maréchal de Brunswick, et la battait complètement, l'Empereur à Iéna se trouvait en présence de la seconde armée commandée par le prince de Hohenlohe et lui infligeait une irréparable défaite. Le soir, tous les Prussiens vaincus étaient dans la plus affreuse déroute. Le maréchal Bessières avait assisté à la bataille d'Iéna : il s'était tenu toute la journée aux côtés de l'Empereur avec Berthier et Duroc[1]. Mais il n'y avait pas pris une part active. — La cavalerie de la garde était, le 14 au matin, à trente-six heures encore du champ de bataille et n'arriva que le lendemain.

1.   *Cinquième bulletin de la Grande Armée.*

Iéna, 15 octobre 1806.

« ..... L'Empereur a toujours été entouré, partout où il a paru, du prince de Neufchâtel, du maréchal Bessières, du grand maréchal du palais Duroc, du grand écuyer Caulaincourt et de ses aides de camp de service... »

Tandis que les divers corps d'armée étaient envoyés à la poursuite des débris de l'armée prussienne, qu'ils allaient achever d'anéantir, l'Empereur, précédé par Davout, marchait sur Berlin. Bessières le suivit constamment. Partie le 15 d'Iéna, la garde arriva le 26 à Charlottenbourg par Weimar, Naumbourg, Marsebourg, Halle, Dessau, Wittenberg, Kropstadt et Potsdam. Le 27 octobre, Napoléon fit une entrée solennelle dans la capitale de la Prusse : la garde à pied marchait en premier, puis la garde à cheval avec Bessières à sa tête, entre les grenadiers et les chasseurs à cheval l'Empereur entouré de Berthier, Davout, Duroc. Le quartier général s'établit à Berlin.

Le Maréchal fut quelque peu occupé par la garde : Napoléon la passa en revue, la fit manœuvrer devant lui. Sur ses ordres, Bessières dut s'occuper de la réorganisation du corps de dragons à pied qui suivaient l'infanterie de la garde depuis le début de la campagne : il les monta avec des chevaux de prise dont l'Empereur fit un dépôt important à Potsdam ; les dragons furent séparés de la garde et versés à la réserve de cavalerie. De nombreuses inspections furent confiées au Maréchal : examen de chevaux de remonte, du matériel de guerre pris à l'ennemi ou venant de France.

L'Empereur laissait l'armée se reposer quelques jours. Mais les Russes arrivaient sur le Niemen le 1er novembre et entraient en Prusse pour secourir et essayer de venger leurs alliés. La campagne était aussitôt reprise. Murat avec Davout, Lannes et Augereau devait marcher sur Varsovie et conquérir la Pologne, le Prince Jérôme avec les contingents allemands envahir la Silésie. Napoléon lui-même allait suivre Murat et se porter sur la Vistule avec une seconde armée, comprenant tout le reste de ses forces; le 27 novembre il transportait son quartier général à Posen, et Bessières l'y suivait.

L'Empereur y séjourna quelque temps, tandis que ses troupes se portaient sur la Vistule et s'y assuraient des deux débouchés importants de Thorn et de Varsovie. Puis il reprit ses plans d'invasion.

En face de lui les Prussiens avaient leur dernière armée sous Lestocq, autour de Soldau, appuyée vers la mer par les deux fortes places de Dantzig et de Kœnigsberg. Vers l'intérieur de la Pologne 100 000 Russes étaient déjà réunis en deux armées, l'une commandée par le général Benningsen, dans le triangle formé par la Narew et l'Ukra près de leur réunion, l'autre sous

Buxhœwden, campée sur la haute Narew, aux environs d'Ostrolenka. Le plan de Napoléon fut fixé vers le 12 décembre : il voulait, débouchant à la fois par Thorn et Varsovie, séparer les Prussiens et les Russes, rejeter les premiers vers la mer, les seconds à l'intérieur de la Pologne sur la haute Narew, et profiter de leur dispersion pour leur infliger de sanglants échecs partiels. Pour réaliser ces projets, il prit les dispositions suivantes. Il se rendit lui-même à Varsovie : il voulait, avec la cavalerie de Murat, les corps de Davout et de Lannes et la garde, se porter sur l'Ukra pour y attaquer les Russes et les pousser, l'épée dans les reins, vers Ostrolenka. Au centre, Soult se trouvait à Plock : il devait se diriger de là sur la haute Ukra, se liant à droite par Augereau, qui marchait de Mödlin sur Plonsk avec l'armée impériale — à gauche vers Biezun avec les corps qui débouchaient par Thorn pour attaquer les Prussiens. A Thorn, où Ney se trouvait déjà, l'Empereur envoyait pour renforcer sa gauche le maréchal Bernadotte et un second corps de réserve de cavalerie qu'il venait de former et dont il donnait le commandement à Bessières.

Celui-ci devait avoir sous ses ordres les 2ᵉ et

4e divisions de dragons, la 2e division de cuirassiers et la cavalerie légère du 1er corps. La 2e division de dragons était celle du général Grouchy; elle comprenait les 3e, 6e, 10e et 11e régiments, formant deux brigades de 2200 hommes sous les généraux Milet et Roget. La 4e division contenait les brigades Margaron : 17e et 18e régiments de dragons, et Laplanche : 19e et 27e; au total 2400 combattants, sous les ordres du général Sahuc. La 2e division de cuirassiers, commandée par le général d'Hautpoul, comprenait les brigades Saint-Sulpice et Clément : 1er et 5e, 10e et 11e régiments, 1700 hommes. Enfin la cavalerie légère du corps de Bernadotte était forte de 3 régiments sous le général Tilly : 2e et 4e de hussards et 5e de chasseurs, 1200 hommes. Le maréchal Bessières avait ainsi à sa disposition 7 brigades, au total 7500 cavaliers : il emmena avec lui comme chef d'état-major le général Roussel, qui remplissait cet emploi auprès de lui à la garde.

Voici comment l'Empereur fixait très clairement le rôle assigné à cette seconde réserve de cavalerie :

*Dispositions générales projetées
pour la campagne au delà de la Vistule.*

Quartier général de Posen, 13 décembre.

« Le maréchal Bessières prendrait le commandement du 2° corps de la réserve de cavalerie...
(suit la composition de ce corps)...

« ... Le maréchal Bessières partirait cette nuit
de sa personne, à minuit, avec son état-major
pour se rendre à Thorn, où la division du général
Tilly est arrivée le 12, où le général Sahuc et le
général Grouchy arriveront le 15 avec leurs divisions, et enfin où la division de cuirassiers du
général d'Hautpoul arrivera le 17.

» La cavalerie légère du maréchal Ney éclaire-
rait Strasbourg sur la route de Kœnigsberg. Tout
le second corps de réserve du maréchal Bessières
se jetterait sur la droite, du côté de Rypin et
Biezun, s'éclairant sur Soldau. Dans cette situation, le maréchal Bessières se trouverait à mi-
chemin de Thorn à Pultusk, et par là, en mesure
d'avoir des nouvelles positives de ce que veulent
faire les Russes et où ils appuient leur droite. Le
corps du maréchal Soult passerait la Vistule vis-
à-vis de Wroclawek le 16, et les postes du maréchal

Bessières et ceux du maréchal Soult se rencontreraient à Lipno.

» La jonction une fois faite, toute la cavalerie légère du maréchal Soult se jetterait sur la droite du côté de Plock, en longeant la Vistule, pour favoriser le passage du maréchal Augereau, qui s'effectuerait du côté de Zakroczyn... et enfin celui du maréchal Davout, qui se trouve à l'embouchure du Bug dans la Vistule, à Nowydwor.

» Le principal but du maréchal Bessières serait de manœuvrer pour balayer la plaine et faire sa jonction par sa droite avec la cavalerie légère du maréchal Soult. Son second but serait de jeter l'ennemi au delà de la rivière de l'Ukra et de favoriser le passage du corps du maréchal Augereau, de celui du maréchal Davout, et enfin de la cavalerie du grand duc de Berg. Le troisième but du maréchal Bessières serait de reconnaître l'ennemi sur Pultusk et Willenberg, afin de bien connaître quels seraient ses projets; on pourrait supposer que le projet de l'ennemi serait de former une ligne, la gauche appuyée à Pultusk et sur le Bug et la Narew, en se prolongeant pour donner la main aux Prussiens qui borderaient la la petite rivière de la Passarge, la droite appuyée à la mer; enfin décider entièrement les Prussiens

à la retraite, si leur projet n'est pas de tenir
sérieusement dans la position qu'on suppose
qu'ils occupent.

» La division du général Leval arriverait le 15
à Inowraclaw et le 16 à Thorn, où elle passerait
le pont et se porterait entre Rypin et Lipno. Là
elle se trouverait en position d'appuyer les reconnaissances du maréchal Bessières et ferait sa
jonction avec les deux autres divisions du maréchal Soult qui auraient passé à Wroclawek ; le
général Leval pourrait donc avoir, le 17, des postes
à Lipno... »

Tel était le programme fixé à Bessières : il
devait être simplifié, car Augereau franchissait la
Vistule, Davout la Narew et l'Empereur se portait
aussitôt vers Varsovie pour les soutenir.

Cependant le maréchal arrivait à Thorn le 16
au matin. Il portait aussitôt la division Tilly sur
la Drewenz dans la direction de Rypin et Lipno,
et appelait promptement à lui les divisions de
grosse cavalerie, qui, le 17, débouchaient en une
seule masse sur la rive droite de la Vistule.
La cavalerie légère rencontrait quelques partis
ennemis à Lipno et les enfonçait : elle occupait
le soir cette ville et celle de Kikol, portant ses
reconnaissances sur Skompe et Rypin. Le quar-

tier général était à Wola avec la division Grouchy,
dont les partis avancés touchaient à Bobrowniki;
la division Sahuc cantonnait sur la rive gauche
de la Drewenz depuis son confluent avec la Vistule jusqu'à Gollub, la division d'Hautpoul sur
la rive droite de la Drewenz. L'infanterie du
général Leval était arrivée à Thorn. A Lipno la
communication eût dû être établie le 18, d'après
le plan primitif, avec le corps du maréchal Soult,
mais l'Empereur, dans la prévision d'événements graves sur la Narew, venait de rapprocher
de lui le 4ᵉ corps, lui donnant ordre de franchir la Vistule au-dessus de Plock, vers la
Bzura.

Le 18, Bessières porte la division Tilly à
Skompe et cherche à donner la main sur la route
de Plock à la cavalerie légère de Soult. Son
quartier général est à Kikol avec les dragons de
Grouchy, le reste de ses troupes à Wola. Partout
ses reconnaissances rencontrent l'ennemi, dont
les partis infestent la rive droite de la Vistule. Le
général Gardanne, qui éclairait le chemin de
Dobrzyn avec 60 dragons du onzième régiment
se heurte à des hussards prussiens en forces
supérieures et rentre à Lipno. Sur ses derrières
et à sa gauche Bessières est soutenu par Ney dont

le corps est sur la Drewenz autour de Gollub :
Bernadotte est arrivé à Thorn.

Le 18 au soir, le général Tilly reçut l'ordre de
se diriger le lendemain avant le jour sur la route
de Plonsk : il devait se lier dans cette direction
avec le corps du maréchal Augereau, le maréchal
Soult se trouvant encore sur la Vistule, puis, la
communication établie remonter le cours de
l'Ukra et rejoindre le reste de la réserve à
Biezun. Tilly, qui marchait en tête avec le 2ᵉ de
hussards, rencontra de la cavalerie ennemie au
delà de Sierps, la rompit et lui fit quelques prisonniers. Sa division fit une marche de 52 kilomètres et parvint dans la soirée jusqu'à Drobin,
où elle se trouva encore en présence de quatre
escadrons de hussards prussiens qu'elle mit en
fuite. À six heures du matin, Bessières quittait
ses cantonnements avec ses divisions de grosse
cavalerie : il suivait la route Lipno-Skompe-
Sierps avec 5 brigades, à 30 kilomètres de
la Vistule, portant le soir sa tête de colonne
(2ᵉ brigade de la 2ᵉ division de dragons) à
Sierps, la queue (division de cuirassiers) entre
Skompe et Sierps, l'ensemble sur une profondeur
de moins de 20 kilomètres. Il avait détaché sur
sa droite la brigade Milet des dragons Grouchy

de Lipno vers Plock pour chasser tout ce qui se trouvait d'ennemis sur les bords de la Vistule et les rejeter au besoin sur la division Tilly qui achèverait de les détruire.

Le 20, la cavalerie légère de Bessières envoyait ses reconnaissances sur Plonsk, où elles trouvaient la brigade Lapisse du corps d'Augereau, établissant ainsi la jonction avec la droite de la Grande Armée; Tilly, avec l'ensemble de ses forces, se rapprochait de l'Ukra et se portait à Drobin sur la route de Biezun. Ainsi s'était réalisé le plus important des désirs de l'Empereur, le contact des deux masses principales des forces françaises qui de Varsovie et de Thorn avaient débouché sur la rive droite de la Vistule. — Dans cette même journée Bessières marchait de Sierps sur Biezun avec la 2ᵉ brigade Grouchy en avant-garde et la division Sahuc : les dragons rencontraient l'ennemi à Biezun et le forçaient à repasser l'Ukra : ainsi se trouvait atteint le second but proposé par l'Empereur au maréchal. Le 20 au soir, le quartier général du deuxième corps de réserve était à Rosciszewo, la division d'Hautpoul à Sierps. La brigade Milet remontait de Plock vers Biezun, en achevant de nettoyer le pays. Grouchy poussait des reconnaissances sur Rypin pour y donner la main aux troupes de Ney, et le long de l'Ukra, en amont de Biezun à Poniatowo, en aval à Radzanowo. Il trouvait partout l'ennemi sur la rivière et prenait contact avec lui [1]. Toute cette campagne est fort intéres-

1.   *Le général Grouchy au maréchal Bessières.*

Biezun, 20 décembre, 8 heures 1/2 du soir.

« Monsieur le Maréchal, la reconnaissance que j'ai dirigée sur Poniatowo, village sur la rive gauche de l'Ukra, en remontant la rivière, a trouvé l'ennemi occupant le pont et gardant en force le village. La reconnaissance a été chargée et obligée de se replier, ce qu'elle a fait en bon ordre et sans perte. Elle m'a en outre rendu compte que depuis Biezun jusqu'à Poniatowo, il existe une ligne de feux considérable et qu'il paraît qu'il ne laisse pas que d'y avoir beaucoup de troupes dans cette partie.

» Dans les villages d'ici à Poniatowo, il n'a pas été possible de se procurer d'autres renseignements, sinon sur la présence de l'ennemi à peu de distance; le dire des paysans est unanime à cet égard. En face du pont on a tiraillé jusqu'à la nuit, quoique nos dragons ne ripostassent point. Le chef d'escadrons Dejean m'a en outre rendu compte qu'au moment où il relevait les postes, à la chute du jour, il a aperçu de l'infanterie ayant des sacs sur le dos. Un officier s'est même avancé et a crié aux nôtres en français : « A demain, messieurs les Français, nous nous verrons! »

» Qu'induire de tout ceci? que le mouvement rétrograde n'est point prononcé et que nous sommes à peu près en contact avec l'aile droite de l'ennemi.

» La reconnaissance sur Radzanowo n'est point encore rentrée : je m'empresserai, monsieur le Maréchal, de vous transmettre les données qu'elle aura recueillies. Celle envoyée du côté de Rypin est en marche depuis cinq heures, mais je n'en attends pas de nouvelles avant demain matin. »

Le général Grouchy au maréchal Bessières.

Biezun, 21 au matin.

« Monsieur le Maréchal, l'officier que j'avais envoyé hier à Rypin vient de revenir. Il y a toujours sur ce point un bataillon du corps de M. le maréchal Ney, qui de sa personne est dans

sante au point de vue technique, pour l'étude des opérations de cavalerie : le maréchal Bessières l'a conduite avec une parfaite correction, un grand respect des principes de la guerre. Il avait prudemment amené toutes ses forces en masse jusqu'au contact de l'ennemi : il eût fallu maintenant qu'il poussât vigoureusement l'avant-garde prussienne pour connaître exactement ce qu'il avait devant lui, mais il fut toujours lié par la nécessité de ne pas s'éloigner de l'aile gauche qu'il eût laissée sans cavalerie.

Le 21 décembre, Bessières, prévenu de la présence de l'ennemi sur la rive gauche de l'Ukra, gardait ses positions du 20, attendant l'arrivée de l'avant-garde d'infanterie du corps Bernadotte. Il en profitait pour faire battre le pays en tous

un château peu distant. Aucunes troupes françaises ne sont sur la route entre Rypin et Biezun, mais on attend de Rypin une brigade de dragons qui doit être aujourd'hui postée sur cette route. Dans tous les villages qui s'y trouvent depuis Biezun, l'ennemi était hier et venait seulement de partir quand ma reconnaissance les a traversés ; il paraît que tous ces détachements se sont retirés vers l'Ukra et au delà et que le mouvement rétrograde de l'ennemi est bien décidé. En face de moi c'est sur Srzensk qu'il s'est porté : quelques hommes le suivent dans cette direction. Mes secondes reconnaissances sur Radzanowo et Poniatowo ne sont pas encore rentrées. Je présume que l'ennemi occupe toujours les bords de l'Ukra dans la partie de Radzanowo : aussi ai-je fait soutenir la reconnaissance. Mais je ne pense pas qu'il tente rien sur la droite de l'Ukra.....

» GROUCHY. »

sens, ne voulant pas laisser une seule route où
il n'eût envoyé des partis. La division Sahuc était
portée sur la route de Biezun à Rypin. La division d'Hautpoul, amenée à Rosciszewo, envoyait
des reconnaissances sur Radzanowo, Drobin,
Racionz. Grouchy couvrait de ses dragons les
rives de l'Ukra de part et d'autre de Biezun : les
Prussiens abandonnaient quelques points et le
général jetait plusieurs partis sur la rive gauche,
l'un vers Srensk jusqu'à Dembsk, un autre à la
poursuite de 250 hussards noirs campés la veille
à Poniatowo. Le général Milet remontait de Plock
à Biezun et y arrivait dans la soirée avec le
10ᵉ dragons : il avait laissé le 11ᵉ au général
Gardanre, qui continuait à suivre la Vistule
vers Zakroczyn pour achever de nettoyer la
plaine au sud de Plonsk et Drobin, par où il
rejoindrait ensuite la 2ᵉ division. D'ailleurs
tout ce travail d'épuration était rendu fort
difficile par l'état physique du pays, que cou-
vraient partout les bois et les marécages. Cet
obstacle naturel devait mainte fois paralyser les
mouvements de l'Empereur durant cette campagne.

Le 22, Bessières est encore réduit à l'inaction
par la faute de Bernadotte et de Ney qui restent

à Rypin jusqu'au 22 après-midi et ne commencent qu'à cet instant à marcher vers Soldau, le premier par Biezun, le second par Gurzno. Bessières en profite pour ramener à lui les divers corps détachés : Tilly à Racionz et Sahuc à Rypin; Grouchy continue ses reconnaissances sur la rive gauche de l'Ukra et constate la présence de forces ennemies : il y a de l'infanterie prussienne à Kutzbourg et Srensk. C'est qu'en effet les Prussiens opèrent un vigoureux retour offensif sur l'Ukra vers Biezun : ils vont s'y heurter à la deuxième réserve de cavalerie qui remporta là un brillant succès. Voici comment le maréchal Bessières raconte l'affaire dans sa lettre à l'Empereur :

Le maréchal Bessières à l'Empereur.

« Sire, j'ai eu l'honneur de rendre compte à Votre Majesté que j'étais arrivé le 20 à Biezun et que j'occupais tout le pays depuis Plonsk et Plock après en avoir chassé tous les postes ennemis. J'avais fait rétablir les deux ponts. Le 21, je poussai des partis sur les routes de Soldau et de Mlawa. L'ennemi paraissait être en pleine retraite : tous les rapports s'accordaient pour m'en convaincre. J'avais des partis qui avaient été à huit ou dix lieues sans trouver personne ; hier je fus instruit par mes reconnaissances qu'il faisait des mouvements avec des forces supérieures. Tous les rapports des déserteurs étaient qu'il avait 8 régiments d'infanterie, 12 pièces d'artillerie et 15 escadrons de cavalerie et hier il se présenta sur tous les points qu'il avait abandonnés lors de notre arrivée à Biezun. Il me fut facile de juger qu'il voulait reprendre Biezun. Je fis mes dispositions pour la défense du pont. Je laissai quelques postes en avant et je manœuvrai pour attirer l'ennemi dans la plaine qui se trouve à la hauteur du village de Karnyszyn. Le prince de Ponte-Corvo m'avait annoncé qu'il arriverait le soir même à Biezun et qu'il y envoyait deux compagnies d'infanterie, il fit renforcer le poste du pont par ses deux compagnies [1].

» Ce matin à huit heures, l'ennemi a débouché par les routes de Poniatowo et de Soldau pour venir s'emparer du village de Karnyszyn, situé à un quart de lieue du premier pont. Les postes de cavalerie soutenus par les deux compagnies du maré-

---

1. Quatre compagnies du 6° léger, deux de voltigeurs et deux de carabiniers sous les ordres du capitaine de carabiniers Roussel. Ces compagnies faisaient partie du 6° corps.

chal Bernadotte les ont maintenus. Mais l'ennemi arrivant en force pour s'emparer du village, je donnai l'ordre à l'instant au général Grouchy de déboucher avec sa division. La 1ʳᵉ brigade, aux ordres du général Roget, se forma à la hâte. L'ennemi, avançait avec une forte colonne d'infanterie, soutenue par 4 escadrons de cavalerie; il manœuvrait sur le village de Karnyszyn. Favorisé par les marais, il était parvenu à y jeter un bataillon d'infanterie. Un mouvement hardi et décisif pouvait seul rompre la ligne. Je donnai l'ordre au général Grouchy de commencer la charge et d'enlever le village, en l'attaquant par sa principale avenue avec le 6ᵉ régiment de dragons, tandis que le 3ᵉ régiment de dragons, abordant la ligne ennemie, devait l'enfoncer. Le général Sahuc reçut l'ordre de faire soutenir l'attaque par la brigade du général Margaron, tandis que la brigade de cuirassiers, commandée par le général Saint-Sulpice et le 10ᵉ dragons du général Milet formeraient la réserve.

» Ces doubles mouvements exécutés avec précision ont obtenu le plus brillant résultat. L'infanterie et la cavalerie ont été enfoncées et poursuivies jusque dans les marais. 500 prisonniers, 5 pièces de canon et 2 étendards ont été le résultat de cette charge. J'ai beaucoup à me louer du général Grouchy, je prie Votre Majesté de lui accorder ses bontés. Le général Roget a très bien dirigé les mouvements de la brigade. Le général Roussel, mon chef d'état-major, s'est trouvé dans la charge. Pendant que l'ennemi était poursuivi avec vigueur sur la gauche, le général Sahuc, avec la brigade du général Margaron, poussait vigoureusement l'ennemi et le contenait dans les bois et dans les marais de Chamsk.

» Le prince de Ponte-Corvo a dirigé plusieurs mouvements de cavalerie, et les officiers de son état-major ont été de toutes les charges. Le 6ᵉ régiment de dragons s'est couvert de gloire. L'ennemi nous a montré 7 à 8 000 hommes, dont plus de 1 500 chevaux.....

» BESSIÈRES. »

C'était là un très beau succès ; malgré leurs forces supérieures, les Prussiens avaient été vaincus par la seule cavalerie de Bessières, grâce aux habiles dispositions de celui-ci. L'unique mouvement qu'il fit fut merveilleusement conçu pour porter à ses adversaires un coup décisif : il se servit de sa masse de cavalerie pour exécuter une charge en plusieurs lignes à laquelle rien ne

résista, abordant les Prussiens avec un seul régiment déployé, le 3ᵉ de dragons, tandis que le 6ᵉ
enlevait le point d'appui de la droite ennemie par
une double attaque de front et de revers, qu'à la
gauche une brigade débordait la charge centrale
et la garantissait sur son flanc, et qu'au centre
enfin trois régiments suivaient prêts à la soutenir.

L'Empereur se montra très satisfait du résultat obtenu et le 9ᵉ bulletin de la Grande Armée
en rendit compte en ces termes :

«... Le maréchal avait placé les deux seules
compagnies d'infanterie dont il disposait près du
pont. Voyant l'ennemi venir en très grande force,
il donna ordre au général Grouchy de déboucher
avec sa division. L'ennemi était déjà maître du
village de Karnidjen et y avait jeté un bataillon
d'infanterie. Chargée par la division Grouchy, la
ligne ennemie fut rompue. Cavalerie et infanterie
prussiennes, fortes de 6 000 hommes, ont été
enfoncées et jetées dans les marais; 500 prisonniers, 5 pièces de canon, deux étendards sont le
résultat de cette charge. M. Bourreau, aide de
camp du maréchal Bessières, a été blessé. Notre
perte est d'ailleurs peu considérable : nous avons

eu huit hommes tués et une vingtaine de blessés... [1] »

> 1. *Le général Grouchy. — Rapport au maréchal Bessières sur le combat du 23.*

« La division que je commande se trouvait en position en arrière de Biezun, le 23 décembre, à la pointe du jour. Ayant reçu l'ordre de passer la Wkra, elle s'est portée rapidement sur la rive gauche de cette rivière et s'y est réunie au 1er escadron d'un de ses régiments, le 3e de dragons, qui y avait été envoyé pour soutenir nos avant-postes attaqués par l'ennemi.

» En face de ces avant-postes s'étendait une ligne de cavalerie prussienne appuyant sa droite au village de Karnyszyn et prolongeant sa gauche vers celui de Sadlowa. L'un et l'autre de ces villages étaient occupés par de l'infanterie. Le terrain où ma première brigade, aux ordres du général Roget, dut se déployer en débouchant du pont sur la Wkra, formait une sorte d'entonnoir dominé par le plateau où était placée la cavalerie prussienne. L'artillerie ennemie s'avançait en hâte pour foudroyer ma première brigade qui n'était soutenue d'aucun autre corps de troupes à cheval; ma seconde brigade, en mouvement pour me joindre, n'avait pu encore arriver, en raison de l'éloignement du point où elle se trouvait.

» Dans cette position délicate, un mouvement hardi et décisif pouvait seul rompre la ligne ennemie et nous rendre maîtres du village de Karnyszyn que quelques dragons à pied et une centaine d'hommes du 6e d'infanterie légère, seules troupes à pied que nous eussions, ne suffisaient pas pour emporter. Votre Excellence ayant prescrit d'exécuter ce mouvement, je chargeai le 6e régiment d'enlever le village en y pénétrant de front par son avenue principale et en le tournant à sa droite, tandis que le 3e régiment abordant la ligne ennemie devait l'enfoncer. Ce double mouvement, exécuté avec vigueur et précision, a obtenu le plus brillant succès.

» Le brave chef d'escadrons Remy, à la tête d'une partie du 6e régiment, est entré dans le village, a sabré et fait mettre bas les armes à l'infanterie qui le défendait, et débouchant de l'autre côté de Karnyszyn, s'est élancé sur les escadrons prussiens que la charge du 3e régiment avait fait rétrograder de ce côté. Les enfoncer a été l'affaire d'un instant, et continuant à fournir l'une des charges les plus vigoureuses et les plus prolongées qui puissent avoir lieu, le 6e régiment les a poursuivis jusqu'à un défilé qu'il a encore franchi, nonobstant le feu de

Après le succès de Biezun, Bessières eût dû poursuivre énergiquement les Prussiens dans leur retraite puis, pour se conformer aux désirs de l'Empereur, descendre par Ciechanow sur la Narew pour y reconnaître les positions russes sur leur flanc droit. Il ne le put : Bernadotte et Ney étaient sans cavalerie et le prince de Ponte-Corvo demanda à Bessières de rester pour soutenir au besoin les 1er et 6e corps contre les Prussiens. Le 24 décembre celui-ci se contenta donc de pousser ses partis sur les routes de Ciechanow et de Mlawa : il cantonna sa cavalerie sur l'Ukra, l'étendant sur un diamètre de six lieues pour assurer sa subsistance : il était d'ailleurs à même de concentrer toutes ses forces en moins de huit heures. Son quartier général restait à Biezun : la division Tilly était à Sadlowo, Chamsk, Olszewo, moins le 2e de hussards resté à Racionz pour établir la liaison

l'artillerie et de l'infanterie chargées de protéger la retraite. L'ennemi a été poussé l'épée dans les reins près d'une lieue au delà, et nombre de hussards noirs et de uhlans sont tombés en notre pouvoir. Le 3e régiment a soutenu le 6e et a été exposé assez longtemps au feu de l'artillerie prussienne.

• Le résultat des diverses charges exécutées par la division est la prise de 1 drapeau et de 5 bouches à feu dont 1 obusier, de 2 caissons et de plus de 500 fantassins, hussards ou uhlans...

(Mémoires de Grouchy.)

avec le corps d'Augereau ; la division Grouchy se trouvait en arrière de Biezun jusqu'à Rosciszewo, sauf le 11ᵉ de dragons à Drobin ; la division Sahuc dans les bois au nord du quartier général, à Chraponia ; enfin les cuirassiers d'Hautpoul à Sierps. Le 1ᵉʳ corps était arrivé sur l'Ukra et la division Dupont prenait poste à Biezun ; Ney avec le 6ᵉ corps suivait les Prussiens vers Mlawa et Soldau.

Le 25, Bernadotte et Bessières gardèrent à Biezun la même immobilité. — Cependant Napoléon avait forcé le passage de la Narew à Czarnowo et poursuivait les Russes l'épée dans les reins vers Pultusk et Golymin. Si le 2ᵉ de hussards avait été, à Racionz, à la hauteur de sa tâche, les maréchaux auraient su à l'aile gauche que le centre de l'armée française avait traversé l'Ukra : Augereau, après avoir forcé brillamment le passage, marchait de Nowemiasto sur Cie-chanow, Soult était à Sochoczyn, prêt à le suivre. Le 1ᵉʳ corps et la deuxième réserve de cava-lerie auraient dû pousser énergiquement vers Ciechanow : ils furent mal renseignés, et la faute en revient surtout à la cavalerie légère de Tilly, dont la molle direction avait affaibli l'initiative et la vigueur de ses subordonnés et lui valut après Eylau une complète disgrâce. — Dans l'après-midi du 25, Bessières et Bernadotte parcouraient à cheval sur la rive gauche de l'Ukra les avant-postes des divisions Tilly et Dupont, quand ils entendirent à gauche le canon du 6e corps. Bessières ordonna à Tilly de rassembler immédiatement ses deux régiments, et de marcher au canon dans la direction de Soldau et Mlawa. Il fit partir lui-même aussitôt le 4e de hussards qui arriva le soir à Zielona où se trouvait le quartier général de Ney. Mais Tilly, qui devait suivre avec le 5e de chasseurs pour faire la liaison avec le 6e corps et, au cas où celui-ci aurait un engagement avec l'ennemi, le soutenir, ne se décida à partir que le 26 au matin et, après une fausse marche, revint le soir à Dembsk. Ney avait maintenant toute l'armée prussienne de Lestocq devant lui et la suivait dans sa retraite sur les trois routes de Lautenbourg, Soldau et Mlawa, en la talonnant vigoureusement.

Le 26, Bessières et Bernadotte allaient porter la peine de leur inaction. Sur toute la ligne l'armée française rencontrait l'ennemi et remportait une série de brillantes victoires auxquelles ils ne purent prendre aucune part, restant complè-

tement inutiles à Biezun. De Pultusk à Golymin,
Lannes, Davout, Augereau infligeaient aux
Russes de sanglants échecs qui décidaient de
cette première partie de la campagne, Soult et
Napoléon lui-même arrivaient à Ciechanow, Ney
chassait Lestocq de Soldau et le rejetait complètement vaincu sur Neidenburg. Bessières s'était
enfin décidé à envoyer Grouchy en personne à
Drobin avec le 10ᵉ de dragons : le général y
rallia le 11ᵉ, reconnut les rives de l'Ukra et
apprit enfin à Bessières le passage des 7ᵉ et
4ᵉ corps (Soult et Augereau) : c'était trop tard,
et le maréchal n'allait pouvoir reprendre l'offensive que le 27, alors qu'il aurait dû le faire dès
le 24. Depuis ce jour il perdait son temps à
remuer sa cavalerie sur place, comme il l'écrivait
à Berthier :

Le maréchal Bessières au major général

Biezun, 26 décembre.

« .... Le pays où nous sommes est extrêmement difficile, on rencontre souvent des défilés
d'une lieue sur une chaussée de douze pieds de
large, entourée de marais impraticables même à
l'infanterie. Je suis obligé de faire presque tous

les jours un mouvement pour faire subsister ma cavalerie... »

Bessières n'était d'ailleurs pas seul responsable de ces fautes, qui incombent surtout à la nullité de Tilly et à la pusillanimité de Bernadotte, mais il ne sut pas prendre une initiative audacieuse.

Le 27 décembre, tandis que l'Empereur faisait vivement poursuivre les Russes vers Ostrolenka, Bessières et Bernadotte se décidaient enfin à reprendre l'offensive vers Mlawa. Le quartier général de la deuxième réserve de cavalerie était porté à Bogurzyn : la division Tilly donnant à Mlawa la main au 6ᵉ corps, la division Sahuc était au sud en reconnaissance sur Ciechanow, la division Grouchy au nord du quartier général, les cuirassiers d'Hautpoul à Radzanowo. Le maréchal Bernadotte restait autour de Srensk : l'Empereur lui donnait l'ordre de se porter par Chorzellen sur Willenberg, précédé par Bessières, tandis que Ney contiendrait Lestocq à Neidenburg.

Le 28, Bessières écrivait au major général :

Bogurzyn, 28 décembre.

« J'ai l'honneur de vous rendre compte, Monsieur le maréchal, que toute la cavalerie du

2ᵉ corps de réserve a reçu l'ordre de se porter aujourd'hui, savoir :

» La division de cavalerie légère sur la route de Mlawa à Przasznysk, en poussant des partis jusqu'à Przasznysk;

» La division Sahuc, sur la route de Mlawa à Ciechanow, en poussant des reconnaissances pour communiquer avec les troupes qui sont à Ciechanow ou avec le quartier impérial;

» La division Grouchy, sur la route de Mlawa à Neidenburg, en poussant des partis jusqu'à Neidenburg;

» Les cuirassiers à deux lieues en arrière de Mlawa sur la route de Mlawa à Srensk.

» Le 2ᵉ régiment de hussards, que j'avais laissé à Racionz, reçut hier l'ordre de se porter par la rive gauche de l'Ukra sur Radzanowo et de rejoindre aujourd'hui sa division.

» Toute ma cavalerie est en avant de l'infanterie du maréchal Ney et du prince de Ponte-Corvo, et à même d'exécuter promptement tous les mouvements que vous lui ordonneriez.

» J'attendrai vos ordres avec impatience. Mon quartier général est aujourd'hui à Mlawa.

» BESSIÈRES. »

A Przasznysk, Tilly devait déjà trouver la cavalerie légère du corps de Soult; Sahuc poussant ses partis fort loin et se liant au delà de Ciechanow avec le quartier général de la première réserve de cavalerie, c'était Murat qui transmettait à Berthier la lettre écrite le 28 par Bessières; enfin Grouchy donnait la main au corps du maréchal Ney.

Celui-ci se portait le 29 à Neidenburg, envoyant une forte avant-garde sous Colbert vers Willenberg. Bessières poussait sur Chorzellen, sa cavalerie légère à Szumsk, ses dragons et ses cuirassiers entre Szumsk et Mlawa, suivi à Mlawa par Bernadotte. Le 30 le Maréchal est à Chorzellen, Tilly et Grouchy entre Chorzellen et Willenberg, Sahuc et d'Hautpoul entre Chorzellen et Przasznysk.

Mais l'Empereur venait de se décider à faire prendre à l'armée ses quartiers d'hiver. Il avait vaincu les Russes dans ce premier choc, leur infligeant des pertes sensibles et les mettant en pleine déroute. L'état déplorable des routes le décida à s'arrêter sans poursuivre l'écrasement complet de ses adversaires et à faire prendre à ses troupes une solide position de Varsovie à la mer. Les mouvements allaient bientôt se ralentir.

Le 31 décembre, Bessières portait son quartier général à Krzysnowloga : Tilly était à Willenberg ayant ses partis sur les routes d'Ortelsburg, Myszyniec et Ostrolenka, — Grouchy entre Willenberg et Chorzellen, — Sahuc à Chorzellen poussant ses reconnaissances vers Ostrolenka et Przasznysk, — D'Haupoul à Ianow. Bernadotte avait son corps entre Chorzellen et Mlawa et Ney suivait toujours les Prussiens vers Kœnigsberg.

Le 1er janvier, les ordres de l'Empereur arrivaient : Bernadotte devait se porter avec son corps d'armée sur la basse Vistule, entre Graudenz, Osterode et Elbing, pour couvrir le siège de Dantzig et menacer Kœnigsberg. Bessières lui rendrait sa cavalerie légère, la division Tilly, et lui donnerait la division de dragons du général Sahuc. Les cuirassiers d'Hautpoul devaient aller se reposer entre Thorn et Graudenz[1]. Le 6e corps resterait autour de Neidenburg, surveillant l'armée prussienne et Kœnigsberg : la division Grouchy lui serait jointe[2].

Le 4 janvier les reconnaissances de Bessières lui signalèrent un corps ennemi de 8 000 Russes environ sur la route d'Ostrolenka à Kolno : ces

1. Lettre du major général au maréchal Bernadotte, 1er janvier.
2. Lettre du major général au maréchal Ney, 4 janvier.

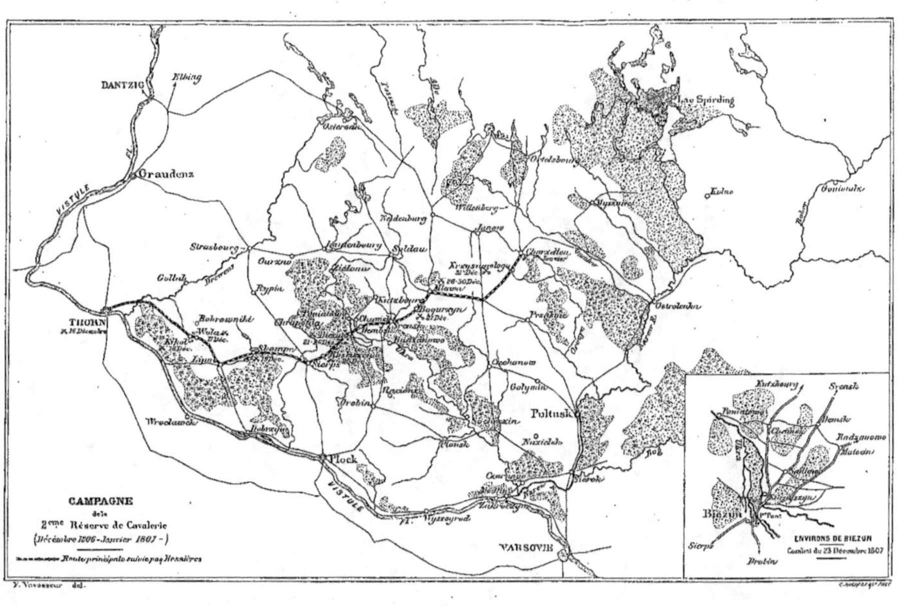

DANTZIG
Elbing
Graudenz
VISTULE
Osterode
Willenberg
Neidenburg
Janow
Ostrolenka
Soldau
Strasbourg
Gaudenbourg
Ourxow
Widenau
Kreuzbourg
Charxdlen
Golub
Brzezen
Rypin
Mlawa
Bobrowniki
Wola
Lipno
Przasnie
Lautenbourg
Ostrolenka
THORN
Szempr
Drobin
Ciechanow
Golymin
Pultusk
Wroclawek
Dobrzyn
Makow
Plock
Serock
VISTULE
CAMPAGNE
de la
2me Réserve de Cavalerie
(Décembre 1806 - Janvier 1807)
Route principale suivie par Bessières
VARSOVIE
ENVIRONS DE BIEZUN
Combat du 23 Décembre 1807
Kutzbourg
Syenske
Ponialowo
Alemsk
Chotum
Radzanowo
Mutcain
Biezun
Pont
Sierpe
Drobin

troupes étaient destinées à couvrir sur sa droite l'armée russe en retraite vers la haute Narew. Le maréchal envoya aussitôt quelques forts partis de dragons qui devaient pousser jusqu'à Myszyniec pour inquiéter l'ennemi. Le 1er corps restait vers Chorzellen en soutien [1].

La campagne était terminée, et, le 12 janvier, la deuxième réserve de cavalerie officiellement dissoute. Le maréchal Bessières avait terminé sa tâche ; le début de ses manœuvres avait été fort heureux : il avait réalisé les premières parties du plan que lui avait fixé l'Empereur et ses opérations avaient abouti au brillant succès de Biezun. Vers la fin il avait manqué d'audace, mais la faute en était surtout imputable à Bernadotte : et la prompte débâcle de l'armée russe la laissa sans conséquence.

Bessières vint rejoindre l'Empereur à Varsovie. Il reprit le commandement de la garde impériale, cavalerie et infanterie, car le maréchal Lefebvre venait d'être détaché au commandement général des troupes qui devaient assiéger la place de Dantzig. L'armée commença à vivre tranquillement dans ses cantonnements.

1. Lettre du maréchal Bernadotte au major général, 4 janvier.

Mais le repos ne devait pas être de longue durée. Le général russe Benningsen venait de décider l'empereur Alexandre à faire continuer les opérations malgré la saison et l'état du pays : il avait élaboré un nouveau plan consistant à remonter de la Narew au littoral de la Baltique et à descendre le long des côtes pour surprendre la gauche des Français, passer la basse Vistule vers Marienbourg et faire tomber ainsi la belle position de Napoléon autour de Varsovie. Le plan fut accepté : Benningsen quitta la Narew, passa la Bober à Goniondz, longea le lac Spirding et vint déboucher sur l'Alle à Bartenstein : le 22 janvier il était à Heilsberg, ayant rallié les Prussiens, ce qui portait ses forces à plus de 90 000 combattants.

Il fut heureusement surpris par Ney, qui ne pouvait se tenir tranquille et, malgré les ordres formels de l'Empereur, continuait à pousser des pointes offensives vers Kœnigsberg. Napoléon fut aussitôt prévenu et para le coup. Bernadotte vint se concentrer à Osterode et arrêta victorieusement les avant-gardes russes à Möhrungen : il y donna la main à Ney, qui était solidement établi à Hohenstein. Pendant ce temps l'Empereur dirigea vivement ses forces vers l'Alle : il leur donna pour point de rassemblement Allenstein, où ils devaient se rendre, Soult par Willenberg et Passenheim, Augereau, par Neidenburg et Hohenstein, Davout par Myszyniec et Ortelsbourg, Murat et Bessières avec les réserves derrière Soult; enfin il laissa Lannes sur la Narew, Duroc à Varsovie pour diriger les événements en Pologne et ordonna à Lefebvre de garder Thorn. Tout étant organisé, il quitta Varsovie le 30 janvier avec Bessières et la garde.

Le 30, le quartier général était à Przasznysk, le 31 à Willenberg. Napoléon espérait déboucher avec toutes ses forces sur le flanc gauche des Russes que Bernadotte occupait de front, et profiter de leur inaction pour les couper sur leurs derrières et les jeter vers la mer en les enveloppant. Mais comme il venait de prendre contact à Jonkowo avec l'ennemi, celui-ci décampait brusquement et se retirait vers Kœnigsberg par la route d'Eylau. Benningsen avait eu connaissance des projets de l'Empereur grâce à la prise d'un officier d'état-major qui portait des dépêches impériales, et s'était aussitôt décidé à battre en retraite. Napoléon avait perdu le fruit de ses belles manœuvres.

Il se décida à suivre les Russes et marcha sur

Arensdorf avec Murat, Bessières, Soult et Augereau, ayant à droite, sur l'Alle, Davout, à gauche,
sur la Passarge, Ney. Le 4 février le quartier
général se porta à Guttstadt où tout un convoi
ennemi fut enlevé, le 5 à Heilsberg; en essayant
de gagner les Russes de vitesse, on les sépara des
Prussiens : Ney atteignit ceux-ci à Waltersdorf et
Lestocq ne put s'échapper qu'en sacrifiant un
tiers de son corps, 4 000 hommes, qui, laissés en
arrière-garde, furent tués ou pris. Benningsen fut
atteint le 7 près de Landsberg, et son arrière-garde
également culbutée : il se retira près d'Eylau et se
résolut à livrer une bataille devenue inévitable.

Napoléon arriva le 7 au soir et campa au village d'Eylau que ses troupes venaient d'enlever.
Il avait avec lui Murat et sa cavalerie, les corps
d'Augereau et Soult, Bessières et la garde — il
pouvait appeler à lui Davout : par suite des
marches forcées, des maladies et des combats,
l'ensemble de ces forces ne donnait guère qu'un
total de 54 000 combattants. Benningsen, malgré
les pertes éprouvées depuis le début de sa deuxième
campagne, avait encore 72 000 soldats environ :
il avait rangé son armée dans la plaine sur deux
lignes profondes, assez proches, couvertes de
front par trois cents pièces de canon, soutenues en

arrière par deux colonnes serrées et une réserve
de cavalerie, garnies aux ailes par des masses de
cavalerie et de cosaques.

Quand Napoléon eut reconnu, le 8 au matin,
cette masse compacte couverte par une formidable
artillerie, il rangea son armée en face d'elle. Il
plaça le corps de Soult autour d'Eylau, la division
Legrand à gauche et en avant de la ville, la division Leval moitié à gauche près d'un moulin,
moitié à droite au cimetière, la division Saint-
Hilaire au village de Rothenen. Entre Rothenen
et le cimetière d'Eylau les deux divisions Desjar-
dins et Heudelet du maréchal Augereau vinrent
prendre position : en arrière de l'aile droite la
réserve de cavalerie de Murat, derrière Leval la
cavalerie de la garde, et au cimetière même
l'infanterie avec Napoléon, Bessières et l'état-
major impérial. Enfin, à droite de Rothenen,
Davout et son corps d'armée devaient déboucher
en face de Serpallen.

La bataille commença par une affreuse canonnade : du côté français, c'est le corps d'Augereau
qui en souffrit le plus. Les boulets russes sillonnaient l'air au-dessus du cimetière d'Eylau, mais
l'exemple de Napoléon et de Bessières encouragea
la garde qui resta impassible sous le feu de l'en-

nemi. Dans les rangs serrés de l'armée russe, l'effet fut terrible, et un véritable carnage eut lieu. Napoléon attendait Davout pour agir : Benningsen, voyant ses troupes s'impatienter, tenta une première attaque sur Eylau, que Soult repoussa.

Cependant Davout arrivait et débouchait à Serpallen sur le flanc des Russes, en chassant leur cavalerie devant lui : Benningsen détacha à Klein-Sausgarten sa colonne de gauche qui s'y maintint d'abord grâce à son artillerie contre la 1re division (Friant) du 3e corps. L'Empereur se décida à prendre l'offensive et lança Augereau et Saint-Hilaire sur le centre ennemi. Mais le temps était affreux : il y avait une tourmente de neige qui faisait régner une désolante obscurité. Le corps d'Augereau vint se briser sur la masse de ses adversaires : les batteries l'écrasaient de leurs feux. Immobilisé et décimé, réduit de plus de moitié en un quart d'heure, il allait être complètement détruit, car la cavalerie russe s'apprêtait à l'achever. Bessières part aussitôt et, lançant les chasseurs de la garde, ramène vivement en arrière la cavalerie ennemie. Murat débouche en même temps avec tous ses escadrons : chasseurs, dragons, cuirassiers s'ébranlent à la fois pour essayer d'entamer l'infanterie russe restée inébranlable : la division d'Hautpoul enfonce la première ligne et atteint la deuxième. Benningsen essaye de rejeter les cuirassiers en démasquant sa réserve d'artillerie : d'Hautpoul est tué et quelques flottements ont lieu. Mais Bessières suivait avec la cavalerie de la garde : il ordonne au général Lepic de charger avec les grenadiers. Cette fois c'en est fait du centre de l'armée ennemie : il est partout rompu et nos cavaliers le sabrent en tous sens. Dans la confusion générale, une colonne de 4 000 grenadiers russes vient attaquer aveuglément le cimetière d'Eylau : Napoléon dit à Bessières d'envoyer un bataillon d'infanterie de la garde. Tous veulent aller combattre : Bessières confie au général Dorsenne le 1er bataillon, qui marche droit aux Russes sans tirer une cartouche et les enfonce à la baïonnette, tandis que la cavalerie légère de Murat vient les charger par derrière et achève leur complète destruction.

La bataille est rétablie et le centre de l'armée russe rompu, mais Napoléon a peu de réserves et n'ose se risquer à fond : il eût fallu mettre en ligne la garde tout entière. De son côté Benningsen a beau recevoir l'aide nouvelle du corps prussien de Lestocq, il est paralysé par les continuels progrès de Davout qui a victorieusement porté ses divisions sur son flanc gauche jusqu'à Kuschitten. L'apparition de Ney sur son flanc droit, à Althoff, décide la retraite des Russes. Ceux-ci avaient perdu plus de 30 000 hommes : les pertes françaises ne s'élevaient qu'à 10 000 tués ou blessés environ.

Napoléon, quoique victorieux, se résolut aussitôt à reprendre des cantonnements d'hiver pour refaire son armée et réunir de nouvelles forces qui lui permettraient d'achever définitivement cette dure campagne. Il ramena ses troupes vers la Vistule et les établit derrière la Passarge, de Thorn à Elbing par Osterode, ses avant-postes sur l'Alle. Il s'établit lui-même avec Bessières à Osterode : l'infanterie de la garde et le quartier général s'y trouvaient. La cavalerie de la garde campait en arrière d'Osterode sur la route de Löbau. Il y attira aussi la réserve des grenadiers Oudinot, laissés jusque-là à Varsovie.

La lutte ne devait reprendre qu'à l'été. Le printemps se passa des deux côtés en armements. L'Empereur et ses lieutenants déployèrent une activité extraordinaire pour refaire l'armée de ses fatigues et de ses privations. Les débuts furent pénibles : Bessières, comme Napoléon lui-

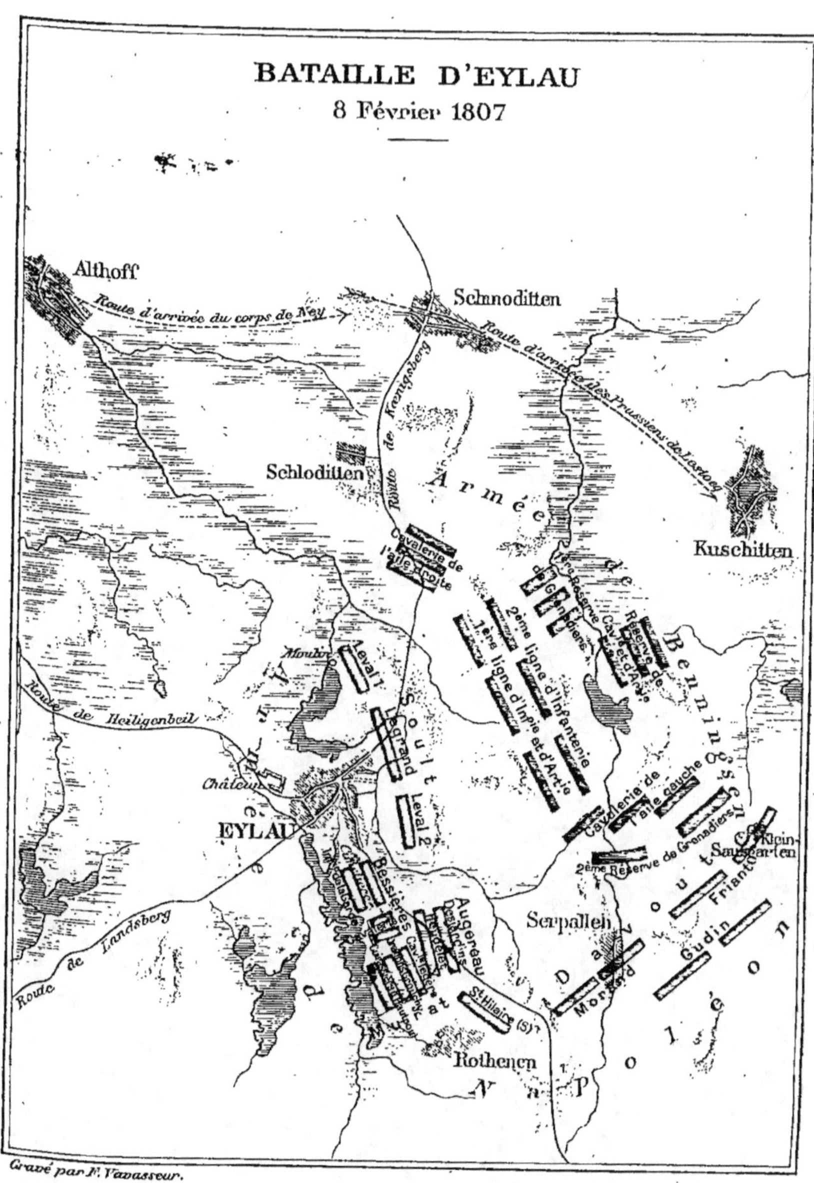

Gravé par F. Vavasseur.

même, vivait avec ses soldats et comme eux
pour leur donner l'exemple de la résignation.
C'est dans ces circonstances que le maréchal
savait se faire aimer de ces beaux soldats de la
garde qu'il soignait comme ses propres enfants
et pour lesquels il dépensait des trésors d'activité
et de douceur. Puis le ravitaillement s'organisa :
de grands magasins furent créés à Osterode, et
Bessières eut de continuels travaux durant son
installation, mais la garde en profita la première,
et bientôt les vastes ressources de la Pologne
affluèrent sur la basse Vistule.

En mars, Bessières et la garde suivirent Napoléon quand celui-ci transporta son quartier
général d'Osterode dans le pays plus riche et plus
agréable de Finkenstein. Les renforts commençaient à arriver sur la Vistule : l'Allemagne, la
France, l'Italie allaient verser à la Grande Armée
toutes leurs forces disponibles, que de nouvelles
recrues remplaçaient. Bessières reçut à la garde,
comme dans les autres corps, d'importants renforts qui venaient combler les vides produits par
les fatigues et la terrible victoire d'Eylau. Il vit
ses troupes s'accroître du 1er régiment des fusiliers de la garde et de la garde municipale de
Paris. Il reçut des hommes pour sa cavalerie et

des chevaux tirés en grand nombre de la Silésie. Au mois de mai, son corps de réserve comptait un minimum de 8 500 combattants. Toute l'armée française augmenta de même, et, au mois de mai Napoléon pouvait disposer sur la Passarge de 160 000 combattants.

Les Russes et les Prussiens essayaient, de leur côté, de mettre sur pied une dernière armée, et Benningsen avait encore 100 000 hommes rassemblés sur l'Alle. Ce fut lui qui prit l'offensive : il espéra surprendre les Français et voulut écraser le petit corps de Ney ; mais celui-ci réussit à opérer une concentration immédiate et battit lentement en retraite sur la Passarge en faisant une admirable contenance et en repoussant les Russes dès qu'ils essayaient de l'entamer. Napoléon fut prévenu le 5 juin : il donna aussitôt à ses divers corps d'armée un point de réunion, Saalfeld. Le 6, Bessières quitta Finkenstein avec l'infanterie et la cavalerie de la garde et se porta sur Saalfeld. Mais la résistance des Français, leur promptitude à se concentrer avaient fait réfléchir Benningsen qui changea aussitôt d'avis et battit en retraite pour aller attendre ses adversaires sur l'Alle, à Heilsberg. Aussitôt Napoléon, qui de sa personne s'était porté près de Ney, changea ses ordres de mouvement et concentra toutes ses forces sur Deppen : Bessières reçut l'ordre le 7 au soir et aussitôt dirigea la garde vers Deppen, où il arriva le 8 au soir. L'Empereur avait sous la main les cinq corps d'armée de Davout, Ney, Soult, Lannes et Mortier, les réserves de Bessières et Murat, près de 130 000 hommes avec lesquels il allait suivre les Russes sur l'Alle, tandis que près de la mer le corps de Bernadotte observait la dernière armée prussienne qui, sous Lestocq, couvrait Kœnigsberg.

Les Russes suivaient l'Alle sur la rive droite : Napoléon résolut aussitôt de remonter la rivière par sa rive gauche pour couper Benningsen de Kœnigsberg, son point d'appui. Le 9, il met tous ses corps en mouvement, avec Murat en avant-garde devant Soult et le reste de l'armée; le 9, Bessières quittait Deppen pour rejoindre l'Alle à Guttstadt, le 10 il suivait l'avant-garde le long de la rivière et portait à Launau les corps de la garde. Les fusiliers marchaient avec l'Empereur et reçurent le baptême du feu dans cette campagne : Soult et Murat s'étaient engagés inconsidérément à Heilsberg contre toute l'armée ennemie et soutenaient un combat inégal avec une admirable intrépidité : Napoléon demanda à Bessières son

régiment de fusiliers et les confia à Savary.
Celui-ci vint au secours des divisions de Soult et
prit position entre elles : formées en carré, ces
jeunes troupes, admirablement disciplinées sous
la main ferme de Bessières, montrèrent un admirable sang-froid; sous le feu violent des redoutes
russes, elles supportèrent sans faiblir un instant
les charges répétées de la cavalerie ennemie. Le
chef d'état-major de Bessières, le général Roussel,
dont le courage égalait l'intelligence, fut tué au
milieu de ses soldats par un boulet qui le déca-
pita. Les Russes ne purent entamer les Français
malgré leur énorme supériorité : la bataille avait
été aussi sanglante qu'Eylau.

Le 10 au soir, toutes les forces de Napoléon
débouchaient autour d'Heilsberg, Benningsen ne
voulut pas recommencer le combat à Heilsberg
et continua sa retraite vers Bartenstein : l'Empereur, pour accomplir ses projets, quitta l'Alle
pour marcher directement sur Eylau. Le 11,
Napoléon campa à Heilsberg avec Bessières et la
garde; les cavaliers de Murat étaient déjà à
Landsberg. Bessières s'y porta le 12 avec le quartier général, et, le 13 au matin, arriva à Eylau.
Benningsen remontait de Bartenstein à Friedland
et allait chercher à y passer l'Alle pour gagner

Kœnigsberg et sa ligne de retraite sur la Pregel. Napoléon résolut de se porter avec toutes ses forces sur Friedland pour y barrer le chemin aux Russes. Dans l'après-midi du 13, Bessières repartit avec la garde d'Eylau à Domnau, vers Friedland.

Le 14 juin, à une heure du matin, l'avant-garde française avec Lannes atteignit Friedland : le maréchal arrêta l'ennemi avec une poignée d'hommes pour donner à l'armée le temps d'arriver et empêcha Benningsen de se déployer en l'acculant aux rives de l'Alle. L'armée impériale finit enfin par déboucher : Bessières l'avait précédée avec l'Empereur, qui se décidait aussitôt, malgré l'heure avancée, à livrer une grande bataille et à en finir avec les Russes. Bessières plaça la garde en réserve sur le plateau qui s'étendait derrière Posthenen : il y disposa l'infanterie en trois fortes colonnes très épaisses et la cavalerie sur deux lignes. Il avait donné, sur l'ordre de l'Empereur, le jeune corps des fusiliers au maréchal Mortier, qui l'avait joint à ses troupes. Bessières n'eut pas besoin de faire donner la garde : moins de 50 000 Français suffirent à écraser l'armée russe, qui perdit 25 000 hommes et 80 canons. Le maréchal resta toute la journée aux côtés de l'Empereur et ne fit qu'assister à ce beau triomphe, un des plus beaux que remporta Napoléon, tant au point de vue des mouvements qui le préparèrent qu'à celui de la victoire elle-même et de ses immenses résultats.

Dès le 15 au matin, l'Empereur lançait son armée à la poursuite des Russes vaincus, mais désormais le sort de cette longue guerre était définitivement assuré. Kœnigsberg tombait et le gros de l'armée marchait vers la Pregel et le Niemen. Bessières suivait l'Empereur à l'arrière-garde avec ses réserves de Friedland à Wehlau, de Wehlau vers Tilsitt. Les ennemis en déroute, abandonnant tous leurs convois et des milliers de prisonniers, se hâtaient de se réfugier derrière le Niemen, où vint se terminer l'extraordinaire campagne commencée sur le Rhin en octobre 1806.

Le roi de Prusse n'avait plus de royaume. L'empereur Alexandre, vaincu, sans haine contre la France, demandait la paix. Napoléon en avait assez de la guerre, et dès le 22 juin acceptait l'armistice. Il était venu s'établir à Tilsitt au milieu de sa garde, et Bessières allait être aux honneurs après avoir été au combat.

Les deux Empereurs devaient se rencontrer

sur le Niemen pour se réconcilier et jeter les premières bases de la paix prochaine. Le 25 juin, l'entrevue eut lieu sur un radeau placé au milieu du fleuve : Napoléon s'y rendit en radeau accompagné de Murat, Berthier, Bessières, Duroc et Caulaincourt. Il embrassa Alexandre au milieu des applaudissements des deux armées campées sur les rives et eut avec lui un long et cordial entretien, où il exposa au tsar les plans d'une alliance future, qui assurerait l'hégémonie des deux grands Empires d'Orient et d'Occident. Le 26, Alexandre vint s'établir à Tilsitt pour continuer ses conférences avec Napoléon, et les journées suivantes furent marquées par de grandes fêtes auxquelles l'Empereur donna tout l'éclat possible. Le 27, Bessières présenta aux deux souverains la garde qu'ils passèrent en revue : le maréchal fit manœuvrer avec fierté cette belle troupe, la première du monde, qui avait promené par toute l'Europe ses aigles victorieuses et dont les vieux soldats, depuis la Révolution, avaient pris part à l'extraordinaire série de victoires remportées par la France sur tous ses ennemis. Le superbe état de la garde, l'habileté de ses manœuvres, son attitude de noblesse, d'intelligence et d'intrépidité frappèrent vivement

Alexandre qui couvrit Bessières de compliments au milieu des acclamations des soldats.

Le roi de Prusse, dont tous les États étaient au pouvoir des Français, n'avait pas encore été admis aux négociations : sur les instances du tsar, Napoléon se décida à le recevoir. Ce fut Bessières que l'Empereur envoya au devant de lui à sa descente du Niemen et le maréchal sut l'accueillir avec le respect dû à un souverain malheureux. Bessières resta jusqu'au 9 juillet à Tilsitt et en repartit avec l'Empereur tandis que les troupes de la garde s'acheminaient vers Berlin, pour rentrer en France où on leur préparait une magnifique réception.

Bessières, rentré à Paris, reçut presque aussitôt une mission d'honneur. Napoléon venait de créer à Tilsitt, pour son frère Jérôme, avec une partie des possessions prussiennes, la Hesse et le Brunswick, le royaume rhénan de Westphalie : il maria Jérôme à la princesse Catherine, fille du roi de Wurtemberg. C'est le maréchal Bessières qui fut chargé d'aller à Carlsruhe épouser la princesse allemande au nom du roi Jérôme et de la ramener à Paris où son mari l'attendait. La duchesse d'Abrantès raconte en ses Mémoires une amusante conversation qu'elle eut avec Bessières à ce sujet.

Ils raillèrent ensemble cette antique et ridicule coutume du mariage par procuration : la délicate situation du « mari pour rire » avait amené quelques innocentes plaisanteries du brave maréchal à la princesse Catherine, mais il raconta à la duchesse d'Abrantès qu'il fut vite rabroué. Il se plaignit de la trop sévère éducation des jeunes filles dans les cours allemandes et du caractère « collet monté » de la princesse.

Bientôt après, Napoléon partit en Italie, mais Bessières n'accompagna pas l'Empereur. Il était retenu à Paris par la réception organisée pour le retour de la garde. Cette fête eut lieu à la fin de novembre. La garde arriva le 25 à Paris près de la barrière de la route du Nord : la ville y avait fait élever un immense arc de triomphe « de la plus grande proportion connue, dit le récit officiel, où vingt hommes pouvaient passer de front. A la naissance de la voûte unique, on voyait à l'extérieur de grandes renommées présentant des couronnes de lauriers. Tout le monument était surmonté par un quadrige doré. Sur chacune de ses faces on lisait des inscriptions nobles et simples composées par l'Institut. Ce monument était

grand et simple ». Dès neuf heures du matin une
foule immense était réunie et bientôt la garde
arriva, précédée de ses aigles, ayant à sa tête le
maréchal Bessières. Le corps municipal de Paris,
présidé par le préfet Frochot, s'avança alors au
devant d'elle; les troupes s'arrêtèrent et le préfet
prononça un discours de bienvenue où il célébrait
les triomphes de la garde, offrant à celle-ci des
couronnes d'or pour décorer ses aigles. Bessières
répondit :

« Monsieur le Préfet et Messieurs les membres
du Conseil municipal de Paris, ces couronnes
dont vous décorez nos aigles, ces arcs de triomphe, toute cette pompe brillante pour célébrer
le retour de la Garde Impériale sont une nouvelle preuve de votre affection pour l'Empereur et un hommage éclatant rendu à la Grande
Armée. Les aînés de cette grande famille militaire vont se retrouver avec plaisir dans le sein
d'une ville dont les habitants ont constamment
rivalisé avec eux d'amour, de fidélité et de
dévouement pour notre illustre monarque. Ani-
més des mêmes sentiments, la plus parfaite har-
monie existera toujours entre les habitants de
cette grande ville et les soldats de la garde. Si
nos aigles marchaient encore, en nous rappelant

le serment que nous avons fait de les défendre jusqu'à la mort, nous nous rappellerons aussi que les couronnes qui les décorent nous én imposent doublement l'obligation. »

Après ces discours, les orchestres exécutèrent un *Chant du Retour*, composé par Arnault, mis en musique par Méhul. Ce sont des vers dans le goût ampoulé du temps.

> Les voici, réjouissez-vous,
> Heureuses femmes, tendres mères :
> Ces vainqueurs, ce sont vos époux,
> Ce sont vos enfants et vos frères.
> Quand ces intrépides soldats,
> Triomphant d'abord de vos larmes,
> Au premier signal des combats
> Se sont élancés sur leurs armes,
> Vous leur disiez, dans un transport,
> Que leur valeur n'a pas dû croire :
> Français, vous courez à la mort!
> Français, ils volaient à la gloire.

Quelle inspiration et quel style!

Le défilé de la garde commença ensuite dans l'ordre suivant : fusiliers, chasseurs à pied, grenadiers à pied, chasseurs à cheval, mamelucks, grenadiers à cheval, gendarmerie d'élite. Tous les chefs de corps étaient là, Bessières en tête, et l'état-major de Paris, conduit par le général Hulin, suivait le défilé, qui se fit jusqu'aux Tuileries. La garde se rendit ensuite aux Champs-Élysées où l'attendait un immense banquet.

Le 26, eurent lieu dans tous les théâtres des représentations gratuites. Bessières se rendit à l'Opéra avec l'état-major, on y jouait le « Triomphe de Trajan », pour rapprocher les succès de l'Empire français des antiques succès de l'Empire romain. Le 28, les fêtes recommencèrent, une nouvelle réception de la garde eut lieu au Palais du Sénat : le sénateur Lacépède reçut Bessières et célébra les triomphes de la garde, en félicitant celui qui l'avait menée aux plus éclatantes victoires. Un grand banquet eut encore lieu, suivi de jeux offerts aux vétérans de l'armée.

Tout Paris était en fête pour célébrer leur retour.

Bessières passa avec les siens quelques semaines tranquilles à Paris au début de l'hiver, mais ce n'était pas pour longtemps. Dès cette époque, où les premières troupes françaises venaient d'entrer en Espagne, Napoléon avait décidé le renversement des Bourbons et la conquête de la péninsule. Aussi dirigeait-il sans cesse des troupes vers les Pyrénées, créant de nouveaux corps pour l'invasion prochaine. Pour soutenir l'armée qui occupait Madrid, il commença la

formation d'une seconde armée près de la frontière.

Il en offrit le commandement en chef à Bessières, qui l'accepta et partit pour l'Espagne, de
Bayonne, où il se trouvait avec Napoléon en
avril 1808.

CHAPITRE VII

BESSIÈRES EN ESPAGNE.
MEDINA DEL RIO-SECO. — LA GUERRE D'ESPAGNE
JUSQU'A L'ARRIVÉE DE NAPOLÉON

Les événements d'Espagne : abdication des Bourbons à Bayonne et soulèvement de l'Espagne contre les Français. — Napoléon donne le trône à Joseph.

Bessières commandant de l'armée de réserve. — Ses premiers mouvements autour de Burgos : prise de Logroño par Verdier. — Lasalle vers Valladolid : succès de Cabezon et prise de la ville. — Lefebvre-Desnoëttes vers Saragosse : succès de Tudela sur Palafox et siège de la ville. — Expédition de Merle contre Santander : défaite des insurgés.

Pillage de Cordoue et échec de Cadix : redoublement de l'insurrection. — Bessières chargé de mettre Joseph sur le trône. — Ses forces et son rôle. — Arrivée de l'armée espagnole de Blake et la Cuesta.

Positions espagnoles à Medina del Rio-Seco. — Marche rapide de Bessières. — Victoire complète de Medina del Rio-Seco, 14 juillet. — Déroute des Espagnols. — Résultats de la victoire : diverses opinions sur la conduite de Bessières : « C'est une seconde bataille de Villaviciosa. »

Temporisation de Bessières. — Désastre de Baylen. — Retraite de toute l'armée française sur l'Èbre et perte de la péninsule. — Projets de Napoléon.

La campagne avant l'arrivée de l'Empereur. — Bessières commandant de l'armée de droite : ses forces. — Tranquillité

10

en septembre. — Blaké prend Bilbao. — Bessières à Miranda.
— Fautes du roi Joseph. — Forces des Espagnols. — Diverses
opérations.

L'année 1808 commence par l'accomplissement des projets de Napoléon sur l'Espagne. Les
Bourbons sont déchus : Charles IV et Ferdi-
nand VII abdiquent à Bayonne leurs droits devant
la force. Murat occupe la capitale.

Mais les événements de Bayonne révolutionnent
l'Espagne : un profond sentiment national envahit
le peuple tout entier.

La publication de l'acte d'abdication faite le
20 mai amène le soulèvement général de la Péninsule. Des Asturies en Andalousie, de la Galice et
de la Vieille Castille à l'Aragon et à la Catalogne,
les Espagnols se lèvent en masse contre les Français. C'est le début de cette héroïque révolte, belle
et féroce à la fois, de la patrie espagnole contre
les armées de Napoléon, révolte qui ne prendra
fin que lorsque le dernier soldat de l'Empire aura
franchi les Pyrénées.

Les forces françaises étaient peu nombreuses
alors en Espagne. Le Nord était occupé par une
armée de réserve de 15 000 hommes placée depuis
peu sous les ordres de Bessières. Elle comprenait
deux divisions d'infanterie, la division Merle
formée de quelques troisièmes bataillons tirés des

côtes et des 4ᵉ bataillons des légions de réserve —
la division Verdier faite des régiments provisoires
13, 14, 17, 18 — enfin, une réserve de cavalerie
sous Lasalle.

Bessières, sur les ordres de Napoléon, commença
aussitôt à agir. A sa droite, à côté de lui, la Vieille
Castille s'était armée et don Grégorio de la
Cuesta avait réuni les insurgés autour de lui. A
sa gauche, l'illustre Palafox avait soulevé Saragosse et l'Aragon : l'insurrection s'étendait le
long de l'Èbre jusqu'à Logroño.

Bessières y envoya le général Verdier avec
1 800 hommes. Verdier partit de Vittoria avec
le 14ᵉ régiment et marcha vers l'Èbre. Les insurgés de Logroño en gardaient le pont : Verdier
l'apprit à la Guardia. Il passa le fleuve à El-
Ciego sur un bac et, le 6 juin, se dirigea sur
Logroño. 3 000 Espagnols voulaient défendre la
ville et avaient élevé quelques retranchements.
Mais ils ne tinrent pas devant le feu de l'infanterie
française et s'enfuirent au premier choc. Verdier
s'empara de leurs canons et entra dans la ville où
il enleva un vaste magasin d'armes, 80 000 fusils
envoyés par les Anglais. Il n'en châtia point les
habitants dont l'évêque de Calahorra obtint la
grâce et rentra alors à Vittoria.

Bessières voulut éteindre l'insurrection de Santander où l'évêque don Rafaël Mendez de Luarca s'était mis à la tête de la révolte et d'où rayonnaient de nombreux partis dans la montagne. Merle partit le 2 juin de Burgos avec 6 bataillons d'infanterie, 200 chevaux et 8 canons. Le 5, il était à Reynosa, qu'il traversa et où il s'empara de nombreux vivres et d'un trésor. Mais Bessières l'arrêta, car la Cuesta venait de soulever Valladolid : il rappela Merle à lui et dépêcha Lasalle contre les révoltés de Valladolid. Lasalle emmenait 4 bataillons d'infanterie, le 10ᵉ de hussards et le 22ᵉ de chasseurs, 6 canons. Il s'avança, par Torquemada et Palencia, le long de la Puiserga.

De Madrid, Savary, sur la demande de Bessières, envoyait pour le soutenir en Castille la division Frère qui enlevait Ségovie.

Don Grégorio de la Cuesta marcha sur Valladolid à la rencontre de Lasalle avec quelques milliers d'insurgés mal encadrés par des réguliers espagnols. Il se posta en avant de la ville, à deux lieues environ, au pont de Cabezon.

Lasalle s'était emparé de Torquemada qu'il punit durement en la livrant à ses troupes, puis de Palencia. Il arriva à Cabezon le 12 juin : ses chasseurs dispersèrent aussitôt la cavalerie espagnole ; puis il lança les voltigeurs du 17ᵉ régiment sur le pont lui-même ; la division Merle vint les soutenir : le pont fut enlevé, l'artillerie espagnole prise, l'infanterie rompue, sabrée et mise en complète déroute par la cavalerie.

Lasalle entra aussitôt à Valladolid où il fit un immense butin.

Tandis que Bessières dégageait ainsi son aile droite, il faisait de même sur sa gauche. Il envoyait le général Lefebvre-Desnoëttes, qui venait d'arriver en Espagne avec quelques renforts, sur la route de Saragosse. Lefebvre-Desnoëttes n'avait que 3 000 fantassins, 1 000 cavaliers et 6 bouches à feu, mais il marcha audacieusement en avant. Le 8 juin, il rencontra à Tudela 10 000 insurgés de l'Aragon commandés par le marquis de Lassan, frère de Palafox. Lefebvre fit charger les lanciers polonais qu'il avait amenés avec lui ; ils enfoncèrent tout et firent subir de grandes pertes aux fuyards. Tudela fut enlevé d'assaut et mis à sac.

Lefebvre-Desnoëttes s'y arrêta pour pacifier la région et attendre le rétablissement du pont de la ville détruit par les Espagnols. Le 12 juin, il reprit l'offensive. Les insurgés s'étaient ralliés et augmentés. Ils l'attendaient de nouveau à Mallen. Lefebvre exécuta l'attaque avec la même furie qu'à

Tudela, les Espagnols subirent encore une complète déroute où la cavalerie leur tua un millier d'hommes.

Le 15 juin, Lefebvre était devant Saragosse, arrêté par cette grande ville qu'il ne pouvait surprendre avec sa poignée de soldats.

Bessières reprit alors son expédition contre Santander ; Lasalle couvrant Burgos à Palencia. Merle repartit le 15 de Valladolid vers Santander avec dix bataillons d'infanterie, dix canons et 100 chevaux : le 20, il arrivait à Reynosa. Le général Ducos fut envoyé par Bessières pour le soutenir : il partit de Miranda le 16 avec quatre bataillons et cinquante chevaux et se dirigea par Frias et Soncello : le 20, il était au Puerto de l'Escudo. Les insurgés espagnols attendaient, postés sur les montagnes entre Reynosa et Barcena de Pic de Concha : ils avaient 800 hommes avec deux canons à Lantueno, autant à Pesquéra. Le 2 juin, Merle partit de Reynosa : deux colonnes de trois bataillons chacune gravirent les pentes montagneuses et suivirent les crêtes ; le général avec deux bataillons suivit la grande route. Il heurta les insurgés à Lantueno, les dispersa et leur enleva les canons. Les colonnes d'ailes culbutèrent également tout devant elles et se réunirent le soir à Barcena. Le même jour, le général Ducos avait enlevé le Puerte de l'Escudo que gardaient 2 000 insurgés avec quatre canons. Le 22 juin, Merle reprit sa marche, les Espagnols s'étaient ralliés dans le défilé derrière un fort abattis de deux cents pieds. On les tourna par la hauteur : ils s'enfuirent et Merle alla coucher le soir à Torre-Savega. Le 23, il se réunit sous les murs mêmes de Santander avec la colonne du général Ducos : la ville fit sa soumission, tandis que les meneurs les plus compromis prenaient la fuite.

De nouveaux événements qui se produisaient dans le sud de l'Espagne allaient nécessiter un effort plus sérieux.

Le maréchal Moncey marchait sur Valence, le général Dupont sur Cordoue. Le premier eut peur des Espagnols et recula. Le second prit la ville, mais la laissa mettre à sac et ne réussit qu'à exaspérer l'insurrection qui partout redoubla de vigueur et d'intensité. La guerre de guerillas, avec ses horreurs, commença en réponse au pillage de Cordoue. Le général Dupont dut battre en retraite et à Cadix la flotte française succomba.

Napoléon voulut faire un effort plus vigoureux. Le roi Joseph, son frère, devait aller prendre possession de la couronne d'Espagne. Il chargea Bessières de vaincre définitivement l'insurrection du Nord et d'ouvrir ainsi à Joseph la route de Madrid. Il lui envoya des renforts. Bessières avait détaché à Saragosse une armée de siège de 12 000 hommes avec le général Verdier.

Bessières eut deux divisions d'infanterie : la division Mouton formée de deux brigades, la brigade Rey comprenant les 2e et 12e léger et quelques détachements de la garde, et la brigade Reynaud avec le 4e léger et le 15e de ligne, 7 000 hommes ; la division Merle, réunion des deux anciennes divisions Merle et Verdier, contenant les quatre brigades Darmagnac, Gaulois, Ducos et Sabattier, soit 8 000 hommes.

Bessières avait en outre 2 000 cavaliers : 10e, 22e et 26e régiments de chasseurs, un régiment provisoire de dragons, des détachements de grenadiers et chasseurs à cheval de la garde, le tout sous le commandement du général Lasalle.

Le maréchal avait ainsi 17 000 hommes disponibles, couverts en arrière par les garnisons de Saint-Sébastien, Burgos et Vittoria.

Il en détacha la brigade Rey qu'il destinait à

escorter le roi Joseph de la frontière française à
Madrid, tandis qu'il assurerait en personne la
situation de nos armes en Castille.

Son rôle était d'une importance capitale. La
résistance de Saragosse, les succès du Midi de
l'Espagne donnaient un fol espoir aux Espagnols.
Il fallait une victoire et une grande. Cela seul
pouvait rétablir dans la Péninsule le prestige
compromis de nos armes — cela seul, au milieu
du soulèvement général, pouvait assurer la possession de la route de Madrid et l'établissement
sur le trône d'Espagne de l'infortuné roi Joseph.

Le maréchal Bessières allait se montrer à la
hauteur de ce grand rôle.

L'armée espagnole s'avançait à sa rencontre
sur la route de Benavente à Burgos. Elle contenait 10 000 insurgés de Vieille Castille et de
Léon commandés par don Gregorio de la Cuesta
et 20 000 insurgés de Galice dirigés par un assez
bon général, Blake. Les provinces d'Asturies
n'avaient pas envoyé leurs contingents; elles se
croyaient à l'abri de toute attaque au milieu de
leurs montagnes et avaient gardé avec égoïsme
leurs forces chez elles. Les éléments réunis
étaient encore mal instruits. Blake aurait désiré
prendre du temps pour mieux former ses troupes,

mais la junte de la Corogne l'avait porté sans tarder en Léon. Blake et la Cuesta firent leur jonction le 12 juillet à Medina del Rio-Seco et s'y arrêtèrent.

Les deux chefs espagnols étaient peu faits pour s'entendre. La Cuesta était vieux : on l'avait entraîné à contre-cœur dans l'insurrection et il la dirigeait avec humeur. Blake, qui venait le soutenir, avait été envoyé malgré lui, estimait la lutte trop précoce avec des éléments de combat mal formés. Le premier était plein d'orgueil, le second avait un caractère intraitable.

Ils résolurent de s'établir sur le plateau de Medina où aboutissaient les deux routes de Burgos à gauche, de Valladolid à droite. On ne savait par où arrivait le maréchal Bessières, quand, le 13 juillet, on prit contact sur la route de Valladolid avec une reconnaissance de cavalerie française. Le général Blake prit aussitôt position sur cette route.

Mais le 14, de bonne heure, l'avant-garde de Bessières apparut du côté de Burgos et Palencia. La Cuesta, qui allait se poster à côté de Blake, s'arrêta et demanda du secours à son collègue. Celui-ci lui envoya une division qui s'établit en arrière sur la route de Palencia.

L'armée espagnole se présentait ainsi sur une
double ligne : — la première se trouvait à gauche

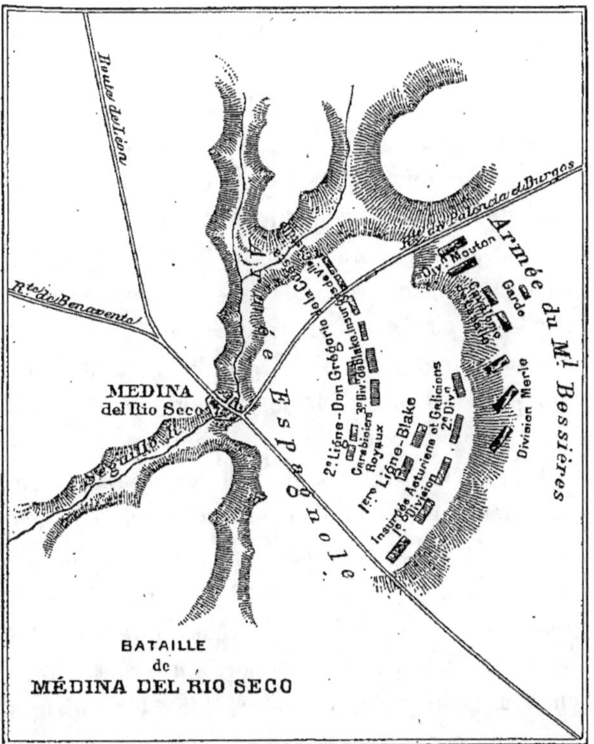

de la colonne française avec Blake (10 000 hommes
d'infanterie, 15 canons), — la deuxième, plus
nombreuse et de meilleure composition, à 12 ou

1 500 toises en arrière et débordant à gauche de la première, sous les ordres de la Cuesta.

Bessières arrivait, n'ayant que 10 000 hommes à opposer aux 30 000 Espagnols, mais les fâcheuses dispositions de ceux-ci allaient lui permettre d'exécuter d'habiles mouvements, d'attaquer successivement les deux parties de l'armée ennemie et de les vaincre l'une après l'autre malgré son énorme infériorité dans l'ensemble des forces.

Bessières montra de l'intelligence et de l'audace. Il n'hésita pas et porta vivement la division Merle à gauche pour prendre le flanc de la colonne du général Blake. La division Mouton la flanquait à droite et devait se réunir à elle pour attaquer la seconde ligne ennemie.

Le général Merle conduisit ses troupes à l'assaut des pentes du plateau de Medina. Il n'avait avec lui que de jeunes soldats encore peu habitués au combat, et le feu violent de l'artillerie espagnole, assez puissante, les arrêta un instant. Mais ils se remirent vite et se portèrent vaillamment en avant. Ils exécutèrent des feux bien dirigés, et le maréchal Bessières fut récompensé là des soins particuliers qu'il avait apportés à leur instruction. Les Espagnols furent ébranlés : Merle enleva alors ses troupes à la baïonnette et joignit

la ligne ennemie. Tout le flanc gauche de l'armée
de Blake fut enfoncé.

Le maréchal Bessières fit alors charger Lasalle,
dont les chasseurs culbutèrent tout et terminèrent
par un premier succès cette partie du combat.

Cependant la Cuesta avait porté ses forces en
avant : il arriva quand nos troupes, victorieuses de
Blake, se dispersaient un peu dans le désordre de
la poursuite. Aussitôt il prit l'avantage, ramena
vivement notre cavalerie, rejeta les fantassins de
Merle et enleva même une batterie d'artillerie
trop avancée. Les Espagnols se crurent vain-
queurs et la Cuesta le fit annoncer sur ses derrières. Les insurgés criaient : « Viva el Rey! »
et jetaient leurs chapeaux en l'air avec enthousiasme.

Cela ne dura pas. Le maréchal Bessières avait
à ses côtés un escadron de la garde : il le lança
en avant sur les carabiniers royaux espagnols.
Aucune troupe n'était alors capable en Europe de
résister à une charge de la Garde Impériale : les
Espagnols furent culbutés, comme les Autrichiens,
les Russes et les Prussiens l'avaient été. La division Merle s'était reformée et revint à l'assaut. Le
général Mouton ébranla ses troupes à leur tour et
attaqua l'aile gauche de la Cuesta. En un instant

toute la deuxième ligne ennemie fut complètement enfoncée et l'armée espagnole mise en déroute.

Le maréchal Bessières était vainqueur (14 juillet 1808). La déroute des insurgés fut épouvantable. Bessières avait lancé les 2 000 chevaux de Lasalle sur ces 25 000 fuyards ayant perdu la tête et désarmés. Lasalle en fit un impitoyable carnage et près de 5 000 Espagnols périrent encore là sous le sabre de ses chasseurs. Toutes les armes de l'ennemi, ses dix-huit canons, ses drapeaux étaient restés aux mains des Français.

Bessières avait vivement porté son infanterie sur la ville de Medina. Les habitants, à qui la Cuesta avait annoncé sa victoire, s'étaient mis aux fenêtres pour acclamer leurs compatriotes. Tout d'un coup, ils virent déboucher un flot de fuyards, que suivaient de près les Français. Derrière les murs de la ville, il y eut un essai de résistance, mais peu sérieux. Le général Mouton arrivait avec ses vieux régiments, le 4ᵉ léger et le 15ᵉ de ligne. Il passa sans s'arrêter sur tous les obstacles et enleva la ville à la baïonnette. C'était une prise d'assaut : les soldats commencèrent à mettre la ville à sac. Un couvent de franciscains fit tirer sur eux : tous les moines furent passés au fil de l'épée.

La journée était achevée. Bessières n'avait que 70 morts, 300 blessés et avait remporté un éclatant succès dont les résultats étaient de la plus haute importance.

Le général Jomini lui a reproché de ne pas avoir poursuivi à fond l'ennemi; il aurait pu entrer en Galice ou en Portugal; dégager peut-être Junot. Le général Foy juge de même : « Bessières avait su vaincre; il ne sut pas profiter de la victoire. » Jomini et Foy oublient quelles faibles forces Bessières avait à sa disposition. Enfin, eût-il même remporté des succès momentanés, il est certain que le prochain désastre de Baylen l'eût mis dans une situation dangereuse. Et il faut le féliciter d'avoir su être prudent dans le succès après avoir été audacieux dans l'attaque.

D'ailleurs, il avait obtenu aussi parfaitement qu'on pouvait l'espérer le résultat désiré par l'Empereur.

L'insurrection du Nord était vaincue, ses forces dispersées et la route de Bayonne à Madrid assurée.

A la nouvelle de la victoire de Medina, le roi Joseph accéléra sa marche avec la brigade Rey.

Le 20 juillet, il entra à Madrid, dans sa capi-

tale, où le brillant succès de nos armes lui valut
une entrée plus paisible et lui acquit sinon l'affec-
tation du moins le respect de ses sujets.

Quand Napoléon connut à Paris les événements
d'Espagne, il s'écria : « C'est une seconde bataille
de Villaviciosa : Bessières a mis mon frère
Joseph sur le trône d'Espagne. » Et il écrivit à
Joseph : « Mon frère, je reçois à l'instant votre
lettre qui m'annonce la victoire de Medina. Cette
victoire est très glorieuse : témoignez-en votre
satisfaction au maréchal Bessières en lui envoyant
la Toison d'Or. Cet événement est le plus important de la guerre d'Espagne et donne une couleur
décidée à toutes les affaires. »

Bessières s'arrêta deux jours à Medina puis se
dirigea tout doucement vers Benavente. Ses lieutenants lui demandaient de marcher sur le Portugal, mais il refusa et se rendit vers Léon. Le
21 juillet à Valencia de don Juan, il apprit que
Cuesta avait décampé vers Mayorga : le 22, il fut
dans cette ville et Cuesta en partit vers Toro et
l'Estramadure. A Mayorga, Bessières reçut de
nombreux renforts, 10 000 hommes environ. Le
général Gaulois lui ramenait trois bataillons de
Santander, le général Lefebvre arrivait de Madrid
avec le 11e régiment provisoire, le 2e régiment

des fusiliers de la garde, les chevau-légers polonais de Krasinski et le 26e de chasseurs. Enfin le 2e régiment d'infanterie légère arrivait de France. Bessières allait marcher sur la Galice quand la nouvelle de Baylen arriva.

La situation que la victoire du maréchal Bessières avait créée en Espagne allait brusquement changer. Peu de jours après, nos armes subissaient un éclatant revers en Andalousie : le général Dupont, avec toute son armée, capitulait devant les Espagnols à Baylen. Et devant ce brillant triomphe national, l'insurrection espagnole redoublait partout de vigueur.

Le roi Joseph eût pu concentrer ses forces à Madrid et y faire face au danger. Il ne l'osa pas et, le 30 juillet, quitta précipitamment sa capitale pour se retirer jusqu'à Miranda, derrière l'Èbre. Il rappelait à lui d'un côté le maréchal Bessières, de l'autre les troupes du général Verdier qui allaient emporter Saragosse.

La campagne de Junot au Portugal se terminait au même moment par un échec : après une résistance prolongée contre les Anglais de Sir A. Wellesley, il devait se contenter d'une honorable capitulation qui assurait le rapatriement de son armée contre l'évacuation du Portugal.

Ainsi toute la péninsule ibérique était perdue pour les Français : Napoléon le comprit et se décida à intervenir en personne pour une conquête décisive.

Il allait aussitôt à Erfurt consolider son alliance avec la Russie, assurait sa position en Allemagne et en Italie par deux fortes armées commandées par Davout et le Prince Eugène. En même temps, il dirigeait toutes les forces disponibles vers l'Espagne pour la formation de la nouvelle Grande Armée dont il allait prendre le commandement.

Cependant, tandis que les troupes passaient peu à peu les Pyrénées, la guerre continuait sur l'Èbre entre l'armée de Joseph et les insurgés espagnols. Le roi avait établi son quartier général à Miranda : au début de septembre, il avait environ 65 000 hommes à sa disposition. A sa droite, Bessières occupait Briviesca, Cameno, Cubo, Santa-Maria avec les trois divisions d'infanterie Merle, Bonnet, Mouton; sa cavalerie sous Lasalle était à Gamonal et Villafria, il avait 17 500 combattants et 44 pièces de canon [1].

1. Voici la composition du corps de Bessières quand il fut au complet [il devait être ensuite le 2º corps de la Grande Armée (maréchal Soult)], telle que l'indique un décret impérial publié le 7 septembre à Saint-Cloud.

Au centre se trouvait le corps de Ney vers Logrono, à gauche celui de Moncey sur l'Èbre et l'Aragon, autour de Miranda, les réserves. Joseph avait auprès de lui le maréchal Jourdan pour chef d'état-major, mais celui-ci était insuffisant pour commander avec autorité à ses collègues : d'ail-

« ..... Art. 2. — Le 2ᵉ corps de l'Armée d'Espagne sera commandé par le maréchal Bessières et composé de la manière suivante :

1ʳᵉ division que commandera le général de division Mouton :
4ᵉ régiment d'infanterie légère.
15ᵉ régiment d'infanterie de ligne.
36ᵉ régiment d'infanterie de ligne.
55ᵉ régiment d'infanterie de ligne.
Le bataillon d'infanterie de Paris.
2ᵉ division que commandera le général de division Merle :
47ᵉ régiment de ligne.
86ᵉ régiment de ligne.
70ᵉ régiment de ligne.
2 bataillons suisses.
Les 1ᵉʳ et 2ᵉ régiments supplémentaires. Ces régiments seront composés, savoir :
1ᵉʳ régiment : des 4ᵉ et 5ᵉ bataillons de la 4ᵉ légion; du 4ᵉ bataillon de la 5ᵉ légion, formant un effectif de 2 500 hommes.
2ᵉ régiment : du 4ᵉ bataillon de la 1ʳᵉ légion; du 3ᵉ et du 4ᵉ bataillon de la 3ᵉ légion, formant un effectif de 2 000 hommes.
3ᵉ division que commande le général de division Bonnet :
Les anciens 13ᵉ et 14ᵉ régiments provisoires d'infanterie entiers, en y comprenant ce qui est du corps de Saragosse.
Les 17ᵉ et 18ᵉ régiments provisoires.
Ce qui portera ce corps d'armée, en y réunissant tous les détachements, à 24 000 hommes d'infanterie.
Division de cavalerie que commande le général de division Lasalle.
Les 10ᵉ, 22ᵉ et 26ᵉ régiments de chasseurs et le 19ᵉ régiment de dragons : 2 000 hommes.

leurs, il y eut dans cette période des fautes de commandement très grandes tant à cause de la faiblesse de la direction royale qu'en raison des ordres envoyés par Napoléon et Berthier et que ceux-ci donnèrent soit par l'intermédiaire de Joseph, soit directement aux chefs de corps, créant ainsi de nombreuses difficultés.

L'armée française ne fut pas inquiétée dans ses positions durant les premières semaines de septembre, et les maréchaux profitèrent de ce calme momentané pour organiser les troupes nouvellement formées. Ils restèrent sur la défensive, comme les ordres de l'Empereur le prescrivaient : d'ailleurs, et Joseph l'écrivait assez amèrement à Napoléon, ils préféraient attendre l'arrivée de la Grande Armée et se souciaient peu de compromettre les opérations futures par des mouvements prématurés et mal conduits dans l'ensemble; Joseph ajoutait : « Je prie Votre Majesté de ne donner des ordres qu'à moi et je les ferai exécuter. Qu'elle m'autorise à ôter le commandement à celui qui répond par des conseils aux ordres qu'il reçoit. » (Lettre à l'Empereur 22 septembre.)

L'armée espagnole de Galice, 40 000 hommes

sous la direction de Blake, arriva la première,
marchant vers la Biscaye. Le 10 septembre ses
avant-gardes étaient en face de Frias et de Bilbao,
Medina et Villarcayo. Le 21, la garnison de Bilbao
se retira à Durango : Bessières avait envoyé ses
troupes disponibles sur Frias en reconnaissance
et ne put intervenir au Nord. Il était débordé
sur ses derrières et demanda à quitter les alen-
tours de Burgos pour se replier sur l'Èbre : il établit son quartier général à Miranda, ayant Lasalle
en avant-garde jusqu'à Briviesca, Bonnet à
Pancorbo, Mouton à Aro et Merle à Puente-
Lara.

Le 22, le Roi voulut reprendre Bilbao : il y
envoya Ney, qui, après une marche rapide, entra
le 26 dans la ville : Bessières avait envoyé la division Merle à Osma pour couvrir le mouvement
sur la gauche. Merle y trouva l'ennemi mais resta
sur la défensive, suivant l'ordre de son chef,
jusqu'à ce que les Espagnols se retirassent sur
Médina.

Ney redescendit à Logroño, où les premiers
corps espagnols de l'armée du Centre arrivaient,
et y parvint le 5 octobre : il avait laissé à Bilbao
une faible garnison que Bessières soutenait assez
loin en portant la division Merle à Murguia.

Blake attaqua Bilbao le 12 octobre avec des forces supérieures et reprit à son tour la ville; heureusement, les troupes du 4e corps commençaient à déboucher en Espagne : le maréchal Lefebvre fit face à Blake de Murguia à Durango, permettant à Bessières de rapprocher de lui la division Merle à Armiñon.

Les Espagnols ont maintenant des forces importantes en ligne. Ils ont gagné du terrain sur l'Èbre en face de Moncey et de Ney, et de Tudela à Logroño menacent nos lignes. Joseph veut reprendre l'offensive pour donner de l'air à son aile gauche et reconquérir la ligne de l'Èbre de Logroño à Lodosa. Ney doit encore exécuter ce mouvement et Bessières le soutenir à Logroño avec la division Merle. Le 26, Merle rejoint Ney devant Logroño et Bessières envoie la division Bonnet vers Ceniccro, pour inquiéter les derrières de l'ennemi : aussitôt celui-ci abandonna Logroño où Ney entra. Le même jour, Lodosa était réoccupé et Moncey reprenait tout le terrain perdu, rejetant l'ennemi jusqu'à Tudela.

Bessières rappelait à lui ses divisions, il recevait en outre les dragons Milhaud et les divers régiments d'infanterie qui devaient compléter son corps. Les arrivées des troupes se succédaient :

le 1ᵉʳ corps du général Victor commençait à prendre position près de Vittoria, à gauche du 4ᵉ corps. D'ailleurs, Bessières avait peu de forces ennemies en face de lui. L'armée de Blake, 32 000 Galiciens, était presque entièrement autour de Bilbao : son aile droite était à Orduna et à Medina. L'armée d'Estramadure, s'élevant à 3 000 hommes, marchait sur Burgos. Les autres corps étaient plus loin : les 30 000 combattants de Castille et d'Andalousie sous Castaños, de Logroño à Tudela, sur la rive droite de l'Èbre, les 30 000 hommes de troupes aragonaises et valenciennes sous Palafox, le long de l'Aragon et jusqu'à Saragosse.

C'était un peu plus de 100 000 hommes répandus sur un immense demi-cercle, incapables de se secourir utilement et de soutenir au centre un effort sérieux.

Napoléon allait bientôt profiter de ces fautes.

Malheureusement, le 31 octobre, Lefebvre ne put résister au désir d'attaquer les Espagnols; il vainquit complètement Blake à Durango et réoccupa Burgos, mais il empêcha ainsi un beau mouvement qui eût permis d'envelopper l'armée de Galice en Biscaye. Joseph essaya cependant encore de le réaliser, portant Victor vers Valmaséda, tandis que Bessières plaçait la division Mouton à Osma pour soutenir les 1er et 4e corps et garder la route de Médina.

Mais Victor ne voulut pas s'avancer et le plan échoua. Il fallait l'Empereur.

CHAPITRE VIII

NAPOLÉON EN ESPAGNE

D'ailleurs l'Empereur approchait. Le major général, qui le précédait, arriva le 30 octobre à

Bayonne, l'Empereur lui-même le 3 novembre à trois heures du matin. Aussitôt renseigné, il fit expédier ses ordres.

Il allait avoir immédiatement sous la main une formidable armée de 130 000 hommes, cinq corps commandés par Bessières, Lefebvre, Victor, Ney et Moncey, avec Berthier comme major général, Jourdan, Lannes et Soult, la garde et une réserve de cavalerie. C'était suffisant pour écraser l'ennemi, anéantir les trois armées espagnoles et rejeter à la mer l'armée anglaise de Portugal qui entrait en Espagne.

Napoléon voulait couper l'armée espagnole en deux tronçons qu'il écraserait ensuite séparément, puis marcher rapidement sur Madrid et se retourner enfin contre les Anglais. Il commença aussitôt la réalisation de son plan, en ordonnant à Bessières de marcher sur Burgos.

Le major général au maréchal Bessières.

Bayonne, le 3 novembre, six heures du matin.

« L'Empereur vient d'arriver, il est six heures du matin ; je lui ai soumis toute votre correspondance du 26. Sa Majesté est fâchée de ne pas y trouver des renseignements étendus sur la situa-

tion de l'ennemi. L'Empereur envoie des ordres
au roi relatifs à la situation actuelle des choses.
Vous verrez par ces ordres que du moment que
le roi saura que nous sommes maîtres d'Orduna
et de Bilbao, vous recevrez par son état-major
des ordres pour vous porter sur Burgos avec vos
trois divisions, fortes d'environ 18 000 hommes
d'infanterie et 40 pièces de canon, y compris les
six du général Milhaud, et enfin de votre cavalerie
à laquelle se joindra celle du général Milhaud, ce
qui vous fera environ 5 000 chevaux sur Burgos,
pour balayer la plaine et prendre position dans
cette ville.

» La cavalerie du 1ᵉʳ corps d'armée, forte
d'environ 3 000 hommes et six pièces d'artillerie
légère, et deux régiments du corps du maréchal
Victor, se rendront à Miranda. La cavalerie sera
tout entière à votre disposition. »

C'était là le dernier mouvement que Bessières
devait accomplir à la tête du 2ᵉ corps, car, le
2 novembre, l'Empereur décidait de le rappeler
près de lui pendant la campagne pour le placer
à la tête de ses réserves : le duc d'Istrie devait
reprendre le commandement de la garde et en
même temps diriger la réserve de cavalerie. Ce

fut la première fois que le maréchal remplaça dans ce rôle Murat, qui l'avait tenu si glorieusement jusqu'alors. Il allait s'en montrer digne : les campagnes de 1808 et de 1809 à la tête de la cavalerie de réserve sont parmi ses plus beaux titres de gloire.

En attendant, Bessières rassemblait ses forces pour exécuter les ordres de Napoléon. Le général Mouton, soutenu par les chevau-légers polonais du colonel Krasinski, avait occupé Medina en chassant l'ennemi de la ville. Bessières le rappela. Il envoya à Jourdan les lettres suivantes :

Le maréchal Bessières au maréchal Jourdan.

Armiñon, 4 novembre.

« Je reçois à l'instant les ordres que vous m'avez transmis. Mon infanterie sera en mouvement demain à la pointe du jour et je compte l'établir le plus près possible de Briviesca. J'espère être après-demain à Burgos, du moins par une forte avant-garde.

» Le vice-connétable m'annonce que toute la cavalerie, même celle du corps du maréchal Victor, sera à ma disposition. Si vous avez la complaisance de lui donner l'ordre de venir me joindre, je jetterai en arrivant à Burgos un fort parti sur Aranda, pour empêcher l'évacuation des routes de Palencia et de Reynosa à deux ou trois marches de Burgos. C'est le seul moyen de savoir ce qui se passe, et la promptitude et les marches forcées jetteront partout la terreur.

» Je vous prie, monsieur le maréchal, de la mettre en mouvement demain à la pointe du jour; elle pourrait cantonner entre Miranda et Ameyugo; je lui donnerai là les ordres que je croirai nécessaires. J'aurai mon quartier général demain à Briviesca... »

Le maréchal Bessières au maréchal Jourdan.

Monsieur le Maréchal,

« J'ai l'honneur de vous rendre compte des ordres de mouvement que j'ai donnés à mon corps d'armée :

» Le général Lasalle occupera demain Briviesca et les environs.

» Le général Milhaud sera en arrière à Busto, Grisalena, etc.

» La division du général Bonnet occupera Cubo, etc.

» La division du général Merle, Santa-Maria, Villanueva, etc.

» La division du général Mouton, Ameyugo et Pancorbo.

» Les chevau-légers polonais, Altable et les environs.

» Mon corps d'armée sera par ce moyen échelonné et en colonne. Après demain, la cavalerie se portera en avant de Monasterio : la tête de mon infanterie à Monasterio et la queue à Briviesca. »

Mais, le 6 novembre, Bessières reçoit la nouvelle de son changement de commandement; l'annonce de l'arrivée de Soult semble l'arrêter et il avance peu ce jour-là, poussant seulement Lasalle jusqu'à Monasterio sur la route de Burgos et le faisant soutenir par Milhaud. D'ailleurs la venue de l'Empereur à Vittoria trouble un peu tous les ordres : Bessières ne se sent pas soutenu en arrière et croit avoir 25 000 Espagnols devant lui d'après les rapports de Lasalle. Napoléon informé, envoie à Miranda la division Lapisse et la brigade de cavalerie légère Franceschi du 1er corps, et les met momentanément à la disposition de Bessières; il prévient le maréchal et ajoute :

« Je suppose que demain vous aurez fait battre

toute la plaine de Burgos, culbuté l'infanterie qui
s'y trouve, occupé cette ville, et que vous m'aurez
envoyé des renseignements sur toute l'Espagne.....

» Immédiatement après que vous aurez fini la
mission que je vous ai donnée en occupant
Burgos, j'enverrai le maréchal Soult pour prendre
le commandement de votre corps et je vous donnerai celui de la réserve. »

C'était aller un peu vite, — le 6, Bessières
attendit la division Mouton jusqu'au soir, car elle
revenait de Berberana, il dut ainsi retarder d'un
jour le mouvement sur Burgos, et ne put se
mettre en marche que le 7 au matin. Dans l'après-
midi sa cavalerie légère se heurta aux Espagnols
dans la plaine de Gamonal; Milhaud suivait
Lasalle, et les trois divisions d'infanterie Bonnet,
Merle et Mouton étaient échelonnées autour de
Briviesca. Enfin les chevau-légers polonais et la
brigade Franceschi-Delonne occupaient Miranda.
Bessières se porta à l'avant-garde, emmenant de
l'infanterie avec lui, mais la nuit vint et le mouvement fut suspendu.

La journée du 8 novembre fut perdue sans
raison par Bessières, et ce fut là une faute : toutes
ses troupes restèrent sur la défensive et l'ennemi,

renforcé à Gamonal, esquissa une marche offensive vers Quintanapalla. Le Maréchal ne donna pas d'excuse sérieuse à son inaction ; est-ce le chiffre élevé d'hommes attribué à l'ennemi qui l'arrêta, est-ce qu'il attendit l'arrivée de Soult pour lui remettre le commandement du 2ᵉ corps et ne plus s'occuper que de la cavalerie ? Dans une première lettre à Berthier, il annonce qu' « il faut une bataille en règle » pour enlever les approches de Burgos, il n'ose ou ne veut pas la livrer. Dans une seconde missive, il écrit : « Je désirerais beaucoup que le maréchal Soult arrive bientôt... Le maréchal Soult et moi nous entendrons fort bien. »

Dans cette même journée l'Empereur, voulant assurer son mouvement sur Burgos, masse vers Vittoria toutes ses troupes disponibles pour soutenir Bessières au besoin. Soult part de Vittoria vers Briviesca le 8 au soir et rejoint dans la matinée du 9 Bessières qui lui remet le commandement du 2ᵉ corps. Certains historiens ont prétendu que l'envoi de Soult était une disgrâce pour Bessières, qui aurait mécontenté l'Empereur par son manque de vigueur devant Burgos. Il n'en est rien, puisque cette mutation était décidée depuis longtemps. D'ailleurs on a vu que c'est

Bessières lui-même qui réclamait l'arrivée de Soult et qu'il éprouvait une grande satisfaction à prendre son nouveau commandement.

Il écrivait le 6 novembre à l'Empereur :

« Sire... Je prie Votre Majesté d'agréer mes remerciements pour les nouvelles fonctions auxquelles elle me destine. Je ferai tous mes efforts pour me rendre digne de ses bontés ». Ce n'est pas là le langage d'un mécontent !

L'Empereur ne fit que manifester son étonnement de la trop grande prudence de Bessières durant la journée du 8 : comme celui-ci lui avait fait part de la sortie opérée par un corps ennemi vers Quintanapalla, il fit écrire par le major général :

Vittoria, 9 novembre, dix heures du matin.

« ... Il paraît à l'Empereur qu'on a manqué une belle occasion d'étriller ces 4 à 5 000 hommes, d'avoir un succès et des renseignements et enfin de pouvoir jeter de la cavalerie dans la plaine de Burgos. »

Le 9, d'ailleurs, la situation change complètement. L'Empereur, rassuré sur la position de ses ailes par un nouveau succès de Lefebvre sur Blake et l'immobilité des Espagnols devant

Moncey, porte toutes les troupes qu'il a sous la main vers Miranda, où elles se réunissent le 9.

Soult a pris le commandement de ses troupes et a commencé son mouvement offensif : il s'est arrêté le 9 au soir à l'entrée du défilé qui de Quintanapalla par Villafria conduit à Gamonal et s'ouvre sur la plaine de Burgos. Il écrit à Berthier :

« Son Excellence le maréchal Bessières a la bonté de venir avec moi jusqu'à Burgos... »

Bessières allait diriger la cavalerie, Soult l'infanterie.

Soult ne prévoyait qu'un « engagement d'avant-garde » pour enlever Burgos : ce fut une bataille qu'on dut livrer, comme le pensait Bessières, mais la bataille fut une brillante victoire. Le 10 novembre, à midi, Soult écrivait à l'Empereur, de Burgos :

« Votre Majesté est maîtresse de Burgos : le corps d'Estramadure, fort de 12 000 hommes, est détruit. Il y a déjà plus de 1 000 prisonniers, 10 pièces de canon, beaucoup de caissons : la terre, pendant plus d'une lieue, est couverte de cadavres, d'armes et de débris; on a aussi pris deux drapeaux. Le maréchal Bessières a déjà dépassé Burgos et poursuit sur la route de Madrid

tout ce qui s'est sauvé en déroute. Le fort de
Burgos n'est pas armé. Il y aura encore beaucoup
de choses de prises ; à chaque instant on m'amène
des prisonniers, des caissons et des canons. »

Et l'Empereur faisait aussitôt rédiger la note
suivante :

Note sur les événements d'Espagne.

Au Quartier général de Cubo, 10 novembre.

« L'armée d'Estramadure, à la solde de l'Angleterre, forte de 25 000 hommes (?), avait pris
position à Burgos. Le duc de Dalmatie, commandant l'infanterie, et le duc d'Istrie, commandant
la cavalerie, ont marché à l'ennemi. Une simple
charge de la division Mouton à la baïonnette a
suffi pour le mettre en déroute. La cavalerie a
fait une charge générale et en a fait un horrible carnage. On a fait dans cette journée huit à
dix mille (?) prisonniers, pris toute l'artillerie et
les bagages. A midi les Français étaient entrés
dans Burgos et occupaient la citadelle. Le duc
d'Istrie, commandant la cavalerie, est à la poursuite des fuyards.

» Les commandants de place feront tirer le

canon et sonner les cloches, non pour annoncer une victoire sur les Espagnols, mais un triomphe sur le parti anglais. »

Voici comment s'étaient passés ces derniers événements. Le 10 novembre, au matin, Soult et Bessières réunissaient toutes leurs forces entre Quintauapalla et Monasterio pour marcher contre les Espagnols. Ceux-ci formaient un corps de 12 000 combattants avec 35 canons, commandés par le général Belveder. C'étaient des troupes régulières assez bien organisées : les gardes wallonnes et espagnoles, les régiments de Majorque, de Lafra et de Valence et, en cavalerie, les hussards de Grenade et les carabiniers royaux. 7 000 paysans armés étaient joints à eux. Ils voulurent prévenir l'attaque des Français et envoyèrent 5 000 hommes à Villafria : Lasalle se retira lentement devant eux pour donner à nos colonnes le temps d'arriver et attirer l'avant-garde ennemie loin du reste de l'armée; la division Mouton déboucha la première : elle attaqua les Estramaduriens au pas de charge et les enfonça au premier choc, malgré le déploiement de vingt pièces de canon. L'ennemi se retira vers Burgos, suivi de près par les fantassins de Soult : Bessières prit alors la cavalerie de Lasalle et de Milhaud et commanda une charge générale : la retraite des Espagnols se changea en une complète déroute où toutes leurs troupes furent entraînées, et la division Mouton entra à leur suite dans Burgos, qu'elle occupa. Cependant toutes les divisions françaises débouchaient et Soult s'établissait dans Burgos avec l'infanterie. Il avait perdu 50 hommes : l'ennemi, très maltraité par le sabre des cavaliers de Bessières, laissait 2 500 morts entre Villafria et Burgos, 1 000 prisonniers et 20 bouches à feu.

. Bessières avait continué la poursuite dans la plaine, lançant Franceschi sur la route de Valladolid, Lasalle et les chevau-légers sur celle de Madrid, Milhaud sur celle de Santander. Il se porta en personne à la suite du gros de l'armée ennemie, avec Lasalle, et réussit à faire enlever le reste de l'artillerie espagnole. Le soir, toute l'armée campait autour de Burgos.

Le lendemain matin, l'Empereur arrivait lui-même à Burgos. Il avait avec lui les divisions de cavalerie Beaumont et Latour-Maubourg : la garde, le 6ᵉ corps et la division Dessolles le suivaient; il envoya Soult avec le 2ᵉ corps vers Reynosa pour rejoindre Lefebvre et Victor et achever la destruction de l'armée espagnole de

Blake. Il ordonna à Bessières d'inonder de toute
sa cavalerie les plaines de Vieille Castille tandis
qu'il resterait à Burgos, en attendant le résultat
des opérations qu'il allait engager sur ses ailes
pour vaincre les armées espagnoles.

Tandis que Lasalle marchait par Lerma sur
Aranda, où les restes de l'armée d'Estramadure se
retiraient, Milhaud et Franceschi se dirigeaient
vers Valladolid par Palencia. Durant une semaine
les cavaliers de Bessières battirent en tous sens
le pays jusqu'au Duero, faisant subir d'énormes
pertes aux Espagnols.

Pendant ce temps, au nord, Lefebvre, Victor et
Soult achevaient d'écraser le corps de Blake après
une nouvelle victoire. Sur l'Èbre, Napoléon venait
d'envoyer Lannes rejoindre Moncey pour attaquer
les Espagnols de front, tandis que Ney partait de
Burgos pour couper leur retraite vers le sud.
Celui-ci ne put exécuter à temps les mouvements
prescrits, mais Lannes battit complètement
Palafox et Castanos à Tudela le 23 novembre,
rejetant le premier dans Saragosse et le second
vers Madrid.

Napoléon appela à lui le maréchal Victor et, avec
Bessières, sa cavalerie et la garde, marcha sur

Madrid. Devant lui, un seul obstacle pouvait l'arrêter : le col de Somo-Sierra.

Les Espagnols avaient voulu rendre inexpugnable cette porte de Madrid. Ils y avaient rassemblé tout ce qu'ils avaient de troupes disponibles, 13 000 hommes environ, restes de l'armée d'Estramadure vaincue à Burgos et secours arrivés d'Andalousie. L'officier qui les commandait, don Benito San-Juan, avait une certaine science de la guerre et beaucoup de courage. Il avait placé une avant-garde au village de Sepulveda : le reste de ses troupes occupait les pentes de la Guadarrama et le fond même de la gorge où San-Juan barrait la route en personne avec une batterie d'artillerie de seize pièces.

Le 29 novembre, Napoléon et Bessières arrivèrent devant les positions espagnoles, à Bocequillas.

L'Empereur détacha la première division du corps de Victor, la division Lapisse, sur Sépulveda. La 2ᵉ division, Ruffin, devait gravir les pentes du Guadarrama jusqu'au col même; le 9ᵉ léger et le 24ᵉ de ligne devaient tourner de chaque côté la position et, enlevant les hauteurs, attaquer don Benito San-Juan sur les flancs. Le 96ᵉ de ligne s'avançait en colonne sur la route même, suivi de la garde et de la cavalerie.

Le 30 au matin, l'attaque commença. Le temps devait être superbe; mais, à l'aurore, l'air était plein d'un épais brouillard qui cachait complètement les mouvements des Français à l'ennemi. Lapisse s'empara de Sepulveda et enleva l'avant-garde espagnole. Les fantassins de Victor escaladèrent en tirailleurs les pentes de la Guadarrama et chassèrent devant eux les Espagnols. Cependant le soleil s'était levé. Le 96e de ligne fut accueilli sur la route par une violente canonnade et un feu assez bien dirigé. Il fut forcé de s'arrêter dans son offensive.

Napoléon et Bessières arrivèrent. Celui-ci avait avec lui la cavalerie de la garde et résolut d'en finir par une charge audacieuse contre la batterie ennemie. On dit que c'est un jeune officier, Montbrun, qui proposa cette entreprise où il acquit sa célébrité : il devint à partir de ce jour un des officiers de cavalerie les plus remarquables de l'Empire. Bessières lui confia une jeune troupe d'élite qui venait d'être créée dans la garde : les chevau-légers polonais. Montbrun partit; une première décharge faucha les rangs de tête de sa troupe, mais il la rallia et chargea à nouveau. Les Polonais arrivèrent sur les canons, sabrèrent les artilleurs puis attaquèrent la ligne d'infan-

teric qu'ils enfoncèrent. Bessières lança alors tout
ce qu'il avait de cavalerie en avant : la fuite des
Espagnols se changea aussitôt en une affreuse
déroute; ils abandonnèrent tout sur le champ de
bataille : canons, fusils, drapeaux.

La route de Madrid était libre. Bessières y
partit à toute allure avec sa cavalerie, suivi de
Napoléon lui-même. Le 2 décembre au matin,
il arriva en vue de la capitale avec les cavaliers
de la garde, les dragons de Lahoussaye et de
Latour-Maubourg. Tous ces superbes cavaliers
poussèrent d'immenses acclamations.

Bessières détacha aussitôt un de ses aides de
camp vers la ville qu'il somma d'ouvrir ses
portes. Mais Madrid était en pleine ébullition et
voulait résister. L'envoyé du maréchal fut reçu
à une porte par un féroce boucher d'Estramadure : celui-ci voulait parler au duc d'Istrie en
personne. Le général Montbrun arriva et se
moqua des prétentions des Espagnols. Il fut
assailli par des insurgés et dut se battre à coups
de sabre. Enfin le parlementaire entra dans la
ville; il y trouva la populace furieuse et eût été
écharpé aussitôt sans l'intervention d'une compagnie régulière espagnole.

Celle-ci vint le protéger et sauva ainsi à la

fois son honneur et ses intérêts. Il put sortir de la ville et rapporta à Napoléon et Bessières un refus de capituler de la junte insurrectionnelle.

L'Empereur attendit son infanterie : le 4 décembre, il fit donner l'assaut et les faubourgs furent emportés. La junte eut peur et livra la ville.

Dès le lendemain, Bessières repartit avec la cavalerie. Ney poursuivait sur la route de l'Èbre à Madrid par Guadalaxarra les restes de l'armée de Castanos. Bessières marcha de Madrid vers Guadalaxarra pour battre la route de Saragosse. Le 6, il était dans la ville et répandait ses escadrons dans le pays, cueillant de tous côtés des prisonniers et des bagages. Puis il redescendit vers le sud et suivit la route de Valence. Au Bastian, il fit cerner par ses dragons un bataillon de 500 réguliers espagnols qui résistait et l'écharpa.

L'armée de Castanos était réduite de 30 000 à 6 000 hommes. Bessières continua à les poursuivre vers l'Andalousie. Castanos laissa 1 500 soldats en arrière-garde pour couvrir la retraite du reste de son armée. Le duc d'Istrie rencontra ce corps le 8 décembre à minuit, aux environs de Santa-

Cruz. Il le fit charger par Montbrun qui l'enfonça complètement puis le poursuivit l'épée dans les reins et enleva plus de 1 000 prisonniers. Castanos, qui voulait se jeter dans l'Andalousie par Madridego, fut atterré par ce désastre; craignant de voir le reste de son armée anéanti en bloc par Bessières, il le dispersa dans les montagnes de la Cuença.

Le duc d'Istrie continua sa marche en avant et battit le pays jusqu'aux confins de l'Andalousie. Le 14, Napoléon le rappela à Madrid; il allait tourner ses forces contre les Anglais.

Au nord, Soult faisait face, en Castille, à Sir John Moore. Napoléon voulait tomber de Madrid sur les derrières des Anglais pour les anéantir complètement. Il envoya Bessières en avant avec la cavalerie et le suivit avec la garde, appelant à lui les corps de Ney et de Lefebvre. Mais Moore fut prévenu et décampa avec les Espagnols de la Romana qui s'étaient joints à lui. Il laissait pour garantir sa fuite une arrière-garde que Soult écrasa.

Le 30 décembre, Bessières passe l'Esla et le soir traverse Benavente à la poursuite de l'ennemi. Il le serre de près à Puente de Velana, à Astorga. La retraite des Anglais est épouvantable : la misère est affreuse, les désordres se multiplient parmi eux. Ils pillent tout au passage et s'attardent sans cesse. Bessières leur enlève beaucoup de prisonniers, leurs bagages, leurs malades. C'est une déroute. A Villafranca, Bessières atteint leur arrière-garde : le général Colbert enfonce les Anglais et fait 2 000 prisonniers.

Il s'arrête là, car Napoléon le rappelle. La guerre avec l'Autriche semble menaçante et l'Empereur rentre précipitamment en France pour surveiller ses immenses préparatifs. Il laissait Soult achever la destruction des Anglais.

Bessières accompagna Napoléon avec la garde jusqu'à Valladolid. Il avait abandonné la cavalerie, à la tête de laquelle Kellermann devait le remplacer. L'Empereur lui laissa en partant le commandement des provinces du nord de l'Espagne : il allait y assurer peu à peu le départ de la garde vers le Rhin. Au début du mois de mars il fut rappelé à son tour : Napoléon avait besoin de lui sur un autre théâtre.

La première campagne de Bessières en Espagne était terminée; elle était marquée par d'éclatants succès : Medina del Rio-Seco, Burgos, ses mer-

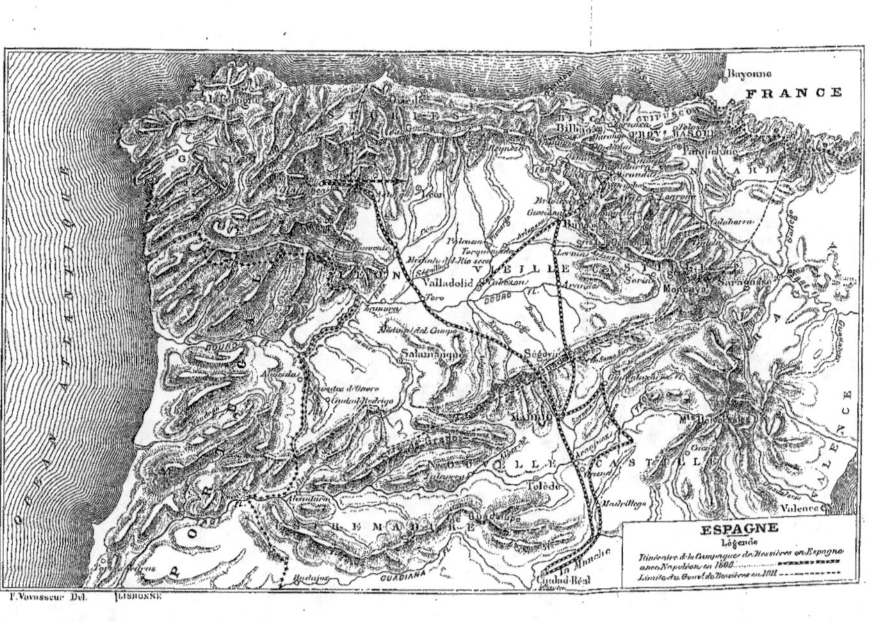

FRANCE
Bayonne
Bilbao
GUIPUSCOA
Pampelune
OCÉAN ATLANTIQUE
VIEILLE
Valladolid
DUERO FL.
Toro
Zamora
Salamanque
Ciudad-Rodrigo
Segovie
Tolède
LA MANCHE
Saragosse
Moncayo
VALENCE
Valence
NOUVELLE CASTILLE
GUADIANA FL.
Badajoz
Ciudad-Réal
Alcantara
ESTRÉMADURE
PORTUGAL
ESPAGNE
Légende
Itinéraire de la Campagne de Bessières en Espagne
avec Napoléon en 1808
Limite du Gouv.t de Bessières en 1811
F. Vuvusseur Del.   LISBONNE

veilleuses campagnes de cavalerie sont parmi ses plus beaux titres de gloire. Seul, il vainquit les Espagnols et mit Joseph sur le trône. Quand Napoléon fut arrivé, il fut un de ses plus précieux auxiliaires, et, partout apporta à l'exécution de ses plans autant de fermeté que d'audace.

CHAPITRE IX

LA CAMPAGNE DE 1809. — D'ABENSBERG A VIENNE
CAMPAGNE DE BESSIÈRES EN BAVIÈRE

La guerre contre l'Autriche. — Préparatifs de l'Empereur :
organisation de la Grande Armée d'Allemagne. — Bessières
commandant de la réserve de cavalerie. — Composition de
la cavalerie. — Le duc d'Istrie s'occupe de la garde à Paris.
L'archiduc Charles entre en Bavière. — Arrivée de Napoléon.
— Abensberg. — Prise de Landshut : l'Empereur laisse
Bessières poursuivre le prince Louis et le général Hiller
vers l'Inn et va battre l'archiduc Charles à Ratisbonne.
Campagne du duc d'Istrie en Bavière. — Ses forces. — Marche
sur Neumarkt. — Reconnaissances de la division Marulaz
sur l'Inn. — Retour offensif des Autrichiens. — Heureuse
résistance de Bessières sur la Roll : combat de Neumarkt. —
Bessières, après avoir arrêté le prince Louis, se retire sur la
Vils. — Nouvelle retraite des Autrichiens à la nouvelle
d'Eckmühl.
Napoléon rejoint Bessières : celui-ci part en avant-garde avec
sa cavalerie. — Marche sur Vienne. — Passage de l'Inn et
de la Salza. — Bessières à Ried, à Welz. — Combat d'Ebersberg : passage de la Traun. — Bessières à Enns : passage
de l'Enns et marche sur Saint-Pölten, puis Kraus. — L'armée autrichienne quitte la rive droite du Danube. — Arrivée
des Français à Vienne et prise de la capitale.
Résultats de cette campagne.

Les événements d'Espagne avaient soulevé le
sentiment européen contre Napoléon. La Russie

était liée à la France depuis Tilsitt, la Prusse était écrasée. Mais l'Autriche avait refait ses forces et se préparait à exécuter contre l'Empire la plus formidable attaque qu'elle eût jamais entreprise.

Les premiers mois de l'année 1809 furent consacrés de part et d'autre à d'immenses préparatifs de guerre. Une grande armée de 200 000 hommes fut confiée par l'Autriche à l'archiduc Charles : une partie devait déboucher de la Bohême sur le Haut-Palatinat, la masse principale envahir la Bavière; l'ensemble des forces se réunirait vers Ratisbonne pour surprendre les Français dans leur concentration sur le haut Danube et les y écraser.

Mais l'Empereur opérait rapidement la formation d'une Grande Armée d'Allemagne : trois grands corps d'armée français d'infanterie, une réserve de cavalerie, la garde, les contingents allemands, au total 270 000 combattants qu'il allait opposer à l'Autriche. A leur tête, il plaçait Berthier comme major général, ses trois meilleurs chefs de corps Davout, Lannes et Masséna. Bessières recevait, comme en Espagne, le commandement de la réserve de cavalerie et l'inspection générale des troupes de cette arme. Il allait y remplir un rôle fort brillant : sa campagne de Bavière, les journées d'Essling sont parmi les pages les plus glorieuses de sa carrière.

Une lettre du major général au ministre de la guerre fixe la composition de la cavalerie indépendante :

Strasbourg, 10 avril 1809.

« ... La réserve de cavalerie, que commandera Monsieur le Maréchal duc d'Istrie, sera composée de deux divisions de cavalerie légère commandées l'une par le général Lasalle et l'autre par le général Montbrun, ayant chacune deux généraux de brigade.

» De la division de grosse cavalerie, que commandait le général de Nansouty, composée de 6 régiments ayant 12 pièces de canon et de la division de 6 régiments provisoires de dragons qui se forme à Strasbourg et qui aura six pièces de canon.

» Les régiments qui doivent composer les deux divisions de cavalerie légère sont : les 5e et 7e de hussards et 11e de chasseurs, brigade Pajol; les 8e de hussards et 16e de chasseurs, brigade Piré; les 13e et 24e de chasseurs, brigade Bruyère. Le général Lasalle n'étant pas arrivé, le général

13

Montbrun commande provisoirement tous ces régiments. Ils seront formés en deux divisions : l'une restera composée de la brigade Pajol réduite à deux régiments en en retirant le 7e de hussards ; l'autre de la brigade Bruyère et d'une brigade que commandera le général Lagrange, composée du 7e de hussards, tiré de la brigade Pajol, auquel S. M. paraît avoir l'intention de réunir un régiment wurtembergeois....

» ALEXANDRE. »

La division Nansouty était à trois brigades : une de carabiniers, 1er et 2e régiments, général Defrance, et deux de cuirassiers, 2e et 9e régiments, général Doumerc, et 3e et 12e, général Saint-Germain. La division de dragons destinée au général de Beaumont, devait comprendre six régiments provisoires en trois brigades.

L'ensemble de ces forces formait une cavalerie de réserve de plus de 15 000 chevaux. Le reste des troupes de cette arme était affecté aux divers corps d'armée. Le 2e corps (maréchal Lannes) recevait la brigade de cavalerie légère Colbert à trois régiments : 9e de hussards, 7e et 20e de chasseurs et la division de cuirassiers Espagne : 4e, 6e, 7e et 8e de cuirassiers. Le 3e corps (maréchal

Davout) recevait la brigade de cavalerie légère
Jacquinot à trois régiments : 1er, 2e et 12e de chasseurs et la division de cuirassiers Saint-Sulpice :
1er, 5e, 10e et 11e régiments. Le 4e corps (maréchal
Masséna) comptait quatre régiments de chasseurs,
3e, 14e, 19e, 23e, avec le général Marulaz, et de la
cavalerie allemande, contingent de Bade et de
Hesse. Si l'on joint à ces diverses troupes la
division de cavalerie bavaroise du 7e corps
d'armée, on trouve encore là plus de 20 000 cavaliers dont le duc d'Istrie eut directement à disposer à maintes reprises aux diverses périodes de
cette campagne.

Bessières ne précéda point Napoléon en Allemagne. Il était occupé à Paris par l'administration de la Garde Impériale. Le 29 mars, l'Empereur publiait un décret pour la formation de deux
régiments de conscrits de la garde, premier
noyau de la Jeune Garde, et chargeait le duc
d'Istrie de leur organisation. Celui-ci devait
encore s'occuper du personnel commandant que
l'Empereur désirait accroître, à raison de deux
colonels par régiment, ayant rang de généraux
de division et de brigade, et de la nomination des
officiers des nouvelles unités créées. Puis au
début d'avril, quand la guerre commença, il dut

assurer l'envoi des troupes de la garde destinées
à l'armée d'Allemagne. Lui-même suivit l'Empereur et arriva avec lui le 17 avril sur le théâtre
des opérations par Donauwerth.

Le 10 avril, l'archiduc Charles avait franchi
l'Inn et était entré en Bavière, marchant sur
Ratisbonne et n'ayant devant lui que l'armée
bavaroise. Napoléon aussitôt arrivé concentre ses
forces : il rappelle à lui Davout de Ratisbonne,
presse l'arrivée de Lannes et de Masséna; lui-
même est en position sur l'Abens avec les Bavarois, les Wurtembergeois et une partie de la cavalerie. L'archiduc Charles continue son mouvement sur Ratisbonne avec trois corps d'armée pour
y donner la main à la droite de ses troupes, qui
descend de Bohême. Il laisse à sa gauche, sur
l'Abens, trois corps d'armée avec l'archiduc Louis
et le général Hiller. Aussitôt le plan de l'Empereur est fait : il maintient une partie du corps de
Davout en face de l'archiduc Charles et, avec
toutes les forces qu'il a sous la main, fait une
pointe vigoureuse sur Abensberg, coupant en
deux l'armée autrichienne et rejetant toute sa
gauche, près de 60 000 hommes, isolée et bous-
culée vers Landshut. L'Empereur poursuit vigou-

reusement ce victorieux mouvement et le 21 avril
vient attaquer à Landshut l'archiduc Louis.

Bessières marchait en tête avec la division

Nansouty, une partie de la division Saint-Sulpice
et la cavalerie bavaroise. Le maréchal Lannes le
suivait avec les divisions Morand et Gudin du
3e corps, la division bavaroise de Wrède et les
Wurtembergeois du général Vandamne. Le duc

d'Istrie quitta Pfeffenhausen au petit jour : il déboucha vers neuf heures du matin dans la vallée de l'Isar par Ergölding, avec ses cuirassiers soutenus par deux bataillons du 13ᵉ d'infanterie légère. A la même heure, la division de Wrède et la cavalerie bavaroise arrivaient par la route d'Altdorf. L'Empereur fit aussitôt canonner l'ennemi qui était en retraite dans la plaine en avant de Landshut, couvert par la cavalerie autrichienne. Bessières lança d'abord contre elle la cavalerie légère bavaroise : celle-ci chargea bravement, mais les Autrichiens soutinrent l'attaque. Le duc d'Istrie ébranla alors les cuirassiers en masses épaisses et renversa tout ce qui se présentait à lui.

« La bataille d'Abensberg, dit le premier bulletin de l'armée d'Allemagne, ayant découvert le flanc de l'armée autrichienne et tous les magasins de l'ennemi, le 21, l'Empereur, dès la pointe du jour, marcha sur Landshut. Le duc d'Istrie culbuta la cavalerie ennemie dans la plaine en avant de cette ville... »

Le maréchal continua sa marche et arriva devant Landshut; les grenadiers d'Aspre occupaient la place et Bessières n'avait pas assez d'infanterie pour l'emporter. Mais bientôt la tête de la division Morand déboucha sur l'Isar : les grenadiers du 17ᵉ, conduits par le général Mouton, enlevèrent le pont et entrèrent au pas de charge dans la ville. Le corps de Masséna arrivait alors sur la rive droite, par la route de Freysing : il attaqua vigoureusement l'ennemi en retraite et le mit en pleine déroute.

Dans les deux journées du 20 et du 21 les deux corps de l'archiduc Louis et de Hiller, le 2ᵉ corps de réserve qui s'était joint à eux avaient perdu plus de 20 000 hommes mis hors de combat ou prisonniers, 30 canons et tout le grand parc autrichien avec ses munitions et magasins. La gauche de l'armée ennemie, réduite à 40 000 hommes, était en pleine déroute vers Neumarkt.

Pendant ce temps, Davout avait tenu tête à l'archiduc Charles vers Schierling. Napoléon se dirigea aussitôt de ce côté avec la plus grande partie de ses forces. Le 22, il atteignit l'ennemi et le battit complètement à Eckmühl. L'archiduc Charles, ramenant à lui la droite de son armée, essaya de résister encore autour de Ratisbonne : le 23, l'Empereur l'attaqua et le vainquit à nouveau, enlevant la ville de vive force et rejetant l'armée autrichienne complètement battue en Bohême. Telle fut cette admirable campagne dite des Cinq Jours, une des plus magistrales opérations militaires que réalisa le grand génie de Napoléon.

Sur l'Isar, l'Empereur avait laissé Bessières. Celui-ci, après la prise de Landshut, avait gardé avec lui la cavalerie légère du corps de Masséna, la brigade de chasseurs du général Marulaz et menait très vivement la poursuite du corps autrichien en retraite vers l'Inn. Le 21 avril au soir, il était à Geisenhausen.

Napoléon lui écrivait :

Landshut, 22 avril, trois heures et demie du matin.

« Mon cousin, je sais que vous êtes arrivé à Geisenhausen. Je désirerais avoir des rapports sur la force de l'ennemi. La division bavaroise du général de Wrède va vous joindre. Je partirai aujourd'hui pour cerner les corps de l'armée autrichienne de Bohême qui sont venus à Eckmühl. J'aurai avec moi le duc de Rivoli et trois de ses divisions, de sorte qu'il vous restera le général de Wrède et la 4.ᵉ division du duc de Rivoli en réserve devant Landshut.

» NAPOLÉON.

» *P.-S.* — Témoignez beaucoup de confiance au général de Wrède. »

L'Empereur faisait donner aussitôt les ordres nécessaires à l'exécution de ces manœuvres. La 2e division bavaroise était mise en route vers Neumarkt et la 4e division du duc de Rivoli prévenue de se tenir à la disposition du duc d'Istrie [1].

Bessières avait fait activement continuer la poursuite dès les premières heures de la journée du 22 et, profitant du désarroi dans lequel se trouvait l'ennemi, lui avait infligé des pertes importantes.

---

1. 1° Ordre dicté par l'Empereur au major général.

« Donner ordre au général de Wrède de partir avec sa division et d'appuyer le mouvement du maréchal Bessières, qui a couché ce soir à Geisenhausen, de manière à jeter l'ennemi le plus loin qu'on pourra sur l'Inn. La division bavaroise partira de sa position actuelle à quatre heures du matin. »

2° Extrait d'un ordre de marche du chef d'état-major du 4e corps d'armée.

« ... La division Molitor se réunira à Landshut avec le parc de réserve pour en garder la position et appuyer au besoin le maréchal duc d'Istrie qui est entre l'Inn et l'Isar. On recommande la plus grande célérité dans l'exécution de ce mouvement.....

                                        » BEKER. »

La division Molitor comprenait les deux brigades Leguay : 37e et 2e régiments de ligne et Viviez : 16e et 67e de ligne.

Le duc d'Istrie à l'Empereur.

Vilsbiburg, 22 avril, sept heures du matin.

« Tous les équipages de l'ennemi, ses muni-tions, plusieurs pièces de canon et 3 000 prison-niers ont été pris ce matin. L'armée qui a passé était commandé par le général Hiller. Sa force était d'une vingtaine de mille hommes, qui ont passé dans le plus grand désordre...

» Le prince Louis a passé ici. J'attendrai les ordres de Votre Majesté; j'envoie sur Neumarkt une partie de la cavalerie.

» BESSIÈRES. »

Dans une deuxième lettre du 23 au matin le duc d'Istrie informe l'Empereur de la suite des mou-vements exécutés le 22 :

Le duc d'Istrie à l'Empereur.

Neumarkt, 23 avril.

« Sire, je suis arrivé à Neumarkt hier matin à midi; une charge de cavalerie exécutée avec vigueur par une partie du 19ᵉ régiment de chas-seurs et le régiment de Hesse a suffi pour balayer la petite plaine en avant de la ville... J'ai envoyé hier au soir la cavalerie du général Marulaz à

Rohrbach, où se trouve l'embranchement de la route d'Ötting et de Mühldorf. L'ennemi s'est retiré sur Ötting; peu de chose s'est retiré sur Mühldorf. Les deux corps qui étaient à Landshut et dans les affaires précédentes sont le 6ᵉ et le 7ᵉ commandés par le prince Lichtenstein et le prince Louis.

» Hier dans toute la journée on a ramassé beaucoup de prisonniers; j'aurais fait en sorte d'arriver hier au soir sur l'Inn, si je n'avais été instruit qu'à Seilsdorf, village situé à une lieue de Biburg, il y avait un régiment d'infanterie avec un escadron de cavalerie, et que de plus 5 000 ou 6 000 hommes avec des bagages se retiraient sur Braunau par la route directe de Landshut par Eggenfelden. J'ai envoyé le 23ᵉ régiment de chasseurs à leur poursuite avec une partie de l'infanterie du général de Wrède Je n'ai point encore reçu leur rapport. J'ai appris indirectement qu'ils s'étaient portés sur Frontenhausen. Ils ont reçu l'ordre de rentrer de suite qu'ils auront fini leur opération.

» Je vais me mettre en marche pour rejeter définitivement l'ennemi de l'autre côté de l'Inn...

» BESSIÈRES. »

Le 22 au soir, toute l'infanterie du général de Wrède avait rejoint Bessières et campait autour de Neumarkt. La cavalerie bavaroise de la 2ᵉ division (2ᵉ et 3ᵉ régiments de chevau-légers, général Praysing) avait été détachée sur la route de Münich pour reconnaître les mouvements d'un corps autrichien qui occupait cette ville avec Jellachich et s'y maintenait encore [1].

1. Extrait du Journal historique des opérations militaires de la division de cavalerie légère du 4ᵉ corps de l'armée d'Allemagne. Journée du 22 avril :

« La division, formant tête de colonne, se mit en marche d'après le rapport de ses reconnaissances qui annonçaient un mouvement de retraite de la part de l'ennemi; elle entra dans Vilsbiburg, où elle trouva 300 à 400 voitures de bagages et caissons, 2 pièces de canons, un convoi de 40 bœufs avec plusieurs pontons que l'ennemi ne put emmener, vu la célérité que nous mîmes à le poursuivre. La division continuant son mouvement, les chevau-légers hessois formant tête de colonne, fit 3 000 prisonniers et atteignit l'ennemi qui s'était rallié à Feichten, à une demi-lieue en arrière de Neumarkt. Les Hessois et le 1ᵉʳ escadron du 19ᵉ de chasseurs le chargèrent vigoureusement pour le forcer de quitter cette position, mais à la sortie du défilé il présenta plusieurs lignes d'infanterie, qui, croisant leurs feux, forcèrent cette troupe à rétrograder en arrière du défilé.... Le général, n'ayant avec lui que deux régiments de sa division, fut forcé de s'arrêter et de s'établir par échelons depuis Feichten jusqu'à Echelkofen.

» Une reconnaissance de 25 chevaux commandée par un officier fut envoyée sur la route de Dingelfing; arrivé à Masnig, il fit prisonnier un poste de 8 hommes que l'ennemi y avait laissés; l'officier se porta ensuite sur Ganghofen où il prit un officier et 50 hommes; monsieur le Maréchal a témoigné sa satisfaction à cet officier.

» Le 23ᵉ régiment de chasseurs, en suite des ordres de Son Excellence le maréchal duc d'Istrie, marcha sur Sœtzemburg

Le 23 avril, la journée sembla commencer pour
Bessières comme celle de la veille. Le major
général lui avait écrit de la part de l'Empereur :
il devait passer l'Inn et la Salza et se rendre

pour poursuivre trois bataillons autrichiens qui s'étaient jetés
vers la gauche pour tâcher de gagner au travers des bois la
route de Braunau. Arrivé à la hauteur de ce village, le colonel
trouva effectivement leur arrière-garde et il la fit sommer de
se rendre ; sur son refus, il la suivit de près ; le pays étant
extrêmement boisé, l'ennemi prit poste et il fut impossible de
le débusquer. Le colonel envoya alors en donner avis à Monsieur le Maréchal qui donna ordre à une brigade d'infanterie
bavaroise de marcher de son côté, mais le temps qu'elle dut
mettre pour arriver jusqu'au 23ᵉ de chasseurs donna à l'ennemi celui de filer à travers les bois. Cependant l'infanterie
bavaroise n'eut pas plus tôt attaqué son arrière-garde qu'elle
se retira ; le 23ᵉ suivit son mouvement de près et profitant des
premiers débouchés chargea vigoureusement. Elle ne fit plus
de résistance et pendant près de cinq lieues fut poursuivie
l'épée dans les reins.

» Le résultat du mouvement du 23ᵉ a été de faire à l'ennemi
plus de 500 prisonniers, de s'emparer d'une ambulance de
60 malades parmi lesquels se trouvaient quelques prisonniers
français qu'il a délivrés, de 40 voitures de provisions et 80 chevaux de trait avec leurs harnais. Cette course conduisit le 23ᵉ
jusqu'à la porte de Simbach ; il était nuit, le régiment prit
poste et, à la pointe du jour, il se trouvait au delà de la route
de Landau à Braunau.

» Vers la fin de la journée, la division se mit de nouveau en
marche sur l'avis que l'ennemi se retirait de Neumarkt ; elle
traversa cette ville et se dirigea sur Otting et Mühldorf. Dans
la nuit du 22 au 23, elle prit poste à Unter-Rohrbach, où se
trouve l'embranchement des routes qui conduisent à Otting et
à Mühldorf. Le 3ᵉ régiment de chasseurs fut chargé de garder
et d'éclairer celle d'Otting, les chevau-légers hessois celle de
Mühldorf, et le 19ᵉ de chasseurs se plaça en arrière du défilé
pour en garder les différents débouchés. Dans cette position
critique, la division passa toute la nuit à cheval et eut plusieurs alertes produites par quelques coups de fusil tirés sur
nos postes avancés. »

maître de Braunau [1]. Les Autrichiens semblaient toujours en pleine retraite et Bessières avait si peu d'inquiétudes qu'il prévenait le général Molitor de ne point quitter Landshut pour le moment [2].

1. *Le major général au duc d'Istrie.*

Du château d'Egglofsheim.

« L'intention de l'Empereur, monsieur le Maréchal, est que vous passiez demain l'Inn, la Salza et que vous vous rendiez maître de Braunau.

» Indépendamment de la division bavaroise de Wrède, vous appellerez à vous la division française du général Molitor qui a dû partir hier de Landshut pour vous rejoindre.

» Le général de Wrède pourra rappeler ses escadrons envoyés sur Munich du moment qu'ils n'y seront plus utiles.

» ALEXANDRE. »

2. *Le duc d'Istrie au général Molitor.*

Neumarkt, 22 avril 1809.

« Monsieur le Général, je reçois votre lettre. Je crains que ce ne soit par un malentendu que vous ayez quitté Landshut. L'ennemi a repassé l'Inn : je ne devais vous appeler que dans le cas où cela eût été nécessaire et je vous ai toujours considéré à Landshut soit pour me servir de réserve au besoin, soit pour être là plus à portée de joindre l'Empereur dans le cas où il l'eût jugé nécessaire. Il vous faut rester à Biburg reposer votre division. Je vais me porter sur l'Inn avec quelques bataillons et ma cavalerie pour rejeter de l'autre côté de cette rivière tout ce qu'il peut y avoir encore d'ennemis sur les routes de Mühldorf et d'Otting. L'ennemi se retire sur Braunau.

» Je vous serai obligé, monsieur le Général, de me donner des nouvelles, si vous en apprenez de ce qui se sera passé à ma gauche. Il est bon que vous sachiez que 6 escadrons de cavalerie bavaroise qui avaient ordre d'aller jusqu'à Münich ont appris à Freising que l'ennemi occupait encore Münich avec 3 régiments d'infanterie et 1 500 chevaux. Tout cela se retirera probablement sur Salzbourg pour rejoindre le corps du Tyrol dont ils font partie.

» Je me félicite, monsieur le Général, de ce que les dispositions de l'Empereur me mettent à même d'être en rapport avec vous. » BESSIÈRES. »

Il avait porté en avant la division Marulaz
pour appuyer les reconnaissances vers Mühldorf
et Ötting. Les chevau-légers hessois envoyés à
Mühldorf trouvèrent la ville vide depuis la veille
au soir et le pont sur l'Inn brûlé : la reconnaissance fut poussée sur la route de Wasserburg et
de Münich, où le pont de Craiburg était également détruit. Du côté d'Ötting les premiers incidents se produisirent : le 3ᵉ régiment de chasseurs, qui avait été envoyé de ce côté, trouva la
tête de pont de cette ville encore très fortement
occupée. Il dut rétrograder : vers sept heures du
soir deux régiments de hussards ennemis soutenus
par quatre bataillons sortirent de la ville et attaquèrent vivement la cavalerie française. Celle-ci
dut battre en retraite en toute hâte, en arrière du
défilé d'Erharting, le 3ᵉ soutenu par le 19ᵉ de
chasseurs que Bessières avait envoyé là en cas
de besoin. Un bataillon d'infanterie bavaroise se
joignit aux chasseurs pour tenir tête à l'ennemi :
le mouvement rétrograde se fit dans une belle contenance mais dut se prolonger jusqu'à Neumarkt,
devant les forces très supérieures des Autrichiens.
Ceux-ci, ne pouvant entamer leurs adversaires,
s'arrêtèrent le 23 au soir à Rohrbach.

C'était le début du retour offensif de l'archiduc

Louis et du général Hiller. Ceux-ci ignoraient encore la défaite de l'archiduc Charles par l'Empereur : ils avaient rallié quelques réserves et porté leurs forces à 40 000 hommes environ. Ils pensaient dès lors avoir facilement raison des faibles forces qui semblaient leur être opposées et, reprenant une offensive hardie en Bavière, attirer à nouveau sur eux le gros de l'armée française et dégager l'archiduc Charles. Le succès de l'opiniâtre résistance que fit le duc d'Istrie sur la Rott, amena le renversement de tous ces plans.

Le 23 au soir, devant l'ordre de l'Empereur de marcher sur Braunau et la retraite de son avant-garde, Bessières s'était aussitôt décidé à appeler à lui la division Molitor.

Le duc d'Istrie au général Molitor.

Neumarkt 24 avril, une heure et demie du matin.

« Monsieur le Général, vous partirez aujour-d'hui à la pointe du jour pour vous rendre avec toute votre division à Neumarkt. L'intention de l'Empereur est que nous passions l'Inn le plus tôt possible ; il faut se mettre à même de le satis-faire.

» BESSIÈRES. »

Le 24 avril, de très bonne heure, le général
Molitor s'étant porté lui-même en avant de Biburg,
rencontra l'envoyé du maréchal et put appeler
aussitôt à lui sa division. Cette promptitude d'exécution allait avoir de précieux résultats.

Le 24 au matin le général de Wrède occupait
Neumarkt avec sa division : sur la rive droite de
la Rott il avait en avant-garde le 13e de ligne
bavarois, aux villages de Strass et de Scherm. —
Les Autrichiens avaient franchi l'Inn à trois heures
du matin, se portant sur Neumarkt : ils arrivaient
sur ce point en trois colonnes. La colonne de
droite, commandée par le prince de Reuss, comprenait 10 bataillons, 1 escadron et 2 batteries :
elle suivait la droite de la route de Neumarkt, et
par Klebing et Leonberg se dirigeait vers la gauche
des positions françaises à Ganghofen. La deuxième
colonne, commandée par le général de Kottu-
linsky, était forte de 12 bataillons, 1 escadron et
4 batteries : elle se portait directement sur Neumarkt en suivant la chaussée. La troisième
colonne, sous les ordres du général Hofmeister,
comprenant 6 bataillons, 1 escadron et une batterie, s'avançait à gauche de la route sur la Rott
par Friexing, Mössling et Nieder-Berg-Kirchen.
Le 2e corps de réserve (5 bataillons de grenadiers

et 4 escadrons), commandé par le général Kienmayer, suivait les colonnes par Stätten et formait la réserve. Enfin une dernière colonne, dirigée par le général Radetzky, appuyait le mouvement vers Eggenfelden.

A sept heures du matin, les avant-postes autrichiens attaquèrent le 13ᵉ régiment bavarois et la fusillade devint très vive. Le duc d'Istrie monta à cheval avec de Wrède : il fit placer le 6ᵉ bataillon léger à gauche du 13ᵉ de ligne, envoyant une demi-batterie légère sur la grande route au général Minucci et l'autre demi-batterie à la droite du 6ᵉ bataillon [1].

Le général de Praysing avec la cavalerie bavaroise était revenu dans la nuit de sa reconnaissance sur Münich et était en observation sur la route d'Eggenfelden. La division Marulaz se trouvait en arrière, autour de Neumarkt.

Vers huit heures du matin les trois colonnes ennemies débouchèrent : une violente canonnade

1. Composition de la 2ᵉ division bavaroise. Général de Wrède.

1ʳᵉ brigade. Général Minucci	3ᵉ de ligne. 13ᵉ de ligne. 6ᵉ bataillon d'infanterie légère.
2ᵉ brigade. Général de Beckers	6ᵉ de ligne. 7ᵉ de ligne. 4ᵉ bataillon d'infanterie légère.
Cavalerie. Général de Praysing	2ᵉ 3ᵉ régiments de chevau-légers.

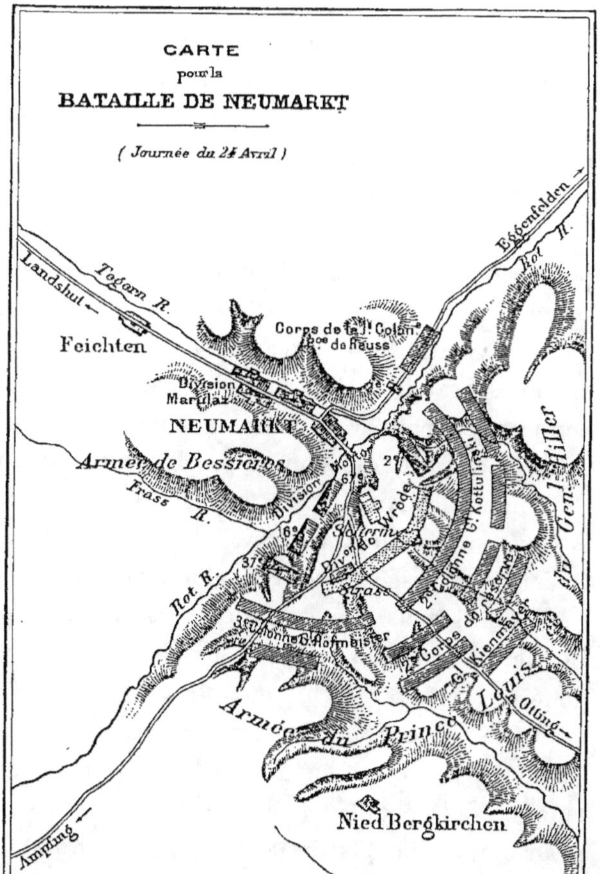
Landshut
Togorn R.
Feichten
Corps de la 1re Colonne
Pce de Reuss
Division
Marulaz
NEUMARKT
Armée de Bessières
Frass R.
Eggenfelden
Rot R.
Division
Div.on de Wrède
Frass
3e Colonne G. Hoffmeister
2e Colonne G. Kottulinski
Corps de Réserve
2e Corps
G. Kienmayer
Gen. Hiller
Armée du Prince Louis
Otting
Rot R.
Ampfing
Nied Bergkirchen

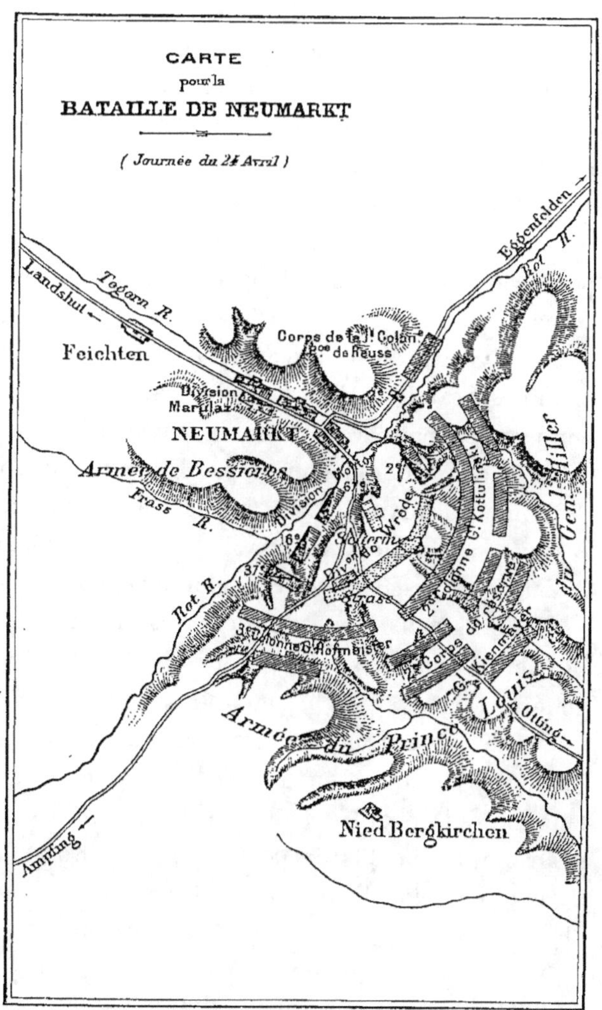

CARTE
pour la
BATAILLE DE NEUMARKT

(Journée du 24 Avril)

s'ouvrit sur les hauteurs. 3 000 cavaliers autrichiens soutenaient leur infanterie. Bessières
appela aussitôt à lui sur les hauteurs le 3e de
ligne, puis toute la brigade du comte Beckers,
enfin la cavalerie bavaroise. L'attaque était
devenue générale, mais les efforts de l'ennemi
pour repousser la division de Wrède étaient
vains.

La division Molitor venait d'arriver sur le
champ de bataille. Elle avait déjà envoyé quatre
compagnies pour remplacer la cavalerie bavaroise et couvrir le débouché sur Eggenfelden. A
ce moment les Autrichiens faisaient donner leurs
réserves : le général de Wrède, acculé au défilé
et écrasé sous des forces considérables, commençait à être dans une situation très menaçante.
Bessières appela à lui le général Molitor : le
général Leguay franchit la Roll avec le 2e régiment de ligne français, escalada vivement les
hauteurs et rejeta en arrière la droite autrichienne qui débordait l'aile gauche bavaroise. A
sa droite, le duc d'Istrie jetait de même le 37e de
ligne qui arrêtait l'ennemi : les 16e et 67e de ligne
étaient encore en réserve, prêts à marcher.

Vers midi cependant, le Maréchal jugea qu'à
Neumarkt, dans un fond entouré de bois, sa

situation était désavantageuse et décida de faire
retirer ses troupes sur la ligne de la Vils. Le
2ᵉ régiment fut chargé de couvrir la retraite : la
division de Wrède, la plus éprouvée, commença
le mouvement rétrograde, qui se fit avec beaucoup d'ordre et traversa le pont de Neumarkt.
Puis le 16ᵉ et le 37ᵉ de ligne suivirent les Bavarois
sous la protection des feux du 2ᵉ. Celui-ci resta
seul dans le défilé en présence de toute l'armée
autrichienne, dont plus de 30 000 combattants
descendaient sur Neumarkt. Il fit admirable contenance, quitta lentement ses positions et se dirigea
vers le pont. L'archiduc Louis, furieux de son
échec, voulut essayer de le détruire : il lança sur
lui toute sa cavalerie, mais le 2ᵉ en carré arrêta
les hussards ennemis. De tous côtés l'infanterie
descendait sur le vaillant régiment sans pouvoir
l'entamer : celui-ci était arrivé à la tête du pont.
Avant de repasser, il jeta un dernier défi à ses
adversaires : se formant en colonne, il fit une
charge à la baïonnette, enfonça la ligne autrichienne en face de lui puis revint au pont qu'il
traversa à son tour.

Sur la rive gauche de la Rotl, les quatre compagnies du 2ᵉ détachées sur la route d'Eggenfelden
n'avaient pas démérité de leur régiment. Atta-

quées et cernées dans leur position, elles firent une superbe défense, enlevèrent 150 prisonniers à l'ennemi et vinrent rejoindre leur division.

Cependant tout le corps de Bessières opérait tranquillement sa retraite derrière la Vils, couvert par la division Molitor. Le 24 au soir le Maréchal avait son quartier général à Vilsbiburg, entouré de toutes ses troupes.

La journée lui avait coûté un millier d'hommes dont 800 Bavarois. Les pertes de l'ennemi étaient bien plus considérables, au moins 3 000 hommes tués, blessés ou prisonniers. Le général Hiller et l'archiduc Louis avaient complètement échoué : le duc d'Istrie avait arrêté leurs forces si supérieures et paralysé leur retour offensif en Bavière [1].

1. Ce récit du combat de Neumarkt est tiré des divers documents qui suivent :

1° Extrait du rapport du général de Wrède sur les différentes affaires qu'a eues la 2ᵉ division bavaroise;

2° Rapport adressé le 27 avril à Altötting par le général Molitor au duc d'Istrie sur la part prise par sa division au combat de Neumarkt;

3° Récit autrichien dans l'*Archiduc Charles...* par le colonel van Angeli;

4° Lettre du maréchal Bessières au major général :

Biburg, 24 avril 1809.

« Monseigneur, je partis hier de Neumarkt dans l'intention de m'emparer de Mühldorf et d'Otting. Le régiment de Hesse fit 200 prisonniers en entrant à Mühldorf, l'ennemi brûla le pont. Je me portai de ma personne sur la route d'Otting.

Cette offensive allait d'ailleurs brusquement cesser : le 24 au soir, le général Hiller reçut le courrier de l'empereur d'Autriche lui annonçant la défaite du prince Charles à Eckmühl : une nouvelle retraite fut aussitôt décidée.

J'aperçus beaucoup de mouvements de l'autre côté de la rivière et je trouvai le bois, qui est à la gauche de la route, occupé par de l'infanterie. Je rentrai à Neumarkt et laissai les postes tels que je les avais établis. Je ne crus rien devoir tenter : tout m'annonçait que l'ennemi était en mouvement pour se retirer. Je n'avais pas avec moi d'infanterie : un seul bataillon bavarois avait été envoyé pour protéger le défilé à Rohrbach. A sept heures du soir, l'ennemi déboucha en face du bois : il fit une charge de 1 200 chevaux sur le 3ᵉ régiment de chasseurs; ce régiment la soutint vigoureusement, mais il fut obligé de se replier. Le colonel Charpentier a été blessé d'un coup de sabre et 50 hommes ont été blessés. L'ennemi continua son mouvement offensif et dirigea plusieurs colonnes d'infanterie sur Rohrbach. La cavalerie du général Marulaz et le bataillon bavarois se replièrent dans le plus grand ordre jusque sur la hauteur en avant de Neumarkt.

» Il était minuit, lorsque je reçus la nouvelle de la victoire remportée par l'Empereur sur le prince Charles, et l'ordre de passer l'Inn et la Salza et de me porter sur Braunau. Aujourd'hui je fis toutes mes dispositions pour exécuter ce mouvement. Je donnai l'ordre à la division Molitor de partir à la pointe du jour pour venir me joindre. J'allais me mettre en marche lorsque l'ennemi a attaqué mes avant-postes. La division bavaroise, dont une partie avait déjà débouché, s'est mise en position et bientôt elle a été engagée. Elle a d'abord culbuté les premières colonnes et repoussé l'ennemi, mais plusieurs mouvements que j'aperçus sur la droite et sur la gauche m'ont fait présumer la présence de forces supérieures... Le général Molitor a été mis en réserve derrière la ville et la division de Wrède a commencé sa retraite : elle l'a faite dans le plus grand ordre. L'affaire a été chaude, rien n'a été entamé, mais j'ai cru devoir me replier sur Biburg, l'ennemi a toujours continué son mouvement de flanc.

» La division bavaroise s'est battue avec le plus grand acharnement, elle a été obligée de céder au nombre; cette division

Pendant toute la journée du 25, Bessières était resté en position, les divisions de Wrède et Molitor à Vilsbiburg, couvertes à gauche par la cavalerie bavaroise, à droite vers Gaindorf par la division Marulaz. Il envoyait de forts partis de cavalerie l'après-midi sur la rive droite de la Vils pour être renseigné sur les mouvements de l'ennemi. A minuit il écrivait à Berthier : « ... L'ennemi a évacué Neumarkt à trois heures du matin; une grande partie de ses forces a filé sur Ampfing et l'autre sur Otting. Il occupe toujours Velden avec de l'infanterie et de la cavalerie. Demain, j'enverrai un fort parti de cavalerie sur

a plus de 500 officiers tués ou blessés, elle a fait 400 prisonniers. J'ai eu 200 hommes de cavalerie hors combat et quelques hommes de la division Molitor. Le corps que j'ai devant moi est celui du prince Louis : il se compose de 20 000 hommes des 6° et 7° corps, d'un corps de 14 000 hommes arrivés hier à Otting venant d'Autriche et de cinq régiments de cavalerie. Ce qui m'a décidé à me replier, indépendamment de ces forces, c'est l'apparition de l'ennemi à Ganghofen; il a été reconnu ce matin par la cavalerie bavaroise. Les partis que j'ai envoyés hier à Ampfing et sur la route de Salzbourg ont également trouvé de forts détachements.

» J'ai cru devoir donner à Votre Altesse tous ces détails; il est extrêmement heureux que je n'aie pas marché hier avec toutes mes forces sur Otting : je me fusse trouvé dans une position difficile. Je pense que, si l'ennemi eût été instruit de la défaite du prince Charles, il serait resté sur l'Inn. Dans ce moment, il ne montre que très peu de monde sur mon front, mais il paraît qu'il a continué son mouvement sur ma droite. Vous pouvez être tranquille; j'agirai de manière à le dérouter et à reprendre l'offensive quand je le pourrai...

» BESSIÈRES. »

la route d'Ampfing et de Mühldorf, pour savoir si l'ennemi se retire sur Salzbourg ou s'il suit la grande route de Münich. »

De son côté l'Empereur, laissant Davout surveiller l'archiduc Charles, Masséna suivre le Danube, se rabattait au sud et marchait vers Landshut avec tout le reste de ses forces. Il envoyait en avant vers Vilsbiburg le maréchal Lannes avec tout son 2e corps pour appuyer les mouvements de Bessières.

Celui-ci, devant la nouvelle retraite des Autrichiens, reprenait sa marche en avant. Désormais il ne devait plus s'arrêter qu'à Vienne. Il va précéder jusqu'au bout l'armée impériale dans sa marche rapide sur la capitale ennemie et conduire admirablement sa cavalerie dans cette campagne d'avant-garde.

Le 26 avril tout le corps du maréchal Bessières passe la Vils ; le pont de Neumarkt détruit est rétabli. Il pousse la division de Wrède à Mühldorf, la division Molitor à la tête du défilé, à Rohrbach. Ses partis de cavalerie sont sur les trois routes de Haag, d'Ampfing et d'Ötting, mais la retraite de l'ennemi se dessine nettement comme la première fois vers Ötting. Il ne laisse rien en arrière, comptant sur l'arrivée à Neumarkt des divisions Oudinot, du maréchal Lannes pour lui servir de réserve en cas de besoin [1].

Le 27 avril, la poursuite continue. L'ennemi a quitté l'Inn : il s'est dirigé sur Marktl d'abord, puis sur Burghausen. Le duc d'Istrie a porté à Mühldorf la division Molitor, fait réparer le pont de cette ville. Il a ses avant-postes sur l'Alza, et de Wrède avec sa division suit la cavalerie dans cette direction : un fort parti dirigé le long de l'Inn vers Wasserburg n'y rencontre pas d'ennemis.

Bessières commence à recevoir de nouveaux corps de cavalerie : les brigades de cavalerie légère Jacquinot et de Piré le rejoignent pour se mettre à sa disposition. Il va pouvoir activer ses mouvements.

1.	*Le duc d'Istrie au major général.*

26 avril, Vilsbiburg, neuf heures du matin.

« Monseigneur, la plus grande partie des forces de l'ennemi s'est retirée sur Ampfing. Le corps qui était à Velden a évacué hier au soir à onze heures et a pris la route de Haag. J'ai des partis sur les trois routes d'Otting, d'Ampfing et de Haag. Je fais rétablir en ce moment le pont de Neumarkt qui a été fortement endommagé... Je vais réunir ma cavalerie en avant de Biburg. »

2.	*Le duc d'Istrie au major général.*

26 avril, neuf heures du soir.

« La division de Wrède est à Mühldorf. La division Molitor occupe la tête du défilé de Rohrbach. J'ai envoyé sur Otting, pour savoir s'il n'y a rien de ce côté-ci de l'Inn et si le pont est rompu. Je n'ai laissé personne à Neumarkt parce que j'ai compté que la division Oudinot l'occuperait. »

Le 28, le général de Wrède rejoint l'arrière-
garde autrichienne vers Trotsberg; l'ennemi n'a
pas le temps d'achever la destruction du pont.
Aussitôt Wrède prévient le major général qui
informe lui-même Bessières. Celui-ci envoie la
brigade Margueron de la division Jacquinot : elle
passe l'Alza et rejoint à Tittmoning les Autrichiens auxquels elle fait 500 prisonniers. Le soir,
la division Molitor est à Burghausen, où l'Empereur est venu dans la journée, la division de
Wrède est à Tittmoning, poussant de fortes
reconnaissances sur la route de Salzbourg vers
Laufen, la cavalerie légère est échelonnée entre
les deux bourgs. Le passage de la Salza, où tous
les ponts sont détruits, arrête l'armée.

Ce n'est que le 30 avril dans l'après-midi que
Bessières peut faire passer la Salza à la division
Marulaz qu'il dirige sur Braunau : la cavalerie ne
s'y arrête pas et vient prendre poste le soir à
Altheim. Le duc d'Istrie couche à Braunau où il a
appelé à lui la division Molitor. Le prince Louis
et le général Hiller continuent vivement leur
retraite vers Linz, couverts sur les routes d'Obern-
berg et de Ried par le feld-maréchal Schustekh.

Le 1er mai, Bessières poursuit sa marche vers la

Traun par Ried, parallèlement à Masséna, qui s'avance vers Linz le long du Danube. A Ried, d'après les ordres qu'il reçoit, il renvoie au 4ᵉ corps, dont elle avait été détachée, la division Marulaz, qui va rejoindre à Riedau la route de Schärding à Linz. Lui-même avec les brigades Colbert, Piré, Jacquinot se dirige sur Wels, s'arrêtant vers Gaspoltshofen.

Le 2 mai, Bessières attaque à Gaspoltshofen l'arrière-garde du général Radetsky et la rejette sur Lambach, qu'il occupe peu après-midi. Radetsky se retire sur Wels par la rive gauche de la Traun et cherche le plus possible à ralentir la marche de la cavalerie française pour donner le temps au général Schustekh qui vient par la route de Schärding et Riedau, de le rejoindre à Wels. Le général Radetsky atteint Klein-München dans la nuit. Le maréchal Bessières est à Wels, l'avant-garde de Masséna à Efferding. Le duc d'Istrie informe l'Empereur de la retraite de l'ennemi vers Linz.

Le 3 mai, Napoléon lui ordonne de reprendre la poursuite :

Le major général au duc d'Istrie.

« L'intention de l'Empereur, monsieur le Duc, est qu'avec votre cavalerie vous poursuiviez l'ennemi sur Linz. J'ordonne au duc de Montebello dans le cas où il entendrait votre canon de marcher et de vous appuyer avec son infanterie... »

Bessières était déjà parti avec la brigade Piré pour opérer sa jonction avec Masséna. Marulaz, qui marchait à l'avant-garde de ce dernier, avait rencontré l'avant-garde ennemie sur la Traun, en face d'Ebersberg, où toute l'armée autrichienne du général Hiller était établie dans une position formidable. Marulaz venait de balayer l'ennemi dans la petite plaine qui précédait Klein-München quand il rencontra le duc d'Istrie arrivant avec la cavalerie légère de Piré sur la route de Wels. Mais le maréchal ne put rien faire de sa cavalerie : il ne fit qu'assister au terrible et sanglant combat d'infanterie qui livra Ebersberg à Masséna; l'extraordinaire valeur des Français eut raison de l'armée autrichienne malgré le nombre et la position supérieure de celle-ci et lui causa des pertes cruelles.

L'ennemi était en pleine déroute vers l'Enns : le prince Louis et Hiller allaient continuer cette retraite précipitée jusqu'à Krems pour rejoindre enfin l'archiduc Charles. L'Empereur cherchait toujours à les pousser l'épée dans les reins : après Ebersberg, le duc d'Istrie poursuivait vivement l'ennemi vers Enns, Napoléon le faisant appuyer par la division Oudinot; plus au sud, Lannes marchait sur Steyer. Le 4 mai ils étaient sur l'Enns, mais arrêtés par la construction des ponts.

Bessières reçut les ordres du Major général.

Enns, 4 mai, neuf heures du soir.

« L'Empereur, monsieur le Duc, ordonne qu'aussitôt que le pont aura été jeté demain sur l'Enns, vous fassiez passer les brigades Jacquinot et Bruyère; vous donnerez également l'ordre à la division Espagne de passer. Il donne l'ordre également au général Oudinot de passer aussi le pont et de s'entendre avec vous. L'infanterie ne dépassera pas Strengberg dans le cas où l'on ne trouverait pas l'ennemi. Mais si l'on s'aperçoit que l'armée ennemie soit en position, on se bornera à la reconnaître sans aller plus loin.

» ALEXANDRE. »

L'Empereur n'avait pas goûté l' « échauffourée » d'Ebersberg et n'en voulait plus d'autre.

Ce n'est que le 6 mai, à quatre heures du matin, que le duc d'Istrie put passer l'Enns, suivi d'Oudinot et du corps de Masséna. Mais il n'eut pas besoin d'appeler à lui l'infanterie, n'ayant pas rencontré l'ennemi. Le 6 au soir il avait son quartier général à Amstetten. Le 7, il continuait sa marche sur Vienne, le long du Danube, en avant-garde de toute l'armée impériale. Il passa l'Ips et l'Erlaf dans la matinée : l'ennemi se sauvait en désordre devant lui vers Saint-Pölten. A midi il écrivit de Mölk à l'Empereur.

Le duc d'Istrie à l'Empereur.

Mölk, 7 mai midi.

« Sire, je suis arrivé à Mölk avec la cavalerie légère du général Colbert. L'ennemi a commencé son mouvement rétrograde hier au soir et l'a fini ce matin ; il s'est retiré sur Saint-Pölten, où le quartier général doit être aujourd'hui. Tous les rapports annoncent que l'ennemi se prépare à recevoir la bataille à Saint-Pölten... »

Le 7 au soir, Bessières a toutes ses troupes autour de Mölk ; Colbert en reconnaissance

avancée vers Saint-Pölten; Piré le long du
Danube au nord de Mölk; les cuirassiers d'Espagne au sud, à Schalaburg, Rosenfeld, Matz-
leinsdorf; Jacquinot en avant de Mölk, commu-
niquant avec Colbert; enfin la division Oudinot
échelonnée d'Amstetten à Mölk.

La bataille de Saint-Pölten ne devait pas avoir
lieu : l'ennemi changeait de direction et battait
rapidement en retraite vers le nord, pour aller
enfin passer le Danube à Mautern et Krems et
retrouver le prince Charles. Le 8 mai, Bessières
laissa Colbert suivre la route de Saint-Pölten à
Vienne vers Siegardskirchen. Lui-même suivit
l'ennemi et marcha sur Mautern. Le soir, Savary,
que l'Empereur envoie aux renseignements, le
trouve en face de Krems.

Le duc de Rovigo à l'Empereur.

Abbaye de Göttweig, sept heures et demie du soir.

« Sire, le maréchal Bessières vient de mettre
son quartier général ici, après avoir passé l'après-
midi devant Mautern. J'ai vu des postes de cavalerie en avant de la ville : on les a poussés jusqu'à la porte mais on n'a pu aller plus loin....
L'infanterie, que le maréchal Bessières attend,

est encore à deux lieues d'ici et ne pourra être à la
porte de Mautern qu'à neuf heures et demie, même
dix heures du soir, encore ne sera-ce que le
bataillon de voltigeurs d'avant-garde...

» SAVARY. »

Napoléon voulait qu'on forçât Mautern, pour
obliger l'ennemi à se retirer définitivement sur
la rive gauche du Danube en faisant sauter le
pont de Krems. On n'en eut pas besoin : le
général Hiller fit évacuer Mautern le 8 mai à
minuit : le duc d'Istrie laissa quelques troupes
en face du pont du Danube rompu, puis, emmenant la brigade Jacquinot et suivi de la division
Espagne, il se dirigea par Traismauer vers Siegardskirchen pour rejoindre la brigade Colbert
sur la route de Vienne. Le soir, Piré le long du
Danube est arrivé à Traismauer : le duc d'Istrie
a Colbert à Siegardskirchen, Jacquinot à Dien-
dorf, Espagne à Perschling ; au sud la brigade
Bruyère, d'après les ordres directs de l'Empereur,
a suivi la route de Vienne par Saint-Veit et Altenmarkt. La division Oudinot est toujours en tête
de l'infanterie.

Le 10 au matin, l'Empereur ordonna de marcher sur Vienne. Bessières y arriva de bonne

15

heure avec Colbert, précédant la division Oudinot
et le reste de l'armée. Le 13 au matin, la ville
capitulait. Cette première partie de la campagne
était terminée. Napoléon, par un de ces admirables mouvements que son seul génie était
capable de réaliser, avait, en un mois, rejetant
devant lui 200 000 Autrichiens vaincus, porté
son armée du Würtemberg dans la capitale de
l'Autriche.

Bessières l'avait très utilement servi : chargé
de poursuivre et de retenir l'aile gauche autrichienne, coupée du reste de l'armée ennemie, il
avait heureusement rempli sa tâche, la ramenant
d'abord sur l'Inn puis l'arrêtant avec une poignée
d'hommes dans un retour offensif et permettant
ainsi à l'armée impériale, assurée sur ses derrières, de rejeter victorieusement l'archiduc
Charles en Bohême. Napoléon l'avait ensuite
porté en avant; comme Murat en 1805, il avait
descendu en éclair la vallée du Danube, enlevant
les lignes successives de l'Inn, de la Traun, de
l'Enns et amenant en quinze jours sa cavalerie
de Neumarkt aux portes de Vienne.

CHAPITRE X

ESSLING, 21-22 mai.

Napoléon était à Vienne. Il lui fallait désormais préparer une action décisive contre l'ar-

chiduc Charles, une grande victoire pouvant seule terminer cette campagne. L'Empereur résolut donc de passer le Danube pour aller chercher l'ennemi et de le franchir à Vienne même, pour conserver la capitale et garder une communication possible avec son armée d'Italie. De ce côté, l'archiduc Jean battait en retraite devant le prince Eugène à la nouvelle des défaites autrichiennes en Bavière. L'Empereur devait l'empêcher d'arriver à Vienne sur ses derrières et le rejeter le plus loin possible au sud, afin d'éviter une jonction rapide de ses troupes avec celles de l'archiduc Charles.

Il résolut à cet effet de distribuer sa cavalerie au sud de Vienne en un vaste réseau qui envelopperait la capitale du côté de la Hongrie. Dès le 13 mai, le duc d'Istrie envoyait un rapport à l'Empereur sur les cantonnements projetés pour la cavalerie de l'armée[1]; celui-ci élargissait encore les vues de Bessières et lui communiquait ses intentions le 14 mai par Berthier. Il mettait à sa

---

1.   *Rapport du maréchal Bessières à l'Empereur.*

13 mai.

« Sire, j'ai l'honneur de proposer à Votre Majesté d'établir la cavalerie dans des cantonnements un peu éloignés de Vienne, pour lui faciliter les moyens de subsister, savoir :

» 1° La division Nansouty occuperait Saxenburg, Guntrams-

disposition, pour assurer un vaste système de
reconnaissances au sud, le meilleur de ses divi-
sionnaires de cavalerie légère, Montbrun, jusque-
là détaché avec Davout et qu'il rappelait à
Vienne.

Montbrun allait établir son quartier général à
Brück, à neuf lieues de Vienne, avec les brigades
Jacquinot et de Piré, chargées de battre de ce
point tout le pays entre le lac de Neusiedl et le
Danube et de garder la route de Presbourg en
Italie. Ces brigades étaient appuyées en seconde
ligne, sur leur gauche, par la brigade Marulaz,
qui cantonnait le long du Danube, de Fischament
à Rägelsbrun, poussant ses reconnaissances vers
Presbourg. La brigade Colbert était déjà des-

dorf, Gumpoldskirchen jusqu'à Traiskirchen et Baden, avec
ordre de ne pas dépasser la Triesting ni d'occuper les villages
qui sont sur la rive droite de cette petite rivière;

» 2° La brigade du général Piré et celle du général Jacquinot
occuperaient le pays situé entre Laxenburg et Brück;

» 3° La brigade du général Marulaz irait occuper Fischament jusqu'à Rägelsbrunn; elle occuperait également les villages situés entre la route de Presbourg et celle de Brück, se
liant de postes avec les brigades Jacquinot et Piré;

» 4° La division du général Espagne irait occuper Schwechat et les villages jusqu'à Himberg;

» 5° La division Saint-Sulpice pourrait rester encore à Heili-
genstadt, sur les bords du Danube, où elle trouve de quoi
vivre; à moins que Votre Majesté ne voulût conserver ce pays-
là pour sa garde; alors on pourrait l'envoyer à Schwechat,
qu'elle a déjà occupé dans la dernière guerre, et on enverrait
la division Espagne à Altenmarkt, sur la gauche de Baden.

» LE MARÉCHAL BESSIÈRES. »

cendue jusqu'à Neustadt : elle devait occuper le
pays entre cette ville et le lac de Neusiedl, se liant
sur sa gauche avec les brigades directement
placées sous les ordres de Montbrun et mise également en cas de besoin à la disposition de ce
général. Les cuirassiers étaient placés en arrière,
la division Nansouty à Laxenbourg, la division
Espagne à Himberg; ils devaient correspondre
avec Montbrun et le soutenir au premier appel.
Enfin la brigade de cavalerie légère Bruyère arrivait vers Vienne par la route d'Altenmarkt à
Baaden, poussant quelques troupes devant elle :
le général Lauriston était envoyé à sa rencontre
avec la brigade badoise par la route de Mödling,
pour la soutenir si cela était nécessaire.

Aussitôt arrivé à Brück, Montbrun poussa très
activement ses reconnaissances. Dans son rapport
du 16 mai, il annonce au duc d'Istrie qu'il a déjà
placé ses postes depuis le lac de Neusiedl jusqu'au
Danube à la hauteur de Ragendorf, mais il n'y a
trouvé aucun ennemi; le général Marulaz est
arrivé à Haimburg. Nansouty, dont la division
s'étend de Saxenburg à Loibersdorf, rend compte
au Maréchal qu'il a quelques partisans autrichiens
en face de lui : il communique vers Neustadt avec
la brigade Colbert. Lauriston a poussé jusqu'à

Altenmarkt et donné la main au général Bruyère,
rejetant en Styrie les partis ennemis qui se trouvaient encore sur la route d'Altenmarkt et de
Lilienfeld : puis il a dirigé ses Badois sur Neustadt. Le 18 mai, les rapports adressés à Bessières
n'indiquent rien de nouveau : Lauriston a poussé
une forte reconnaissance au sud de Neustadt vers
la Styrie et établi ses troupes jusqu'à Schottwien.
Marulaz et Montbrun continuent à garder les rives
du Danube autour de Presbourg et à surveiller la
Hongrie.

Cependant l'Empereur opérait rapidement à
Vienne la concentration d'une partie de son armée
et préparait le passage du Danube. Il avait fait
choix pour réaliser cette manœuvre de la grande
île Lobau, où le fleuve plus large mais moins
rapide offrait peu de difficultés à surmonter
pour la construction des ponts. Le 18 mai, le grand
pont était achevé par le génie, et l'avant-garde
française occupait Lobau. Le 19 mai, le petit pont
était commencé, sans difficultés sérieuses de la
part de l'ennemi, qui ne croyait pas au passage du
Danube et gardait à peine ses bords. Le duc
d'Istrie recevait des ordres pour la concentration
rapide de sa cavalerie à Ebersdorf, en face de l'île,
et le 20 au matin le mouvement était terminé.

Les trois divisions de cuirassiers Nansouty, Espagne et Saint-Sulpice, une division de cavalerie légère formée des brigades Piré et Bruyère et dont le commandement venait d'être donné au général Lasalle récemment arrivé à Vienne, enfin les brigades Marulaz et Colbert étaient à Ebersdorf.

Le 20, vers six heures du soir, Baudus, aide de camp de Bessières, et Sainte-Croix, aide de camp de Masséna, prenant 200 voltigeurs avec eux, traversèrent le fleuve sur des canots et allèrent attacher sur la rive opposée à Lobau le câble d'appui du petit pont, que le génie avait amarré le long de l'île. Ils débarquèrent et chassèrent les tirailleurs autrichiens devant eux. Le passage commença bientôt. Le 20 au soir, le duc d'Istrie avec la division Lasalle, Masséna avec les divisions Molitor et Boudet étaient sur la rive gauche.

Devant eux se trouvaient deux petits villages, à gauche Aspern, à droite Essling légèrement séparé du Danube par une trouée en face d'Enzensdorf — entre les deux s'étendait un fossé peu profond — en face la vaste plaine de la Marchfeld qui s'élevait peu à peu jusqu'aux hauteurs de Wagram, où campait l'armée de l'archiduc Charles. Molitor s'établit à Aspern, Boudet à

Essling, Lasalle entre les deux. Dans la nuit le passage continua : la cavalerie légère de Marulaz, les cuirassiers Espagne, la division Legrand arrivèrent. Puis un accident survenu au grand pont arrêta la manœuvre : les cuirassiers Saint-Germain et la division Carra Saint-Cyr ne passèrent que le 21 fort tard. C'est donc avec 30 000 hommes au plus, 22 500 au début, que l'Empereur eut à lutter durant cette terrible journée du 21 contre l'immense armée autrichienne. Vers midi, Masséna occupant l'aile gauche avec Molitor, Lannes prit à l'aile droite le commandement de la division Boudet, la division Legrand était en réserve derrière Aspern — au centre se trouvait la cavalerie : 6 500 hommes environ, sous le commandement de Bessières.

Contre ces faibles forces, plus de 90 000 Autrichiens descendaient dans la Marchfeld. L'archiduc Charles avait disposé son armée en cinq colonnes : la 1re (feld-maréchal Hiller), contenant 12 000 hommes, marchait sur Aspern le long du Danube, — la 2° (général de Bellegarde) comprenait 23 500 combattants et venait attaquer Aspern par Hirschstätten, — la 3°, 19 000 hommes sous les ordres du prince Hohenzollern arrivait par Süssenbrünn sur Breitenlée et devait aussi se porter à Aspern ; — vers Essling débouchaient deux colonnes sous le commandement supérieur du feld-maréchal Rosenberg : la 4ᵉ (11 000 hommes — général Dedovich) par Raschdorf, la 5ᵉ (12 500 hommes — général Klenau) par Baumersdorf et Enzensdorf. La réserve de cavalerie (8 100 cavaliers), dirigée par le prince de Lichtenstein, venait par Aderklaa entre les 3ᵉ et 4ᵉ colonnes, — le corps des grenadiers (8 800 hommes) se tenait en réserve près de Gerarsdorf. — C'est avec ces forces formidables que l'archiduc Charles allait essayer de jeter les Français dans le Danube.

La bataille commença à trois heures de l'après-midi. Les premières attaques contre les villages furent repoussées ; l'archiduc voulut alors briser notre ligne et dirigea, sur le centre, entre Aspern et Essling, la colonne Hohenzollern soutenue par la réserve de cavalerie. La situation était critique, Lannes demanda à Bessières de la sauver et d'arrêter l'ennemi par une charge impétueuse. Le duc d'Istrie partit aussitôt à la tête de la division Espagne, laissant la cavalerie légère de Lasalle en réserve. Avec ses quatre beaux régiments de cuirassiers il se jette sur la colonne Hohenzollern, lui enlève son artillerie et enfonce sa première ligne formée en carrés ; mais une seconde ligne l'arrête. L'archiduc Charles profite alors du désordre, que la charge a mis dans les rangs des cuirassiers, pour lancer sur eux toute la réserve de cavalerie autrichienne : la division Espagne est violemment rejetée en arrière. Mais le général Lasalle ébranle aussitôt ses hussards et ses chasseurs pour secourir Bessières : la cavalerie du prince de Lichtenstein, désunie à son tour, est enfoncée et sabrée. Une violente mêlée a lieu : le général Espagne est tué d'un coup de feu. Le maréchal est entouré avec son aide de camp Baudus par les uhlans : il décharge sur eux ses deux pistolets puis tire son sabre. A ce moment Lasalle l'aperçoit : avec quelques chasseurs, il vole au secours du duc d'Istrie et le dégage. Aussitôt celui-ci rallie tous ses cavaliers et dans une dernière charge balaye définitivement la plaine et arrête Hohenzollern.

La ligne française est intacte : l'archiduc Charles va faire un second effort pour l'entamer. Les ailes arrivent encore à se maintenir péniblement : Lannes garde Essling, Masséna avec la division Legrand sauve Molitor dans Aspern en ruines. C'est au centre qu'est toujours l'attaque décisive des Autrichiens, le grand danger pour l'armée impériale. Heureusement, Bessières vient de recevoir des troupes fraîches, la brigade de cuirassiers Saint-Germain conduite par Nansouty. Il la jette aussitôt sur le corps de Hohenzollern, qui a repris l'offensive et l'arrête. Les cavaliers de Lichtenstein attaquent les cuirassiers, mais le duc d'Istrie lance sur eux Marulaz avec le 23e de chasseurs, remplaçant Lasalle fatigué. La réserve autrichienne est vivement ramenée, plusieurs carrés d'infanterie sont enfoncés. Le général Marulaz a son cheval tué : mais ses chasseurs l'aperçoivent, le sauvent : un de ses officiers lui donne sa monture et Marulaz se retire sain et sauf. L'archiduc Charles a définitivement échoué : il remet au lendemain la suite de la bataille. Grâce à la résistance désespérée de l'infanterie, aux héroïques charges de Bessières, Napoléon a pu maintenir ses positions contre des forces trois fois supérieures. Si le reste de son armée peut passer le Danube, c'est la victoire assurée pour le 22.

C'était une belle journée pour le maréchal, qui deux fois avait sauvé l'armée. Elle fut gâtée pour lui par un violent incident qu'il eut avec Lannes et qui faillit amener un duel néfaste entre ces deux glorieux soldats.

Le général baron de Marbot a longuement
raconté cet incident dont il fut un des principaux
acteurs et en quelque sorte l'intermédiaire ; mais
les Mémoires de l'ancien aide de camp de Lannes
narrent cet épisode d'une façon quelque peu
partiale. On retrouvera la même partialité de
Marbot dans les récits qu'il fait des discussions
qui se sont élevées plus tard en Espagne entre
Bessières et Masséna, à l'état-major duquel il
était passé après la mort de Lannes.

La dispute qui s'éleva entre les ducs d'Istrie et
de Montebello eut deux causes : l'une générale et
très fréquente alors, l'autre particulière à ces deux
maréchaux. En instituant les hauts dignitaires de
l'armée, l'Empereur en avait fait des chefs indé-
pendants ne relevant que de lui-même. Les maréchaux étaient très jaloux de leur toute-puissance
et ne pouvaient souffrir d'autre joug que la volonté
de Napoléon. Quand il arriva à celui-ci de mettre
par hasard certains d'entre eux sous les ordres
d'un autre, il en résulta toujours des incidents
multiples qui plus d'une fois gâtèrent la réussite
des entreprises impériales. Napoléon faillit manquer le succès de sa merveilleuse campagne d'Ulm
pour avoir mis le maréchal Ney sous les ordres
du prince Murat. Plus tard, dans la campagne

de Russie, il ne put empêcher la réunion des deux armées russes par suite des retards qu'amena dans l'offensive de son aile droite les protestations du roi Jérôme, qui refusait d'admettre la supériorité du maréchal Davout : l'incident d'Essling qui, heureusement ne compromit rien, est un exemple frappant de ce genre de faits.

Il eut d'ailleurs une cause déterminante dans la vieille rivalité existant entre Lannes et Bessières, ami de Murat. On se souvient que c'est Bessières qui, pour servir la cause de Murat, dénonça à celui-ci les abus de pouvoir faits par Lannes dans l'administration financière de la garde consulaire à pied : il fit ainsi manquer à Lannes son mariage avec Caroline Bonaparte et faillit le brouiller avec Napoléon. Lannes ne le pardonna jamais à Bessières.

A Essling, Lannes commandait l'aile droite de l'armée, Bessières occupait le centre avec la cavalerie et une partie de l'artillerie. L'Empereur dit à Bessières : « Vous êtes sous les ordres de Lannes. » Le conflit vient de là.

Le centre étant menacé par l'archiduc Charles, Lannes demanda à Bessières de charger; pour être bien sûr de voir la charge s'exécuter et très vigoureusement, il envoya successivement plusieurs de ses aides de camp pour « ordonner à Bessières de charger à fond », mais aucun n'osa répéter ces dures expressions. Elles étaient inutiles d'ailleurs avec l'officier de cavalerie des charges d'Austerlitz et d'Eylau, cependant Lannes n'en voulait pas démordre : Marbot se chargea de la commission.

Voici comment il raconte sa mission :

« Je m'élance donc au galop vers le centre, en désirant qu'un des nombreux boulets qui tombaient autour de moi, abattant mon cheval, me donnât une bonne excuse pour ne pas remplir la mission dont j'étais chargé... J'aborde très respectueusement le maréchal Bessières, auquel j'exprime le désir de parler en particulier. Il me répond fort sèchement : « Parlez haut, monsieur ! » Je fus donc contraint de lui dire en présence de son nombreux état-major et d'une foule de généraux et de colonels : « M. le maréchal Lannes m'a chargé de dire à Votre Excellence qu'il lui ordonnait de charger à fond... » — Alors Bessières en fureur s'écrie : « Est-ce ainsi, monsieur, qu'on parle à un maréchal ?... quels termes ! vous ordonne et charger à fond !... Je vous ferai sévèrement punir de votre inconvenance ! » Je répondis : « Monsieur le Maréchal,

plus les expressions dont je me suis servi parais-
sent fortes à Votre Excellence, plus elle doit être
convaincue que je ne fais qu'obéir aux ordres que
j'ai reçus. » Puis je saluai et revins auprès du
maréchal Lannes. »

» Bessières exécuta une charge merveilleuse,
enfonça l'ennemi et sauva l'armée.

» — Vous voyez bien, dit Lannes, que ma sévère
injonction a produit un excellent effet, sans cela
M. le maréchal Bessières eût tâtonné toute la
journée. » Lannes exagérait.

Le soir, les deux maréchaux se retrouvent au
bivouac de Masséna. Bessières reconnaît Marbot
et lui dit : « Ah! c'est vous, monsieur! Si ce que
vous avez dit tantôt provient de vous seul, je vous
apprendrai à mieux choisir vos expressions en
parlant à vos supérieurs, et si vous n'avez fait
qu'obéir à votre Maréchal, il me rendra raison de
cette injure et je vous charge de lui dire! » Lannes
s'élance et la discussion commence : « Monsieur,
dit Bessières, votre aide de camp est venu me
dire que vous m'ordonniez de charger à fond. Il
me semble que de telles expressions sont incon-
venantes. — Elles sont justes, monsieur, et c'est
moi qui les ai dictées!... L'Empereur ne vous a-
t-il pas dit que vous étiez sous mes ordres? —

L'Empereur m'a prévenu que je devais obtempérer à vos avis. — Sachez, monsieur, s'écrie Lannes, que, dans l'état militaire, on n'obtempère pas, on obéit à des ordres! Si l'Empereur avait la pensée de me placer sous votre commandement, je lui offrirais ma démission, mais, tant que vous serez sous le mien, je vous donnerai des ordres, sinon, je vous retirerai la direction des troupes. Quant à charger à fond, je vous l'ai prescrit parce que vous ne le faisiez pas et que vous paradiez devant l'ennemi sans l'aborder franchement! — Mais ceci est un outrage, cria Bessières en colère, vous m'en rendrez raison! — A l'instant même, si vous voulez! » répondit Lannes.

Les deux maréchaux allaient tirer l'épée et se battre, le vieux Masséna s'interposa et parvint à calmer les deux adversaires et à empêcher ce grand scandale en face de l'ennemi.

Bessières se vengea noblement des injures de Lannes. Le lendemain, il reçut son adversaire frappé à mort dans ses bras et, oubliant leurs discussions passées, serra sa main défaillante.

Avec Marbot, il se montra d'une grande bonté. L'Empereur avait promis à celui-ci le grade de chef d'escadrons : après Essling, il le nomma d'emblée chef d'escadrons des chasseurs à cheval

de la garde. Marbot ne savait que faire : le maréchal Bessières commandait la garde et recevait
mal les officiers qu'il n'avait pas proposés. En
outre, Marbot avait à craindre le souvenir
d'Essling. Il demanda conseil à Masséna : celui-ci
connaissait mal le grand cœur de Bessières et
conseilla à Marbot de refuser la place dans la
garde et de venir dans son état-major : Marbot
accepta. Il le regretta bien car, une heure après,
Bessières lui-même venait lui apporter sa nomination dans la garde et l'assurait du plaisir qu'il
avait à le recevoir, sachant bien qu'il n'avait
fait qu'accomplir son devoir.

Marbot dut reconnaître la grande bonté du
maréchal.

Cependant Napoléon avait pu, dans la nuit,
faire rétablir le grand pont sur le Danube et
amener à lui une nouvelle partie de son armée.
Le 22 il avait en ligne 60 000 hommes environ :
avec ces forces, il comptait prendre l'offensive à
son tour.

Masséna et Lannes, avec trois divisions chacun,
occupaient encore les villages : le premier, Aspern,
et le second, Essling. Bessières fermait la ligne
entre les deux avec les divisions d'infanterie

Oudinot et toute la réserve de la cavalerie, la 2ᵉ brigade de cuirassiers de la division Saint-Germain et la brigade Colbert étaient passées dans la nuit. La garde se tenait en arrière, vers Essling, près de l'Empereur.

Le 22 au matin, toute l'armée française prend l'offensive. Lannes attaque violemment l'armée autrichienne et un combat acharné s'engage dans lequel l'archiduc Charles vient lui-même diriger ses troupes. Bessières s'élance avec ses escadrons pour soutenir Lannes; il charge avec les cuirassiers contre le corps d'Hohenzollern et enfonce les carrés autrichiens : hommes, canons, drapeaux, il enlève tout. Bessières a mis le centre ennemi en déroute, déjà il touche à Breitenlée quand Napoléon l'arrête. L'Empereur doit suspendre l'offensive; en effet, il lui est devenu impossible de soutenir l'attaque en arrière et même de fournir les munitions nécessaires, car le grand pont du Danube vient de se rompre définitivement et l'armée a ses communications coupées.

Lannes et Bessières battent lentement en retraite dans le Marchfeld devant l'artillerie formidable de l'ennemi et ses réserves qui entrent en action. Ils reviennent sans être entamés à leur point de départ.

L'archiduc Charles reprend alors l'attaque. Il
amène au centre sa réserve de grenadiers qui, avec
le corps Hohenzollern et la cavalerie Lichtenstein,
va faire une vigoureuse tentative.

Comme la veille, dans un effort surhumain,
Bessières sauve l'armée. Il porte en avant tous ses
escadrons de cuirassiers et arrête sur place l'infanterie autrichienne en y faisant de multiples
brèches. Lichtenstein vient attaquer les cuirassiers, mais Bessières fait entrer en ligne la cavalerie légère de Lasalle, Marulaz et Colbert. Une
épouvantable mêlée s'engage : 20 000 cavaliers
sillonnent la plaine en tous sens. Bessières, par
une série de charges habiles et vigoureuses, finit
par rompre définitivement les Autrichiens qui se
retirent. Le mouvement de l'armée est une fois de
plus complètement paralysé au centre et l'archiduc
Charles laisse un instant ses troupes reprendre
haleine, se contentant de faire subir aux Français
une effroyable canonnade dont ils souffrent beaucoup.

C'est à cet instant que le maréchal Lannes fut
mortellement blessé par un boulet. Bessières prit
aussitôt le commandement de l'aile droite.

C'était le moment du suprême et dernier effort
de l'ennemi; l'archiduc Charles reportait ses gre-

nadiers du centre vers Essling et, sous ses ordres,
trois colonnes autrichiennes venaient assaillir le
village et l'entourer. Napoléon envoyait au secours
de sa droite menacée les fusiliers de la garde,
troupe d'élite commandée par le général Mouton :
il l'avait dirigée vers la gauche du village qu'il
pensait menacé par la réserve autrichienne. Bessières prit sur lui de changer les ordres de
l'Empereur et décida ainsi du succès de la bataille.

Un vide restait à droite d'Essling, entre le village et le Danube, en face d'Enzensdorf. Le
général Rosenberg venait d'y diriger une forte
colonne qui allait tourner le village et décider
ainsi de la victoire. Bessières vit le danger avec
un sûr coup d'œil et envoya là Mouton. A Essling,
le maréchal d'Aspre donne cinq fois un terrible
assaut aux positions françaises : cinq fois le
général Boudet arrête son élan par de violentes
fusillades et le rejette à la baïonnette. A droite du
village, le général Mouton entre en ligne au
moment voulu et arrête Rosenberg : il dégage
Boudet et repousse l'ennemi vers Enzensdorf.
Celui-ci, bien supérieur en nombre, revient, mais
Rapp, avec deux autres bataillons de fusiliers, exé-
cute une charge à la baïonnette qui décide l'engagement et termine la bataille.

Les habiles dispositions de Bessières ont sauvé notre droite comme sa charge avait sauvé notre centre. A l'aile gauche, Masséna s'était maintenu dans Aspern. L'archiduc Charles, partout repoussé et épuisé, renonçait à vaincre : la bataille d'Essling était terminée.

Napoléon réunit le soir, à l'île Lobau, Bessières, Masséna et Davout en un conseil de guerre. Il voulait relever leurs cœurs et leur dire sa pensée. Les maréchaux croyaient devoir repasser le Danube et abandonner Lobau. Napoléon leur révéla quel grand projet venait de naître en son esprit : cette journée était loin d'être un revers et les Autrichiens seraient longs à s'en remettre; l'Empereur n'avait donc rien à craindre d'eux pour le moment. Il pouvait garder Lobau, refaire en paix son armée, rallier toutes ses réserves, troupes d'Italie qui arrivaient victorieuses, puis, de la grande île conservée, tenter un nouvel et, cette fois, décisif effort.

Les trois maréchaux approuvèrent ces projets et leurs courages ébranlés se trouvèrent raffermis. Napoléon partit pour Vienne et, dans la nuit, Masséna dirigea la retraite générale des troupes dans Lobau sans rien abandonner à l'ennemi.

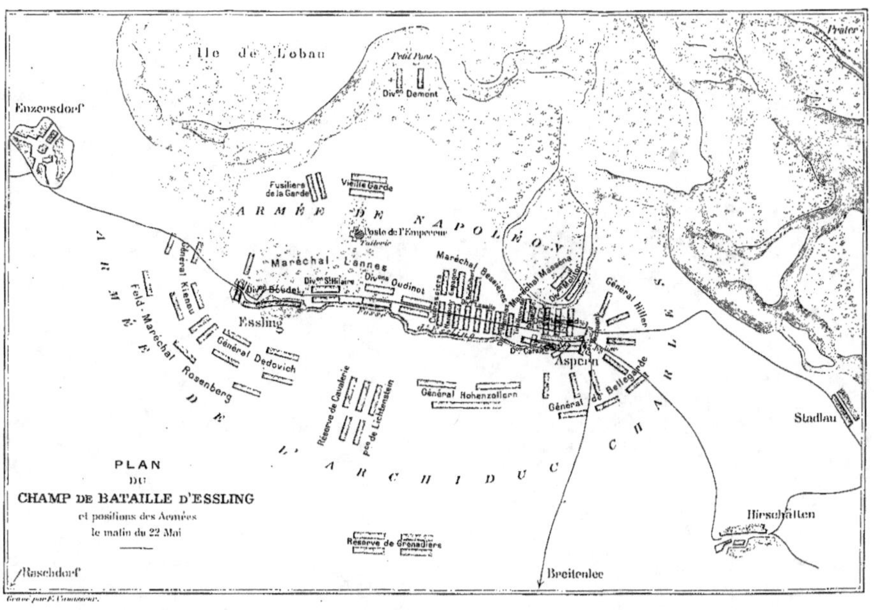

Prater
Ile de Lobau
Petit Pont
Div.on Demont
Enzersdorf
Fusiliers de la Garde
Vieille Garde
ARMÉE DE NAPOLÉON
Poste de l'Empereur
Tuilerie
Général Kienau
Maréchal Lannes
Maréchal Bessières
Maréchal Masséna
Général Hiller
Div.on Boudet
Div.on St Hilaire
Div.on Oudinot
Feld-Maréchal Rosenberg
Essling
Général Dedovich
Réserve de Cavalerie
p.ce de Lichtenstein
Général Hohenzollern
Asperin
Général de Belleyarde
ARMÉE DE L'ARCHIDUC CHARLES
Stadlau
Hirschstatten
PLAN
DU
CHAMP DE BATAILLE D'ESSLING
et positions des Armées
le matin du 22 Mai
Réserve de Grenadiers
Raschdorf
Breitenlee
Gravé par E. Vuillemot.

La bataille d'Essling était finie. Cette horrible effusion de sang se terminait sans résultat bien net : Napoléon n'avait pu vaincre l'ennemi, mais l'archiduc Charles, quoique ayant des forces bien supérieures, n'avait pas réussi à jeter ses adversaires au Danube et avait subi des pertes énormes, doubles de celles des Français.

Le maréchal Bessières joua un très grand rôle dans ces terribles journées qui peuvent compter parmi les plus belles de son existence militaire. Aussi bien à la tête de la cavalerie qu'à celle de l'aile droite, après la mort de Lannes, il fut digne des grands événements qu'il dirigea. C'est grâce à ses merveilleuses charges qui écrasèrent la cavalerie ennemie et paralysèrent son infanterie, que Napoléon put se maintenir dans ses difficiles positions, et le dernier jour, comme le premier, il sauva deux fois l'armée et empêcha la défaite.

Il eût bien mérité le titre de prince d'Essling qu'obtint son vieux rival de gloire, Masséna.

CHAPITRE XI

WAGRAM. — FLESSINGUE. — SÉJOUR EN FRANCE

Juillet 1809-1810.

Projets de Napoléon après Essling. — Cantonnements de la
cavalerie. — Opérations autour de Vienne. — Réorganisation
de l'armée. — Nouveau passage du Danube. — Bataille de
Wagram, 6 juillet 1809. — Positions des deux armées. —
Début de la bataille : échecs au centre. — Bessières entre en
ligne avec la cavalerie. — Il est blessé. — Douleur de l'armée.
Expédition des Anglais contre Anvers : prise de Flessingue. —
Organisation de la résistance : Bernadotte à Anvers. — La
fièvre décime l'armée anglaise qui se retire. — Bessières
commandant général de l'armée du Nord. — Formation de
cette armée. — Retraite définitive des Anglais.
Bessières en France. — Le divorce de l'Empereur : Bessières
et les Beauharnais. — Une visite de Napoléon à Grignon
chez le duc d'Istrie. — Bessières gouverneur de Nancy pour
recevoir Marie-Louise. — Occupations du Maréchal et départ
pour l'Espagne.

Après la bataille d'Essling, Napoléon voulut
laisser reposer son armée et réunir de nouvelles
forces : il préparait en même temps sur des bases
plus certaines le passage du Danube, pour jeter
son armée rendue formidable en face de l'armée

autrichienne de l'archiduc Charles et terminer enfin la guerre par une grande et décisive victoire.

Il s'occupa tout d'abord de rétablir les communications entre la rive droite du Danube et l'île Lobau, où toute l'armée d'Essling était rassemblée : l'opération fut achevée le 25 mai. Aussitôt le duc d'Istrie fit repasser toute sa cavalerie pour la distribuer en de nouveaux cantonnements selon les besoins de la situation. Les divisions Lasalle et Marulaz furent établies à Haimbourg pour surveiller Presbourg, où pouvait s'effectuer un passage de l'archiduc Charles sur la rive droite. La division Montbrun et la brigade Colbert allèrent prendre poste à Œdenbourg, au sud du lac de Neusiedel, afin d'y garder la route d'Italie et d'y donner la main à l'armée du prince Eugène qui marchait sur Vienne en poussant devant lui l'archiduc Jean en retraite. L'infanterie badoise du général Lauriston et la brigade Bruyère se trouvaient toujours à Brück. Enfin les cuirassiers reprenaient en arrière de cette ligne leurs cantonnements d'avant Essling.

A Vienne, Napoléon s'occupait de rassembler toutes ses forces disponibles et de réparer les pertes éprouvées jusqu'alors. Pour la cavalerie, les déficits en hommes furent comblés par l'arrivée des unités de dépôt; pour se procurer des chevaux, Bessières dut veiller à l'organisation de deux dépôts de remonte, qui furent créés l'un en Bavière pour l'achat des chevaux de grosse cavalerie, l'autre en Hongrie pour celui des chevaux de cavalerie légère. Le duc d'Istrie devait veiller également à l'administration de la garde : sur l'ordre de l'Empereur, il faisait venir à Vienne les deux régiments de conscrits créés au début de la campagne et qui perfectionnaient alors leur instruction à Augsbourg.

Cependant le prince Eugène arrivait d'Italie : il donnait la main au nord de la Raab à la cavalerie de Bessières et lui prenait même les divisions de Montbrun et Colbert pour achever sa victorieuse campagne contre l'archiduc Jean, enlever à celui-ci le cours de la Raab et le rejeter définitivement sur le Danube. Lasalle rejoignait aussi l'armée d'Italie et participait avec Lauriston à la prise de Raab.

Ces divers mouvements exécutés et le passage du Danube étant à nouveau préparé selon des vues plus vastes et plus sûres, Napoléon se décidait à concentrer toute son armée pour l'action décisive. Le duc d'Istrie recevait les ordres du major général et, du 1er au 2 juillet, la réserve de cavalerie se trouvait réunie à nouveau en face de Lobau. 150 000 hommes dont 26 000 cavaliers et une formidable artillerie, telles étaient les forces que l'Empereur allait brusquement jeter, par une merveilleuse opération, sur l'autre rive du Danube. L'archiduc Charles gardait très mal le passage et celui-ci s'effectua avec une admirable précision dans la nuit du 4 au 5 juillet. L'armée autrichienne était rangée en bataille sur le plateau de Wagram : ses lignes s'étendaient en arc de cercle sur les pentes du plateau derrière un petit ruisseau, le Russbach, et de Wagram au Danube, jusqu'à la rive opposée à Vienne. Trois corps, celui de Rosenberg à Neusiedel, celui de Hohenzollern à Baumersdorf et celui de Bellegarde à Wagram, formaient la gauche de l'armée ennemie. Au centre se trouvaient les deux réserves de grenadiers et de cuirassiers, formant liaison. A droite les deux corps de Kollowrath et de Klenau occupaient la ligne de Gerarsdorf à Leopoldau. Enfin un dernier corps d'armée, dirigé par le prince de Reuss, gardait les rives du Danube en face de la capitale.

Le 5, Napoléon ramena vivement en arrière les avant-gardes autrichiennes, il tenta une surprise

sur le centre, qui échoua par suite d'un incident.
Il fit alors prendre position à toutes ses troupes
et attendit tranquillement le lendemain. Le maréchal Davout occupait l'extrême droite avec sa division et une partie de la cavalerie : les divisions
de cuirassiers Espagne, de dragons Grouchy et de
cavalerie légère Montbrun; il était en face de
Neusiedel. Après lui venaient le corps d'Oudinot
en face de Baumersdorf, l'armée d'Italie avec
Macdonald vis-à-vis de Wagram : l'armée saxonne,
sous Bernadotte, formait le centre à Aderklaa,
Masséna la droite de Süssenbrünn à Kakran avec
la cavalerie légère de Lasalle et de Marulaz. En
seconde ligne l'Empereur avait placé le corps de
Marmont, la division bavaroise de Wrède, Bessières avec les cuirassiers de Nansouty et la cavalerie de la garde. La garde elle-même était au
centre avec le quartier général.

Le 6, la bataille commença à quatre heures du
matin : sauf à la droite, le début fut mauvais. Les
Autrichiens attaquant Masséna avec des forces
supérieures l'obligèrent à se replier le long du
Danube vers Aspern. La division Boudet avait
son artillerie enlevée, la division Carra Saint-Cyr
échouait à Aderklaa devant les réserves autrichiennes et les Saxons étaient en pleine déroute.

L'Empereur se porta au centre et avisa aussitôt :
il commanda à Macdonald d'y amener l'armée
d'Italie et, pour masquer ce mouvement, fit exécuter la superbe manœuvre où cent pièces d'artillerie réunies sur un seul front foudroyèrent
le centre de l'armée ennemie. Pour gagner du
temps, il demanda à Bessières de charger : celui-
ci appela à lui la cavalerie de la garde. En attendant, voulant donner tout de suite un peu d'air à
l'attaque, il prit la division Nansouty qu'il avait
sous la main. Il arrive au galop près du général
Nansouty, lui dit de le suivre et, avec ses six
beaux régiments de cuirassiers et de carabiniers,
se jette tête baissée sur les carrés autrichiens. Il
enfonce le bataillon Georger et le fait sabrer : il
fait une large trouée entre les corps de Bellegarde
et de Kollowrath et arrive comme une trombe
sur l'artillerie de la réserve autrichienne que le
prince de Lichtenstein a disposée en avant
d'Aderklaa. Mais les régiments du Prince Héréditaire prennent en flanc les carabiniers et arrêtent
la charge. Le duc d'Istrie se prépare à rallier ses
escadrons pour partir à nouveau, quand il tombe
sous son cheval. Il avait été assez grièvement
blessé : un boulet avait passé entre la selle et le
corps de son cheval, tuant la bête et faisant au

maréchal une forte plaie à la cuisse. On le transporta à l'arrière-garde, navré de ne pouvoir prendre sa part de la belle victoire que l'Empereur allait remporter. Quand les soldats de la garde le virent passer tout sanglant sur une civière, ils le crurent tué, et, comme il était adoré, beaucoup d'entre eux se mirent à pleurer. « Bessières, lui dit Napoléon en passant, voilà un beau boulet! Il fait pleurer ma garde. » Le maréchal manquait pour l'achèvement de la victoire : aux ailes Montbrun et Lasalle exécutèrent quelques beaux mouvements, où le second trouva la mort; mais, au centre, la cavalerie ne fit rien. Nansouty, sans ordres, se contenta de reformer ses troupes et se retira; le général Walther amena la cavalerie de la garde mais la laissa immobile. Aussi les fruits du succès furent-ils moins abondants.

Bessières fut soigné quelque temps à Vienne : il se remit assez vite et revint en France dès que son état le lui permit pour y achever sa guérison. Bientôt l'Empereur allait lui demander de nouveaux services.

Au mois de juillet, les Anglais, voulant opérer une diversion au profit de leurs alliés autrichiens, avaient organisé une immense expédition contre Anvers : 70 vaisseaux de guerre et 500 transports emmenant 45 000 hommes se dirigèrent vers les bouches de l'Escaut. Le 29 juillet ils débarquaient dans l'île de Walcheren et mettaient le siège devant Flessingue, qui commandait l'entrée du fleuve. Il y eut en France une grande émotion, surtout parmi les hommes d'État que Napoléon avait laissés au pouvoir en son absence ; mais à Schœnbrünn l'Empereur ne se troubla guère et se contenta d'organiser très rapidement un plan de résistance, dont Clarke et Fouché assurèrent l'exécution. Il comptait d'ailleurs surtout sur la maladie pour vaincre l'expédition anglaise aux bouches de l'Escaut.

A Flessingue le général Monnet avait vaillamment organisé la résistance et gagnait ainsi un temps précieux. L'amiral Missiessy avait réussi à sauver la flotte française de la mer du Nord et à l'amener à Anvers. Cependant toutes les troupes disponibles étaient envoyées dans cette ville : cinq demi-brigades qui se trouvaient à Paris et dans le Nord, quelques bataillons de dépôt en garnison à Boulogne et Louvain, des batteries d'artillerie prêtes à être dirigées sur Vienne, 5 000 gardes nationaux d'élite que le sénateur

Rampon avait commencé à organiser, 2 000 gendarmes à cheval que le maréchal Moncey rassembla dans les départements du Nord, enfin
une division hollandaise que le roi Louis amena
aussitôt en personne, toutes ces forces réunies
très rapidement à Anvers formèrent une première armée de 30 000 hommes que le maréchal
Bernadotte, renvoyé en disgrâce après Wagram,
fut chargé de commander et d'organiser. L'Empereur avait prescrit en même temps la formation d'une seconde armée : les gardes nationaux
furent convoqués et activement recrutés dans
vingt départements, de la Seine à l'Escaut; ils
furent armés et répartis en cinq légions commandées par des sénateurs, anciens militaires; ces
troupes devaient garder les rives de l'Escaut depuis
la tête de Flandre, le faubourg d'Anvers jusqu'à
l'île de Cadzand et être placées sous les ordres
de Bessières, à peu près guéri de sa blessure de
Wagram et que Napoléon désirait voir aux Pays-
Bas pour surveiller les événements et un peu Bernadotte. Enfin, derrière ces deux armées, dont le
total devait monter à 70 000 hommes environ,
une troisième était réunie à Maëstricht : le maréchal Kellermann arrêtait toutes les troupes de
passage à Strasbourg destinées à l'armée d'Alle-

magne et en formait une réserve de 10 000 combattants.

Avec ces forces la France pouvait être tranquille. Monnet avait réussi à arrêter les Anglais
quinze jours sous Flessingue, ne cédant qu'à une
formidable attaque exécutée à la fois par terre et
par mer. Cela avait suffi pour que, suivant les
prévisions de l'Empereur, la fièvre s'abattît avec
une foudroyante rapidité sur les Anglais. Tandis
que ceux-ci s'attardaient encore pour enlever
quelques forts sur les rives du fleuve, afin d'être
complètement maîtres sur leurs derrières avant
de marcher sur Anvers, Bernadotte et Bessières
avaient pu organiser les premières troupes arrivées et se trouvaient prêts à tenir l'ennemi en
échec. Ils n'en eurent pas besoin : le 25 août,
quand le général en chef, lord Chatham, songea
à réaliser le but de l'expédition, la maladie avait
fait d'affreux ravages dans son armée. De
45 000 combattants elle était réduite à 25 000 :
20 000 Anglais avaient été plus ou moins gravement touchés par le fléau. Le 26, Chatham se
décida à avouer son échec et à rembarquer ses
troupes pour l'Angleterre, laissant simplement
une garnison dans Flessingue.

Bernadotte mécontenta l'Empereur par ses

habituelles vanteries : il fut remercié de ses services et Clarke pria Bessières de prendre le commandement de toutes les forces réunies en Belgique. Napoléon voulait reprendre Flessingue et
surtout profiter de la réunion accidentelle de cette
armée pour en organiser définitivement les éléments fixes, les instruire et créer ainsi un nouveau corps propre à servir dans les guerres
futures.

Bessières s'occupa de remplir cette tâche. En
septembre, les Anglais, après la signature de la
paix avec l'Autriche, évacuèrent Flessingue en
faisant sauter ses remparts. Le duc d'Istrie fit
réoccuper Walcheren. Quand sa mission fut terminée, il revint à Paris, à la fin de l'année 1809.

Il devait y rester durant tout le cours de
l'année 1810. Au moment de sa rentrée, le
divorce de l'Empereur était en train de s'accomplir. Cette affaire avait failli, deux ans auparavant,
amener sa disgrâce. Bessières était très grand
ami des Beauharnais, ayant été, sous le Consulat,
l'inséparable du prince Eugène : aussi désapprou-
vait-il la répudiation de l'impératrice Joséphine,
à laquelle il était tout dévoué. Quand, en 1807, les
premiers bruits avaient couru sur un divorce pos-

sible de Napoléon, le maréchal en avait été fort
chagriné, et, comme la police se mêlait à ces
manœuvres, il avait fait avec sa liberté habituelle
une scène violente à Fouché. Il croyait en effet
l'Empereur étranger à ce qui se faisait et se disait
autour de lui : il n'en était rien, et Napoléon, qui
tâtait alors l'opinion publique, fut mécontent de
l'hostilité de Bessières. Il l'accueillit froidement
au retour d'un voyage qu'il fit alors en Italie et
l'envoya commander l'armée du nord de l'Espagne. Depuis, le duc d'Istrie avait reconquis toute
sa faveur. Quand il rentra de Belgique à la fin
de 1809, le divorce était décidé et allait s'accomplir : il s'inclina mais alla voir l'impératrice
Joséphine et l'assurer de son fidèle dévouement
dans sa nouvelle retraite de la Malmaison. L'Empereur ne lui en voulut d'ailleurs aucunement de
ces franches démarches : c'est même à cette
époque qu'il alla passer deux jours au château de
Grignon, dans la propriété du duc d'Istrie.

Baudus fait dans ses Mémoires un amusant
récit de ce séjour. Napoléon arriva à Grignon à
neuf heures du matin avec une suite nombreuse :
le roi de Bavière, les reines de Naples et de Hollande, la grande-duchesse de Bade, puis Berthier,
Duroc, Moncey, Davout, le général Lauriston, le

prince Borghèse, etc. En descendant de voiture,
l'Empereur chassa : Bessières avait dans cette propriété une très belle faisanderie et des perdreaux :
« l'Empereur en tua beaucoup, dit Baudus, et
en manqua de même ». Ensuite Napoléon se
retira et travailla dans sa chambre jusqu'au
moment du dîner où il reparut. Mais il était mal
luné ce jour-là : très aimable avec Bessières, il
oublia d'inviter à sa table la maîtresse de maison,
la duchesse d'Istrie. Il fut même ensuite fort
désagréable avec elle : il voulait jouer au furet
et, comme un terrible enfant gâté, il eût désiré
que les dames présentes découpassent leurs robes
pour en faire les rubans nécessaires au jeu. Il ne
voulait pas attendre : la calme madame Bessières
le fit attendre cependant et il pesta contre elle.
Le soir, le maréchal lui présenta ses aides de
camp : il en attrapa vivement un, croyant reconnaître en sa personne un officier qui, lors de la
dernière guerre, s'était rendu coupable d'une
maladresse; il se trompait mais n'en voulut pas
démordre. Ensuite on dansa : l'Empereur exigea
que l'orchestre exécutât toujours le même air,
puis il força l'infortuné roi de Bavière, qui avait
cinquante-cinq ans et était très gros, à prendre
part aux danses, et Davout, aussi mauvais au bal

qu'excellent à la guerre, à faire tourner une vieille dame d'honneur de la cour. Quel tyran ! Le lendemain il se lève sur le bon pied : il fait une dernière sortie maladroite contre Law et ses procédés financiers à propos du château de Grignon, bâti par l'Écossais sous la Régence, sans égard pour le petit-fils de Law, Lauriston, qui l'écoutait. Mais son humeur a changé : il est toute la journée aimable, très gai, faisant des politesses et des compliments autour de lui. Le lendemain matin, réveil brusque : il part pour Rambouillet. Toute la cour doit le suivre aussitôt, se lever en un instant et venir au besoin sans s'habiller. C'est un départ à la débandade autour du fantasque qu'est l'Empereur dans l'intimité. Tel est le curieux récit de Baudus.

Napoléon préparait son mariage avec l'archiduchesse Marie-Louise d'Autriche, une Habsbourg à défaut d'une Romanow qui se dérobait. Pendant toute cette période, il combla Bessières de faveurs. Il le nomma gouverneur de Nancy : la nouvelle impératrice devait, en arrivant en France, s'arrêter vingt-quatre heures dans cette ville pour s'y reposer : le duc d'Istrie avait ainsi le grand honneur d'être le premier à la recevoir sur le sol de sa nouvelle patrie. Il eut sa large part des lar-

gesses honorifiques distribuées à l'occasion du
mariage. Il figura, avec les autres maréchaux,
à la cérémonie religieuse, qui eut lieu en grande
pompe, le 2 avril, à Paris. Bessières était à cheval
à côté du carrosse impérial du Sacre, qui entra
dans la capitale par l'Arc de Triomphe et descendit jusqu'aux Tuileries, précédé par la garde,
au milieu des acclamations du peuple entier.

Le duc d'Istrie passa toute la fin de l'année à
Paris : il s'y occupait de nombreux perfection-
nements apportés par l'Empereur à la garde dans
la prévision des campagnes futures. La Jeune
Garde était accrue et une partie fut envoyée en
Espagne pour y faire son instruction. Bessières
partagea son temps entre Grignon, où il vivait
avec sa famille, Paris et les diverses résidences de
Napoléon. Il se lassa bientôt de son inaction et,
comme l'Empereur lui offrait le commandement
général du Nord de l'Espagne, il y partit.

CHAPITRE XII

LA DEUXIÈME CAMPAGNE DE BESSIÈRES
EN ESPAGNÈ

La guerre d'Espagne. — Bessières commandant des provinces
du Nord de l'Espagne. — Difficultés rencontrées par le duc
d'Istric : l'Espagne en 1809. — Bessières et Masséna : pre-
mières relations. — Leur correspondance et leurs discus-
sions. — Bessières rejoint Masséna.
Campagne contre les Anglais. — Fuentès d'Onoro, 5 mai 1811.
— Démêlés entre Bessières et Masséna à propos de Fuentès
d'Onoro. — Calomnies de Marbot et justification de Baudus.
— Les démêlés portés devant l'Empereur : Baudus en
France. — Disgrâce de Masséna.
Marmont remplace Masséna. — Ses rapports avec Bessières. —
Gouvernement du duc d'Istric. — Jugement.

La guerre continuait depuis 1809 en Espagne :
la grande révolte espagnole avait été vaincue
par le maréchal Soult, et l'Andalousie conquise,
moins Cadix. Mais, devant Lisbonne, Masséna
avait échoué contre l'armée anglo-portugaise de
Wellington; en 1811, il avait dû battre en retraite,
n'étant pas assez fort pour enlever les formidables

lignes de Torrès-Védras, et venir camper aux frontières d'Espagne et de Portugal, pour y attendre des renforts. C'est là qu'allait le trouver Bessières.

En mars 1810, Napoléon avait converti les provinces de l'Èbre en gouvernements militaires, avec l'arrière-pensée probable de les réunir plus tard à la France. Malheureusement, la division de ces gouvernements présentait de graves inconvénients : à Burgos, Salamanque, Léon, Valladolid, l'on ne s'entendait pas et ce défaut d'unité amenait des troubles nombreux dans le Nord de l'Espagne. L'Empereur résolut de changer cet état de choses et de réunir toute la vallée haute de l'Èbre sous un même commandement. Nul n'était mieux indiqué pour cette place que le vainqueur de Medina del Rio-Seco, le maréchal Bessières. D'autant que Napoléon venait d'envoyer dans ce pays 17 000 hommes de la Jeune Garde pour les y faire instruire ; Bessières, en sa qualité de commandant de la garde, allait être ainsi à même de veiller à l'éducation de ses propres troupes.

Le duc d'Istrie vint donc au mois de mars s'installer à Burgos. Voici comment le major général Berthier annonçait cette nomination à Masséna :

A Monsieur le Maréchal Prince d'Essling,
commandant l'armée du Portugal.

16 janvier 1811.

« Je vous préviens, prince, que par décret impérial en date du 15 de ce mois, l'Empereur a formé une armée du Nord de l'Espagne, dont le commandement est confié à Monsieur le Maréchal duc d'Istrie qui va établir son quartier général à Burgos. L'arrondissement de l'armée du Nord de l'Espagne est composé :

» 1° De la Navarre, formant le troisième gouvernement d'Espagne ;

» 2° Des trois provinces de la Biscaye et de la province de Santander, formant le quatrième gouvernement ;

» 3° De la province des Asturies ;

» 4° Des provinces de Burgos, Aranda et Soria, formant le cinquième gouvernement ;

» 5° De la province de Salamanque.

» Ainsi cet arrondissement comprend tout le pays occupé par les troupes françaises entre la mer, la France, le Portugal et les limites de l'arrondissement des armées du Centre et de l'Aragon. Cette disposition, en centralisant le pou-

voir, va donner de l'ensemble et une nouvelle
impulsion d'activité aux opérations dans toutes les
provinces du Nord de l'Espagne, et M. le duc
d'Istrie mettra un soin particulier à maintenir les
communications entre Valladolid, Salamanque et
Almeida.

» Je vous engage, prince, à correspondre avec
M. le Maréchal duc d'Istrie toutes les fois que
vous le jugerez utile au service. D'après les ordres
de l'Empereur, je préviens M. le duc d'Istrie que,
dans des circonstances imprévues, il doit appuyer
l'armée de Portugal et lui porter du secours; je le
préviens aussi que le 9ᵉ corps d'armée serait
sous ses ordres dans le cas où ce corps rentrerait
en Espagne.

Le major général, prince de Wagram
et de Neuchâtel,

» ALEXANDRE. »

La situation n'était pas si simple que le pensaient l'Empereur et Berthier.

Le maréchal Bessières allait, dès son entrée en
Espagne, se trouver aux prises avec de multiples
difficultés. L'état des choses était en effet déplorable à tous les points de vue. La grande révolte
espagnole était sans doute vaincue, mais le pays

entier restait soulevé; à la guerre d'armées suc-
cédait une guerre terrible de guerillas. Tout
Espagnol était un ennemi et il n'y avait pas un
coin qui ne recélât des adversaires impitoyables
et presque insaisissables. Les frontières du gouvernement du Nord étaient sans cesse menacées
par des guerillas plus sérieuses, et de hardis aven-
turiers sillonnaient ces contrées. Le pays était
dans un lamentable état; la guerre l'avait dévasté,
et les souffrances, les misères de la nation espagnole étaient navrantes. Cette misère s'étendait
à l'armée française elle-même, qui devait vivre
en un pays conquis complètement ruiné! La
nécessité de faire face à toutes ces calamités allait
absorber les forces du maréchal Bessières, qui
essaya, presque aussi vainement que ses prédé-
cesseurs, d'y porter remède.

Cependant Masséna était dans la plus déplorable situation et ses lettres au duc d'Istrie en
font foi.

Guarda, 29 mars 1811.

« Mon cher maréchal, vous aurez appris notre
arrivée aux frontières du Portugal; l'armée se
trouve dans un pays absolument ruiné, et, avec
toute ma volonté et la patience de l'armée, je

crains de n'y pouvoir tenir huit jours et je me verrai forcé de rentrer en Espagne. »

A ce moment, affirme Baudus, Bessières offrit à Masséna des secours effectifs dont celui-ci n'eût pas l'air de se soucier : la question des vivres l'occupait principalement et allait l'obliger à une définitive retraite. Le 2 avril, Masséna écrit d'Alfayates :

« Mon cher maréchal, le pays que l'armée occupe ne pouvant en aucune manière la faire vivre, je me vois forcé de rentrer en Espagne. »

Et plus loin, dans la correspondance :

Salamanque, 15 avril.

« Mon cher maréchal, ma position devient de plus en plus alarmante. Les places appellent des secours. Je ne reçois de réponse de vous à aucune de mes demandes et, si cet état de chose se prolonge, je serai forcé de faire prendre à l'armée des cantonnements où elle puisse vivre et d'abandonner des places que je ne suis pas chargé de défendre et encore bien moins d'approvisionner. »

Le ton s'est considérablement aigri : Masséna commence à se plaindre ouvertement de Bessières. Celui-ci faisait pourtant tous ses efforts afin d'améliorer la situation. Il chercha tout d'abord à procurer des vivres aux armées, tant à la sienne qu'à celle du Portugal, qui était venue cantonner entre Almeïda, Ciudad-Rodrigo et Salamanque. Il y avait à Salamanque d'assez fortes sommes, trois millions environ, destinées à la solde de l'armée de Portugal. Bessières se contenta de payer un million pour tirer les officiers d'une misère immédiate : avec le reste, il s'efforça de se procurer du blé. Il consacra un million au payement de 1 800 fanègues de blé et garda le troisième pour ne pas se trouver au dépourvu.

« J'espère, disait-il, dans une lettre du 9, ne pas en avoir besoin et je vous l'enverrai dans huit ou dix jours. Dans tous les cas, je remplacerai dans le courant du mois les sommes employées sur le fonds de trois millions avec l'argent des contributions qui commence à rentrer. Je sens tout ce que vous dites et ne négligerai rien pour approvisionner votre armée, mais il est important que votre intendant général donne une bonne direction à tout ce qui se fera dans le 9ᵉ gouvernement. Il faut, comme vous le dites, ouvrir les caisses; je me fais fort de remplacer l'argent qui sera dépensé. »

Dans une deuxième lettre du même jour, le duc d'Istrie exprime son regret de ne pouvoir envoyer à Ciudad-Rodrigo un corps d'observation, mais il n'a que deux régiments de la garde disponibles et encore un des deux escortait-il la garnison prisonnière de Badajoz; cependant, il va s'efforcer de réunir quelques troupes pour servir au besoin de réserve à Masséna. Du reste il pense que le 9ᵉ corps étant tout entier à la disposition du prince d'Essling, y compris la brigade Fournier et les 8ᵉ et 10ᵉ de dragons (alors qu'à sa rentrée en Espagne il eût dû passer sous les ordres de Bessières), c'était suffisant pour tenir tête à l'ennemi. Comme la brigade Vathier était isolée à Valladolid, il allait la réunir et la tenir prête à marcher sur le front de l'armée de Portugal, si la cavalerie de Fournier ne suffisait pas. Quant à Almeïda, il pensait que Masséna se déciderait à le faire sauter puisque l'Empereur l'y autorisait et que c'était une préoccupation trop grande pour l'armée de Portugal dans la triste situation où elle se trouvait.

Le 9 avril, Bessières écrivait au major général Berthier pour lui révéler exactement cette situation.

« Le prince d'Essling s'est mis en marche pour

aller prendre ses cantonnements comme j'ai eu
l'honneur de vous l'écrire... L'état dans lequel se
trouve l'armée de Portugal est difficile à peindre :
démoralisée, sans cavalerie, sans chevaux d'artillerie, ni d'équipages. L'Empereur ne doit pas
compter sur cette armée pour prendre l'offensive
de quelque temps, car c'est une armée à réorganiser complètement. Tout ce qui revient sur elle
passe l'imagination, mais elle est, en vérité, dans
un état de dénûment total, sans ensemble et
personne n'obéit. Je n'avais pas attendu les ordres
de Votre Altesse pour mettre le 9ᵉ corps tout
entier à la disposition du prince d'Essling et rien
n'a été négligé pour lui envoyer des vivres, mais
à peine ai-je connu son entrée en Espagne qu'il
était déjà à Ciudad-Rodrigo. »

Le duc d'Istrie reçut, le 14, une lettre de Berthier; celui-ci partageait son opinion pour détruire
Almeïda et ordonnait à Bessières de porter le plus
d'hommes possible vers le Midi.

Bessières écrivit à Masséna une longue lettre
sur la situation présente :

« Permettez-moi de vous faire quelques observations sur le mouvement que vous faites faire à
votre armée. Je vais vous parler avec la franchise

qui me caractérise. Le bien du service de l'Empereur, l'honneur de vos armes et votre propre gloire m'ont décidé à vous écrire cette lettre en attendant que j'aie le plaisir de vous voir.

» Le manque de vivres vous a fait quitter la position de Santarem; votre retraite a été belle, vous avez battu l'ennemi toutes les fois qu'il a voulu vous gêner dans vos mouvements; vous vous êtes rapproché des places, n'ayant pu passer le Mondego. Ce mouvement, aux yeux de l'Europe, aux yeux même de l'Empereur, paraîtra tout simple; mais aujourd'hui votre retraite n'a plus le même motif. Vous éloigner des places, c'est compromettre leur sûreté et abandonner Almeïda, c'est s'exposer, puisqu'il ne sera plus possible de l'évacuer sans le détruire. Nous devons d'autant plus tenir à empêcher l'ennemi de s'en emparer que cette conquête lui donnerait le succès de la campagne, le rendrait maître des opérations et le mettrait à même de faire une forte diversion sur l'Andalousie.

» Nous avons quelque chose qui nous touche plus au cœur, prince, nous ne devons pas permettre que les Anglais passent deux journées sur le territoire de Castille; l'honneur des armes de l'Empereur veut que nous fassions tous nos efforts pour l'empêcher. Je sais tout ce qu'a souffert votre armée, je sais que votre cavalerie est nulle, que vous êtes sans chevaux d'artillerie et d'équipages, que vous n'avez pas à vous louer de quelques officiers, mais il est impossible d'y remédier. »

Après ce préambule, le duc d'Istrie conseillait à Masséna d'échelonner ses troupes entre Ciudad et Salamanque, d'envoyer en première ligne la brigade Fournier et les anciens dépôts de Peñaranda. Il proposait de construire des fours, de rassembler des transports ; avec la réserve de Salamanque et les produits fournis par les provinces de Toro, Zamora, Avila, l'armée aurait les subsistances nécessaires. Pendant ce temps, la cavalerie irait, pour se refaire, non à Benavente mais dans la province de Ségovie, encore intacte, vers Medina. On procéderait à l'équipement des corps et on achèterait des mulets pour les transports ; l'armée se préparerait ainsi peu à peu pour une campagne sérieuse.

C'étaient là des conseils pleins de raison, mais Masséna voulait autre chose. L'armée anglaise était entrée en campagne. Wellington l'avait séparée en deux tronçons : une partie marchant sur Badajoz, pour reprendre cette place enlevée par Soult aux Espagnols. Masséna voulut profiter de cette division : il concentra son armée et demanda d'une façon pressante des secours à Bessières.

La question des blés l'agite toujours. Cependant le duc d'Istrie fait tout ce qu'il peut : il prend de multiples arrêtés et dépense en marchés tout l'argent disponible. Mais, sous les ordres de Masséna, le général Thiébault, l'intendant général Lambert travaillent mal. Bessières ne comprend rien aux plaintes de son collègue : il a mis trois provinces à sa diposition, il suffirait d'imprimer une bonne direction aux diverses branches de l'administration et cela ne l'empêcherait pas de faire son possible de son côté. Mais il ne peut guère :

« Je ne puis, écrit-il, faire davantage, je désirerais avoir trouvé moins de désordre dans ce pays et plus de magasins. Je sais combien votre situation est pénible et l'impossibilité où se trouve votre armée de prendre l'offensive, mais vous sentirez vous-même que nous ne pouvons faire mieux quand vous penserez au peu de temps et de moyens que nous avons eus. »

Masséna, cependant, veut agir quand même. Il supplie Bessières de venir à son aide, et, le 17 avril, lui écrit de Salamanque :

« Mon cher maréchal... je veux secourir
Almeïda. Je vous propose de mettre à ma disposition douze ou quinze cents chevaux, ceux de
l'armée de Portugal n'étant en état de rendre
aucun service. Je vous demande de plus une
division d'infanterie pour placer en réserve, des
vivres. Je vous demande encore quinze à dix-huit
pièces d'artillerie bien attelées, celles étant à mes
ordres hors d'état de marcher.

» Avec ces moyens, nul doute que l'ennemi ne
soit déposté et chassé hors des frontières de l'Espagne, au delà de la Coa. Mon cher maréchal, je
vis au jour le jour : vous pouvez tout. Il ne faut
pas perdre un instant : il est très urgent de marcher au secours d'Almeïda. C'est à vous de
donner des ordres et vous me trouverez porté de
la meilleure volonté pour faire tout ce qu'il sera
convenable aux intérêts de Sa Majesté. »

Ainsi Masséna n'avait rien ou presque; il
demandait tout : cavalerie, artillerie, réserve,
vivres. Et Bessières devait les lui fournir maintenant que des difficultés multiples le menaçaient
partout! C'était impossible. — En tout cas, le
prince d'Essling, qui suppliait en Espagne, était
mal venu de crier en France. C'est ce qu'il fai-

sait cependant : il menait près de l'Empereur une campagne déjà violente contre le duc d'Istrie et, tandis que celui-ci agissait franchement à son égard et s'efforçait de lui rendre service, Masséna envoyait à Paris son aide de camp Canouville, écrivant au major général :

« Je me résume : de toutes les promesses que M. le duc d'Istrie m'a faites, aucune ne s'est effectuée. »

C'était une accusation mensongère.

Et Bessières lui écrivait avec confiance :

« Il n'était dans mes vues d'aller à Salamanque que pour avoir le plaisir de vous y voir et parce que j'espère trouver le même désir de votre part. Je vous dirai même que j'ai beaucoup à cœur de vous avoir vu et de m'être entretenu avec vous, vous trouverez en moi un vieil ami qui se fera toujours un devoir et un plaisir de vous être utile. Si les circonstances nous reportent sur le même champ de bataille, honneur au plus ancien! voilà ma devise. J'en ai agi ainsi il n'y a pas bien longtemps et j'espère que vous ne l'avez pas oublié. Vous êtes le doyen et je ferai de mon mieux comme à Roveredo. »

Le 19 au soir Masséna écrivit de nouveau à Bessières :

« Le moment presse, mon cher maréchal, et il faut absolument marcher au secours d'Almeïda et on ne le peut qu'avec des vivres. Mettez tout en réquisition, arrivez en toute hâte : je n'attends que votre réponse pour commencer mon mouvement, je vous en conjure, ne perdez pas une minute. »

Baudus est aussitôt envoyé à Salamanque par Bessières pour annoncer son arrivée le 20 avril. Mais de nouvelles difficultés viennent l'assaillir de toutes parts : il apprend que la situation de la Navarre et de la Biscaye empire; un convoi de trois millions pour l'armée de Portugal, arrêté à Vittoria à cause des guerillas, l'oblige à diriger en Navarre deux nouveaux régiments. Les bandes qui infestent la montagne le forcent aussi à y porter de nouvelles troupes. Enfin un coup décisif lui est porté : une dépêche de Berthier lui ordonne de renvoyer dans le Midi immédiatement 10 000 hommes stationnés dans le 7ᵉ gouvernement. Il n'est plus possible dès lors de distraire un homme à la division Seras, réduite à 3 000 hommes; il ne reste que deux régiments de la garde à Valladolid, dont l'un toujours en course; la brigade Vathier à Medina est nécessaire pour assurer la marche des convois.

« Telle est, prince, écrit-il le 21, la situation des affaires depuis quelques jours et l'emplacement des troupes que j'aurais pu rendre disponibles si je n'avais pas été affaibli par le départ de celles qui étaient destinées à l'armée du Midi. Dans cet état de choses, il m'est impossible de vous envoyer une division d'infanterie : il faudrait lever tous les postes de communication? Si vous prévoyez avoir besoin d'un renfort de cavalerie, je le tiendrai à votre disposition au premier avis que vous m'en donnerez; quant à l'artillerie, je vous propose seize attelages. »

Masséna cependant vivait dans un continuel état de colère. Il venait de recevoir des dépêches de Berthier qui désapprouvait ses mouvements et ordonnait à d'Erlon d'emmener le 9° corps dans le Midi. Masséna retenait malgré lui d'Erlon et était avec ce général dans les termes les plus tendus. Il était mal avec Loison à qui il refusait un congé que le vieux divisionnaire, mécontent de son chef, demandait pour rentrer soigner ses blessures en France. Enfin il trouvait moyen de froisser l'amour-propre de Reynier en le faisant surveiller par son chef d'état-major Fririon et de se le rendre hostile.

Il faisait tout ce qu'il pouvait pour indisposer

de même Bessières. Il était parti pour Ciudad-Rodrigo et multipliait ses lettres d'appel au duc d'Istrie. Le 2, il lui annonce son départ :

« ... C'est vous faire sentir, dit-il, combien votre secours m'eût été nécessaire, au moins sous deux rapports, pour votre armée même et la tranquillité du Nord de l'Espagne. Je n'ai pas ménagé mes instances auprès de vous. Si mes efforts n'étaient pas heureux, votre dévouement pour le service de l'Empereur vous ferait regretter de ne pas m'avoir secondé avec les moyens que vous m'aviez fait espérer avant que j'en eusse besoin. »

Pendant ce temps, le duc d'Istrie agissait au plus vite : la réponse de Masséna à sa lettre du 21 lui arrive le 22 : il annonce aussitôt qu'il réunit les secours. Il rassemble 1 500 cavaliers (800 grenadiers de la garde sous le général Lepic et 700 hommes de cavalerie légère du général Vathier), 6 pièces de canon et 30 attelages d'artillerie. Ce secours pouvait décider une bataille : Masséna les attendit du 26 avril au 1er mai.

Le 1er mai, au moment où le prince d'Essling allait partir, Bessières arriva en personne. Il se porta vers son collègue et lui tendit la main : « Dieu soit loué, s'écria le duc d'Istrie, je craignais d'arriver trop tard. — Convenez qu'il y aurait eu de votre faute. — Ah! prince, comme vous me jugez-mal. — Qu'amenez-vous? reprend Masséna. — Les brigades Vathier et Lepic, 6 pièces d'artillerie et 30 attelages. — Où est tout cela? — Entre Boveda et San-Munos. — Mais il y a sept lieues d'ici? Vos troupes ne seront rendues que demain matin. — Je n'ai pu mieux faire. »

Le 2 mai les troupes arrivèrent, amenant en outre mille fanègues de blé pour nourrir l'armée pendant la campagne qui s'engageait. Cette armée allait comprendre quatre corps : le 2e, général Reynier; le 6e, général Loyson; le 8e, général Junot, et le 9e, général Drouot; — un corps de 2400 cavaliers commandé par Montbrun et 800 cavaliers de la Garde, — en tout 36 000 combattants.

L'armée anglaise campait derrière un ruisseau, le Dos-Casas, qui se jette dans l'Agueda, autour du village de Fuentès d'Onoro. Elle était forte de 45 000 hommes : 28 000 Anglais, 12 000 Portugais et 5 000 Espagnols, commandée par Wellington. A l'extrême droite se trouvaient les Espagnols du partisan Don Jullian; à droite, près de Fuentès même, dans une partie encaissée et très forte de la vallée, quatre divisions de l'armée anglaise et une partie de l'armée portugaise, qui assuraient en ce point important les communications de l'armée anglaise avec le Portugal; — à gauche enfin, deux divisions anglaises et le reste des Portugais, prolongeant la ligne jusqu'à Almeïda. Telle était la position dans laquelle Wellington attendait les Français.

Masséna arriva le 3 mai en face des Anglais. Il engagea le jour même un premier combat, replia les avant-postes anglais et s'empara d'une partie du village de Fuentès d'Onoro. Le 4 se passa en reconnaissances et, le 5, la véritable bataille s'engagea. Reynier occupait l'aile droite devant Almeïda, Drouet le centre à Fuentès même. Les 6ᵉ et 8ᵉ corps, la cavalerie devaient faire à gauche le principal effort et tourner la droite des Anglais vers Pozzo-Velho. Mais Masséna avait mis une journée à réaliser ces conceptions; Wellington avait eu le temps de les observer et de porter aussi ses forces vers la droite.

Le 5 au matin, Montbrun, qui avait sous ses ordres 1 000 dragons et 1 400 hussards et chasseurs, commença par balayer les troupes espagnoles de l'extrême droite et les dispersa. Puis l'attaque principale commença. Wellington avait placé vers Pozzo-Velho la 7ᵉ division anglaise Houston, une brigade portugaise et une partie de la cavalerie. Le 6ᵉ corps attaqua Pozzo-Velho et en chassa les Portugais qui se replièrent sur les Anglais. — Montbrun attaqua ceux-ci : ses dragons rompirent la cavalerie anglaise, puis il voulut charger la division Houston. Malheureusement il lui fallait de l'artillerie : il demanda celle de la garde, qu'on lui refusa. Tandis qu'il perdait ainsi du temps, Wellington envoyait la division Crawford au secours de sa droite compromise. Cependant, Montbrun, par des charges habiles et répétées, fait reculer les troupes d'Houston et les rejette fort maltraitées au delà du Turones, petit ruisseau qui coulait parallèlement au Dos-Casas derrière la ligne anglaise. Si le 6ᵉ corps soutient énergiquement Montbrun, la droite anglaise va être rejetée sur le centre : Montbrun continue en effet ses superbes opérations. Il attaque la division Crawford qui l'attend formée en trois carrés couverts d'une forte artillerie : le général Fournier et le général Vathier attaquent les carrés avec la cavalerie légère : deux des trois carrés sont enfoncés et 1 500 Anglais se rendent. Mais Montbrun n'est pas soutenu : le 6ᵉ corps a marché trop à droite et va derrière Fuentès d'Onoro sans rien faire d'utile et en abandonnant la cavalerie. Masséna veut combler le vide avec la cavalerie de la garde, mais il essuie un refus. Devant Montbrun isolé, la droite des Anglais se reforme autour de la division Spencer avec une forte artillerie et toute la cavalerie. Ailleurs on ne fait rien : ni Reynier à notre droite, ni Drouet au centre ne font d'effort décisif : l'attaque est d'une mollesse extrême. Cependant Masséna cherche à boucher les trous de sa ligne : il veut engager une lutte suprême, mais il n'a plus de munitions. Bessières alléguant les fatigues de ses attelages ne veut pas en envoyer chercher à Ciudad-Rodrigo avant le lendemain. Le 6 mai, Masséna désespérant de vaincre les Anglais, se décide à battre en retraite en faisant sauter Almeïda. Le 10 mai, la retraite commence et l'armée du Portugal revient à Salamanque.

L'état-major de Masséna voulut rejeter sur Bessières tout l'insuccès de cette campagne et certains historiens ont eu le tort de suivre ces errements. Nulle part on ne trouve cette thèse plus clairement exprimée que dans Marbot, alors aide de camp de Masséna : « Mais ce renfort, dit-il, si pompeusement annoncé et si longtemps attendu, se bornait à 1 500 hommes de cavalerie bien montés, six pièces d'artillerie et trente bons attelages; Bessières n'avait ni munitions de guerre, ni de provisions de bouche! C'était une véritable déception! » Rien n'est plus faux : car la cavalerie de Bessières allait doubler celle de l'armée de Portugal, ces attelages si dédaignés allaient faire à eux seuls tout le service de l'armée qui n'en avait plus un de valide. En outre, on a vu que Bessières avait parfaitement amené avec lui les vivres nécessaires à la campagne, afin de ne pas obliger Masséna à entamer pour cet usage les provisions des places fortes. « Masséna resta stupéfait, continue Marbot, en apercevant Bessières qui conduisait lui-même un si faible secours! La présence de ce maréchal était en effet blessante pour Masséna. L'armée du Portugal, en rentrant en Espagne, se trouvait, il est vrai, dans les provinces soumises au commandement territorial de Bessières, mais elle était néanmoins indépendante de lui, uniquement aux ordres de Masséna et parce que Bessières prêtait quelques soldats à celui-ci, ce n'était pas une raison pour qu'il vînt en personne contrôler, en quelque sorte, la conduite de son collègue. Masséna le comprit et nous dit en voyant apparaître Bessières : « Il aurait beaucoup mieux fait de m'envoyer quelques milliers d'hommes de plus et de rester au centre de ses provinces, plutôt que d'examiner et de critiquer ce que je vais faire! » Ces dernières paroles sont d'un bien petit esprit et indignes de Masséna. Il n'avait qu'à se louer d'avoir à ses côtés, prêt à lui rendre service, un homme tel que Bessières, aux avis duquel Napoléon lui-même attachait tant de prix. Si ces sentiments que lui prête Marbot sont réels, ils dénotent une bien mesquine jalousie. D'ailleurs, le caractère du prince d'Essling semble s'être singulièrement aigri durant cette campagne et être devenu très ombrageux avec l'âge.

Il s'était déjà brouillé avec le maréchal Ney, lui avait retiré son commandement dans un moment de colère et avait même refusé les services désintéressés de ce héros contre les Anglais; les échecs partiels éprouvés à la suite de cette brouille n'avaient pas corrigé Masséna. Il était en termes tendus avec la plupart de ses lieutenants, Reynier, Junot, Drouet, et partit de plus fâché avec Bessières en lançant contre celui-ci les plus injustes accusations. Masséna, que ces événements allaient faire disgracier, ne sut pas tomber noblement et fut loin de s'honorer par ses plaintes contre Bessières. On n'a jamais pu reprocher à celui-ci que d'être un peu Gascon, c'était de naissance, et par là de promettre quelquefois plus qu'il ne pouvait tenir, mais sa probité était au-dessus de tout soupçon.

Arrivons aux deux versions données de la bataille de Fuentès d'Onoro, d'une part par Marbot, aide de camp de Masséna, de l'autre par Baudus, aide de camp de Bessières. Elles sont en complète contradiction.

Après la première charge de Montbrun, il eût suffi à celui-ci d'avoir quelque artillerie pour écraser la division Houston et en finir avec l'aile droite anglaise : il avait demandé les batteries de la garde, mais Bessières les avait retenues en réserve, et le temps qu'on perdit par cette cause fit manquer l'attaque et remit tout en question. En réalité, la division Loison, qui devait coopérer au mouvement de Montbrun, fut responsable de tous les retards en ne soutenant pas la cavalerie; une vive discussion s'éleva entre Loison et Montbrun à la suite de laquelle le mouvement fut momentanément arrêté.

Une seconde fois la bataille fut sur le point d'être gagnée. Montbrun avait complètement rompu la droite ennemie et aurait achevé la victoire s'il eût été soutenu. Masséna voulut à cet effet faire marcher les escadrons de la garde du général Lepic. Marbot dit : « Mais le brave Lepic, mordant de désespoir la lame de son sabre, répond avec douleur que le maréchal Bessières, son chef direct, lui a formellement défendu d'engager les troupes de la garde sans son ordre. Dix aides de camp partent alors dans toutes les directions à la recherche de Bessières ; mais celui-ci avait disparu non par manque de valeur, car il était fort brave, mais par calcul ou jalousie contre son camarade. Il ne voulut pas envoyer un seul des hommes confiés à son commandement pour assurer un succès dont toute la gloire rejaillirait sur Masséna, sans songer aux intérêts supérieurs de la France! Enfin, au bout d'un quart d'heure, on trouva le maréchal Bessières loin du champ de bataille, errant au delà des marais, où il examinait de quelle façon étaient faites les fascines employées le matin pour établir le passage!... Il accourt d'un air empressé, mais le moment décisif, manqué par sa faute, ne se retrouve plus. »

D'ailleurs il devait se refuser à faire donner la garde « en disant qu'il était responsable envers l'Empereur des pertes que pourraient éprouver les troupes de la garde! Comme si toute l'armée ne servait pas l'Empereur, pour qui l'essentiel était de savoir les Anglais battus et chassés de la

Péninsule! Tous les militaires, conclut Marbot, furent indignés de la détermination de Bessières et se demandaient ce que ce maréchal était venu faire devant Almeïda, puisque, pour sauver la place, il ne voulait pas que ses troupes prissent part au combat. » Il fallait citer tout au long la diatribe de Marbot afin de la réfuter ensuite, car elle contient toutes les accusations portées contre Bessières à propos de cette bataille.

D'abord en s'éloignant un peu du champ de bataille, à contre cœur certainement, Bessières n'avait voulu que calmer les ridicules susceptibilités de Masséna. Celui-ci aurait dû être trop heureux d'avoir près de lui le vainqueur de Medina del Rio-Seco, de se faire seconder par lui et de profiter de ce coup d'œil très sûr et de ce courage tant appréciés de Napoléon. Au lieu de cela le prince d'Essling semblait traiter Bessières en espion de ses actes, ne daignait le tenir au courant de rien et lui demander conseil sur rien : sa jalousie inquiète était arrivée au paroxysme. Et ce n'est pas à son état-major à reprocher au duc d'Istrie une absence qui devait le peiner profondément et une inaction à laquelle les mauvais conseils et les déplorables flatteries des aides de camp de Masséna vis-à-vis de celui-ci ne devaient pas être étrangers. Ce n'est pas plus à Marbot, si brave soldat qu'il soit, de décerner à Bessières, un des plus grands héros de l'Empire, un brevet de courage qui ressemble presque à une aumône; il oublie trop facilement la grandeur d'âme du duc d'Istrie à son égard, et ses accusations sont quelque peu odieuses.

Ensuite, si Bessières refusa de faire donner la garde au milieu de la bataille, il ne fit qu'appliquer en cela les théories de Napoléon. Les 800 grenadiers du général Lepic formaient la seule réserve de l'armée; il eût été de la dernière imprudence de la compromettre en l'engageant. En outre, ce n'était pas là son rôle : il fallait mieux la réserver pour décider de la victoire ou parer à un incident imprévu, et Lepic lui-même, quoi qu'en dise Marbot, approuvait les ordres de Bessières. A l'heure où Masséna lui demandait la garde, ce maréchal avait d'autres ressources sous la main qu'il eût dû faire agir. A l'aile droite, Reynier ne faisait rien : il passa sa journée sans opérer une seule attaque sérieuse. Au centre, Drouet agit peu aussi et toute la journée Masséna ne sut que tâtonner autour de Fuentès d'Onoro : il sacrifia le reste de la bataille à l'action qu'il engageait sur sa gauche et là même ne sut pas soutenir ses troupes. Il laissa d'abord le 6ᵉ corps de Loison abandonner Montbrun sans le secourir, puis s'égarer à droite vers Fuentès et corrigea trop tard ces erreurs. Et il voulait que Bessières lançât la garde et compromît sa réserve pour réparer ces fautes multiples : la faute unique fut en réalité dans l'inaction presque générale de son infanterie, qui nulle part ne répondit à ses vues d'ensemble et qui, sur la droite, demeura dans une complète inaction.

Reste enfin la dernière discussion soulevée à la fin de la bataille quand l'armée n'eut plus de munitions. « Masséna, n'ayant aucun moyen de transport, invite le maréchal Bessières à lui prêter pour quelques heures les caissons de la garde ; mais celui-ci répond froidement que ses attelages, déjà fatigués dans cette journée, seront perdus s'ils font une marche de nuit par de mauvais chemins et qu'il ne les prêtera que le lendemain ! Masséna s'emporte et s'écrie qu'on lui enlève une seconde fois la victoire, qui vaut bien le prix de quelques chevaux ; mais Bessières refuse encore et une scène des plus violentes a lieu entre les deux maréchaux » (Marbot). Il est encore impossible de ne pas donner raison à Bessières en cette occur-rence. Les caissons qu'il avait amenés avec lui

formaient tous les moyens de transport de l'armée :
Masséna avouait dans une de ses lettres qu'il n'en
avait personnellement aucun. Il était donc dangereux de risquer de perdre ces dernières ressources, ce qui eût mis l'armée de Portugal dans
l'impossibilité d'agir efficacement dans la suite.
En outre il était trop tard pour recommencer la
bataille et jamais les munitions ne seraient arrivées à temps. Le lendemain 6, au point du jour,
les caissons de Bessières partirent pour Ciudad-
Rodrigo et ils ne purent rapporter les cartouches
que dans l'après-midi ; on voit que le duc d'Istrie
n'avait mis aucune mauvaise volonté, ce qui
n'empêcha pas l'état-major de Masséna de l'accuser
encore d'inertie et de rejeter sur lui la lenteur de
ces communications dont le déplorable état des
routes espagnoles était seul la cause.

Telles sont les diverses considérations que l'on
produisit en ces circonstances pour et contre le
maréchal Bessières. Elles furent portées en France
devant l'Empereur. Masséna se plaignait vivement
à Paris de Bessières et était arrivé à indisposer
Napoléon contre ce dernier. Le duc d'Istrie fut
informé des agissements du prince d'Essling et se
décida à envoyer Baudus en France pour le
défendre et parer les coups perfides de ses ennemis.

Son aide de camp partit donc : il rejoignit l'Empereur à Cherbourg et eut une entrevue avec lui. L'Empereur était très prévenu contre Bessières; aussi reçut-il mal Baudus et l'interpella-t-il assez violemment : « Masséna a commis de grandes fautes! dit-il. C'est un homme usé; il n'est plus capable de commander à un caporal et quatre hommes!... Mais Bessières, Bessières est dans la force de l'âge, il m'est tout dévoué! Comment a-t-il si mal conduit mes affaires? Quel motif a pu l'empêcher de joindre l'armée de Portugal avec une grande partie de son infanterie?... etc. »

Quand Napoléon eut fini ses récriminations, Baudus parla et lui raconta ce qui s'était exactement passé. Il avait personnellement mission d'offrir à Masséna des secours de toutes sortes au moment de sa retraite en Espagne. « Je rejoignis, dit-il, le prince d'Essling entre Sabugal et Alfayates. Il répondit alors aux offres que je lui fis, qu'il ne réclamait que des vivres. » Bessières s'efforça aussitôt de lui en fournir. — Quand Masséna voulut reprendre l'offensive contre les Anglais, Bessières lui envoya de nouveau Baudus pour lui offrir la coopération d'un corps nombreux qu'il commanderait. « Masséna, me dit, — raconte Baudus — qu'il avait assez d'infanterie, que le

matériel et le personnel de son artillerie étaient
suffisants, que les chevaux seuls lui manquaient. »
Ces affirmations sont décisives; c'est Masséna qui
refusa les offres de Bessières par pure jalousie, et
celui-ci donna tout ce qu'il demandait en lui
fournissant de la cavalerie et des chevaux de trait;
il les amena le plus vite possible, car il partit de
Valladolid avec le secours attendu le surlendemain
du retour de Baudus, apportant la réponse de
Masséna.

Baudus raconta encore à l'Empereur la bataille
de Fuentès d'Onoro. La cause de l'insuccès fut
dans l'inaction inexplicable de l'infanterie; les
chefs de corps ne marchèrent pas au combat, le
6ᵉ corps en particulier ne faisait rien depuis que
la mauvaise humeur du prince d'Essling l'avait
privé de son vaillant chef, Ney; Reynier, Junot,
Drouet, Loison, n'exécutèrent aucun mouvement
sous la direction chancelante du héros de Gênes
et de Zurich vieilli. Napoléon fut furieux au récit
de ces événements, furieux de la mollesse des
généraux : «. Ils ne veulent donc plus se battre? »
s'écria-t-il. La lassitude commençait en effet :
les soldats de l'Empire, gavés maintenant,
n'avaient plus l'ardeur passée.

Cependant Baudus avait achevé sa défense.

Napoléon le renvoya : « Sortez! dit-il, vous êtes trop jeune pour raisonner sur ces choses-là. » Il lui fit même dire qu'il était mécontent de sa trop grande liberté de ton. Baudus, navré de ce résultat, alla trouver Duroc, vieil ami de Bessières. Duroc intervint près de Napoléon, mais en vain; pour le moment, l'Empereur était furieux et ne voulait plus rien entendre. Baudus quitta Cherbourg et alla voir madame Bessières. Heureusement, avant de repartir pour l'Espagne, il rencontra le prince Eugène qui le rassura et le renvoya même joyeux. Napoléon avait réfléchi et changé d'avis : « Je me suis emporté contre l'aide de camp de Bessières, avait-il dit. C'est un brave homme, il a bien défendu son général. » Quant au duc d'Istrie, il lui donnait maintenant raison et sa faveur devait être plus grande que jamais. Masséna fut disgracié et remplacé par le général Marmont.

De nombreuses difficultés se présentaient en Espagne à ce moment. Le régime militaire qu'y faisait régner Napoléon était terriblement lourd pour le pays qui pliait sous le fardeau. Le roi Joseph se voyait forcé d'être le porte-paroles du parti espagnol modéré qui composait sa cour mais désirait pour le bien de leur patrie voir changer l'état des choses actuel.

Malheureusement diminuer le régime militaire, c'eût été diminuer l'armée et la mettre dans l'impossibilité de résister à la double action des guerillas espagnoles et de l'armée de Wellington.

Autant valait renoncer à l'Espagne, et l'Empereur ne pouvait accéder aux demandes de Joseph. Tout ce que pouvait lui offrir Napoléon, c'était de lui envoyer en Espagne des auxiliaires de son choix; le roi Joseph ne s'entendait guère avec les maréchaux qui agissaient tous en souverains et faisaient peu de cas de l'infortuné monarque. L'Empereur offrit à son frère de rappeler à lui Bessières et de le remplacer par l'ami dévoué du roi d'Espagne, le maréchal Jourdan. L'affaire ne s'arrangea pas et Bessières resta en Espagne.

Après Masséna il fallait avoir affaire à Marmont. Celui-ci s'appliquait à réorganiser avec Reynier l'armée de Portugal avant de se remettre en campagne. Il fait aussitôt pleuvoir sur Bessières les demandes de toutes sortes et la correspondance du duc d'Istrie nous renseigne à ce sujet. — Le 18 mai, une lettre de Bessières traite des diverses questions de secours matériels demandés par le duc de Dalmatie. Pour les

vivres, écrit-il, « je vous abandonne les provinces
de Toro et de Zamora, Ségovie et Avila doivent
fournir aussi. Si cela ne suffit pas, je vous aban-
donnerai le sixième gouvernement, mais en retirant les troupes ». Bessières fournit également
des vêtements à l'armée de Portugal et ne refuse
que de l'argent, qu'il n'a pas.

Le 19 mai, nouvelle lettre : « Vous me faites
connaître que vous avez l'intention de faire
bientôt un mouvement. Il m'est impossible d'envoyer des troupes à Salamanque, je suis même
forcé de retenir un bataillon destiné à l'armée du
Midi. L'ennemi a fait un mouvement de Ponfer-
rada par le val du Buron sur le général Bonnet;
toute cette partie de la Montana est en insurrection : les habitants ont abandonné leurs villages.
J'y ai envoyé les seules troupes que j'avais disponibles. Vous connaissez la situation des autres
provinces; elle est aussi peu satisfaisante... »

En ce moment, en effet, à la suite de l'échec
de Fuentès d'Onoro, l'insurrection espagnole
redouble partout de vigueur et Bessières va être
forcé de faire un vigoureux effort. Il ne peut donc
encore porter secours à l'armée de Portugal.

Aussi, comme Marmont veut prendre l'offensive sur le Tage, trouve-t-il ce moment un peu

dangereux. Il le prévient d'ailleurs définitivement qu'il ne pourra se joindre à lui. « Je sens, écrit-il le 23 mai, tout le prix de la gloire qu'il y aurait à battre les Anglais, je suis plein de confiance dans vos talents militaires. Je voudrais pouvoir vous appuyer avec dix mille hommes, je le ferais par le double sentiment que je vous porte et le désir que j'aurais à coopérer à la défaite des Anglais... Mais je ne le puis ; toutes mes troupes sont occupées et loin de moi. »

Bessières conseillait à Marmont d'être prudent, de se contenter d'une démonstration sur le Tage en gardant Salamanque, ce qui suffirait à opérer la diversion voulue en faveur de l'armée du Midi.

Bessières adressa un rapport à Paris, au major général, sur les projets de l'armée de Portugal, où la trop grande hardiesse de Marmont l'inquiétait. Cette armée de Portugal, disait-il, était encore dans le plus mauvais état, n'avait que des forces insignifiantes d'artillerie et de cavalerie, manquait absolument de transports.

C'était peu, dans ces conditions, de 30 000 soldats aussi mal soutenus pour entrer en campagne contre Wellington. Marmont était trop confiant et risquait de compromettre définitivement l'armée qui lui était confiée. « Il est des circonstances,

écrivait le duc d'Istrie, où il faut savoir temporiser pour se ménager les moyens de reprendre
l'offensive. » L'armée de Portugal n'a qu'à
patienter un peu et à refaire ses forces. Pendant
ce temps, il mettra la Navarre à la raison et
rejettera les insurgés en Galice et il pourra alors
réunir 10 000 hommes et appuyer le mouvement
contre Wellington. Malgré ce rapport Berthier
autorisa Marmont à agir comme il l'entendrait;
celui-ci, de concert avec Soult, fit d'abord une
heureuse expédition, et délivra Badajoz, mais dès
qu'abandonné par Soult il fut livré à ses propres
forces, il ne put rien contre les Anglais; les événements vérifièrent ainsi les prédictions de Bessières.

Celui-ci avait agi avec promptitude et énergie
dans le Nord de l'Espagne que plusieurs entreprises de bandes espagnoles avaient troublé. Le
Marquesito avait surpris Santander et ravageait
de là la province. Les révoltés de Léon s'étaient
faits plus hardis et attaquaient vivement le général
Seras. Le duc d'Istrie marcha contre eux avec la
Jeune Garde; il atteignit leurs principaux rassem-
blements et les dispersa complètement. Mais il
avait trop à faire pour agir efficacement partout;
occuper à la fois Burgos, Valladolid, Salamanque,

Astorga et Léon. Il résolut l'abandon d'Astorga, le général Bonnet occupait cette ville depuis plusieurs années et maintenait le calme dans les provinces asturiennes avec beaucoup d'adresse. Sur l'ordre de Bessières, il fit sauter les fortifications d'Astorga et battit en retraite ; c'était là peut-être une mesure fâcheuse : il était dangereux de ne plus se maintenir dans les Asturies car on dominait de là la Galice. Maintenant il allait falloir craindre une descente en Castille des Galiciens et des Asturiens réunis. Pour le moment, en tout cas, le gouvernement du maréchal du Nord de l'Espagne était dans une parfaite tranquillité ; jamais le pays n'avait été si paisible et l'administration à la fois ferme et douce de Bessières, qui devait y laisser de touchants souvenirs, avait porté les meilleurs fruits.

Au début de septembre, la guerre de Russie commença à se préparer activement. Le maréchal Bessières devait accompagner l'Empereur dans la nouvelle campagne et y reprendre la direction de la Garde Impériale. Il fut rappelé à Paris ; le général de la garde, Dorsenne, le remplaça au gouvernement du Nord de l'Espagne.

La deuxième campagne du maréchal en Espagne était terminée. Elle n'avait pas eu l'éclat de la

première; bien au contraire, toutes les difficultés
de la guerre d'Espagne l'avaient assailli. Il avait
ressenti les plus grands ennuis de la part de ses
collègues et avait failli tomber en disgrâce par
la jalousie de Masséna. Il était sorti victorieusement de ce fâcheux incident, mais le caractère
ombrageux du premier commandant de l'armée
de Portugal, la légèreté du second ne lui avaient
pas permis de contribuer à une décisive campagne
contre les Anglais. Tout ce qu'il put faire, c'est
de remettre à son successeur l'étendue du gouvernement qu'on lui avait confié, dans le plus parfait
état où il se fût jamais trouvé. Il quittait donc
l'Espagne après un séjour très honorable bien
que sans grands résultats, puisque l'occasion ne
s'était pas présentée à lui pour en obtenir.

CHAPITRE XIII

LA CAMPAGNE DE RUSSIE

La guerre de Russie. — Immenses préparatifs de Napoléon. —
Organisation de la Garde Impériale : la cavalerie de la garde
—Marche des troupes jusqu'au Niemen et passage du Niemen.
Marche sur Wilna-Witebsk : commencement de désorganisa-
tion dans l'armée. — Smolensk : devait-on s'arrêter sur le
Dnieper? — Marche sur Moscou. — Bataille de la Moskowa :
Napoléon refuse de faire donner la garde. — Entrée à Moscou : incendie de la ville.
Formation d'un corps d'armée pour suivre les mouvements
des Russes : l'Empereur en donne le commandement à Bessières. — Prise de Desna. — Bessières rejoint Murat : leur
établissement à Winkowo en face du camp russe de Taroutino. — Énormes pertes subies par la cavalerie. — Napoléon se décide à battre en retraite.
Kutusow prend l'offensive : beau combat soutenu par Murat et
Bessières à Winkowo où ils repoussent les Russes. — Commencement de la retraite. — Malo-Jaroslawetz. — L'Empereur surpris par les Cosaques sur la Lougea : la cavalerie
de la garde le sauve. — Conseil de guerre de Gorodnia.
Retraite vers Smolensk : début de la débâcle et rapide anéan-
tissement de la Grande Armée. — Krasnoë. — La Bérésina.
— Départ de l'Empereur : intervention de Bessières. — Fin
de la campagne. — Rentrée de Bessières en France.

L'année 1812 est celle de la triste campagne de
Russie. L'Empereur n'avait pas su s'arrêter dans

ses extraordinaires triomphes : après avoir vaincu l'Europe entière, il eût dû transporter toutes ses forces en Espagne pour en finir avec l'Angleterre et assurer ainsi la paix universelle. Peut-être eût-il alors pu jouir de la Fortune et donner à l'Empire d'Occident une existence durable. Malgré son génie, il ne sut pas le faire : il allait chercher au Nord ce qu'il aurait fallu réaliser au Midi: il rêvait Moscou, il eût dû marcher sur Lisbonne. Il voulait trouver au delà du Niemen le succès définitif : il porta la peine de son erreur et de son insatiable ambition. Il n'y trouva, après un début brillant, qu'une horrible débâcle : son génie fut vaincu par la nature, et les plaines de Russie virent commencer la série des malheurs où sa puissance devait sombrer.

Cependant l'Empereur rassemblait sur les bords du Niemen la plus formidable armée créée jusqu'à ce jour : 400 000 hommes de toutes armes et de toutes nations allaient être réunis pour envahir la Russie; ses lieutenants étaient Davout, le prince Eugène, Ney, Oudinot, le roi Jérôme, Macdonald, etc. : Murat devait revenir de Naples pour se mettre à la tête de la réserve de cavalerie. Bessières reprenait sa place à la Garde Impériale. Celle-ci devenait à elle seule une véri-

table armée, elle comptait alors 47 000 hommes :
la Vieille Garde, chasseurs et grenadiers à pied,
commandée par Lefebvre; — la Jeune Garde,
tirailleurs et voltigeurs, sous les ordres de Mortier; — la cavalerie portée à 6 000 combattants
d'élite et l'artillerie à 200 pièces. Le duc d'Istrie
conservait l'administration générale du corps et
le commandement particulier de la cavalerie;
durant la pénible campagne qui allait s'ouvrir,
il sauva longtemps cette admirable troupe du
désastre où s'effondra lentement ce colossal et
unique armement. Elle avait une merveilleuse
éducation militaire et un recrutement d'élite; en
outre, Napoléon la conserva précieusement intacte
jusqu'à Moscou, refusant avec entêtement de la
compromettre en des engagements brillants mais
coûteux pour elle. Aussi, lorsqu'à Moscou il
n'eut plus sous la main qu'une armée fondue de
100 000 hommes environ, trouva-t-il pour le soutenir aux temps des revers une troupe intacte :
la Vieille Garde et la cavalerie de la Garde.
Quand les cavaliers de Murat eurent disparu,
ceux de Bessières purent dépenser des forces
encore entières.

Durant les premiers mois de 1812, le maréchal fut très occupé par l'organisation et la

mise en route des divers corps de la garde. La cavalerie devait comprendre : la division des grenadiers à cheval, 1 250 hommes sous le commandement du général Walther; — la division de chasseurs à cheval, général Lefebvre-Desnoëttes, 1 250 hommes; — la compagnie de 120 mamelucks; — deux escadrons de 450 gendarmes; — le régiment des dragons de l'Impératrice, colonel Ornano, — et deux régiments de lanciers, les lanciers polonais (formés en 1807) du colonel comte Krasinski et les chevau-légers lanciers du colonel Colbert. Elle constituait ainsi une véritable doublure de la réserve de cavalerie; Bessières s'occupa de la remonter en chevaux, en même temps que l'artillerie et les services du train. Les nombreux achats de chevaux faits en Allemagne lui facilitèrent cette tâche et la cavalerie partit en parfait état. Dès le mois de janvier Bessières commença à mettre la garde en route vers le Rhin, mais l'Empereur ne voulait pas donner l'éveil à la Russie, aussi tous les premiers mouvements de troupes s'opérèrent-ils en grand secret. Les régiments cantonnés autour de Paris partirent les premiers en février, et en mars toutes les unités de la garde s'éloignèrent une à une vers l'Allemagne : le duc d'Istrie devait

d'abord les diriger vers deux points de rassemblement principaux, Dresde et Berlin, et ces mises
en route successives lui demandaient de grands
efforts d'organisation. Il y avait d'ailleurs à ce
moment un extraordinaire mouvement d'armées :
600 000 soldats sillonnaient l'Allemagne en tous
sens et s'avançaient, au début d'avril, jusqu'à
l'Oder.

Vers le 15 avril un second mouvement s'opéra
pour porter toutes les troupes de l'Oder à la Vistule. Bessières rassembla la garde à Posen. Le
roi de Naples n'étant pas encore là, la réserve de
cavaliers n'avait pas encore reçu de formation indépendante ; de ses quatre corps d'armées, deux, ceux
de Grouchy et de Latour-Maubourg, marchaient
avec Davout et Ney ; les deux autres, ceux de Nansouty et de Montbrun, marchèrent avec Bessières
et la garde. De Posen, Bessières se porta au delà de
la Vistule et vint camper sur la Pregel : Napoléon
lui-même, parti de Paris le 9 mai, après avoir
séjourné à Dresde au milieu de tous les princes
de l'Europe venus pour lui rendre hommage,
rejoignit au début de juin la Grande Armée. Il
inspecta les corps et vit dans tous ses détails la
garde dont l'admirable tenue et la parfaite organisation lui assuraient un merveilleux point

d'appui. Il dirigea ensuite toutes ses troupes sur
le Niemen. Parti de Gumbinnen le 21, le 22
Bessières était à Wilkowicsk et débouchait le 23
avec le quartier général et le centre de l'armée
sur les bords du Niemen. Le passage eut lieu le
24 : la garde suivit les corps de Davout, Ney et
Oudinot, et passa sous les yeux de l'Empereur
enivré du spectacle de sa grandeur qui paraissait
sans limites.

Napoléon marchait sur Wilna pour s'emparer
de la capitale de la Lithuanie et séparer ainsi les
deux armées russes, Barclay de Tolly et Bagration. Il se dirigeait avec une armée centrale composée de la cavalerie de Murat, du corps de Davout
et de la garde directement sur Wilna : Bessières
l'accompagna du reste sans le quitter jusqu'à
Moscou et la marche de ses troupes se confond
avec celle du quartier général de l'Empereur. Le
26, le duc d'Istrie est à Gismory, le 27 à Jewe et,
le 28, il entre avec Napoléon à Wilna, que l'avant-
garde a occupé le matin sur l'arrière-garde de
l'armée impériale russe avec laquelle Barclay se
retire sur la Dwina, vers le camp retranché de
Drissa.

Bessières reste à Wilna jusqu'au 16 juillet

tandis que l'Empereur rallie tout ce qui est resté
en arrière et organise la Lithuanie. Puis Napoléon reprend l'offensive : pendant que Davout à
l'aile droite poursuit Bagration vers le Dnieper
et que l'aile gauche fait face à Barclay sur la
Dwina, il veut avec Murat, Eugène et Bessières
tourner le camp de Drissa par Polotsk et envelopper les Russes. Sur les ordres de l'Empereur,
Bessières fait partir en avant-garde la cavalerie
légère de Lefebvre-Desnoëttes, qui sur la route
de Gloubokoë devait organiser les subsistances
et protéger les soldats du génie qui préparaient
la route de l'armée à travers les marais du pays.
Puis la Jeune et Vieille Gardes suivirent et Napoléon partit lui-même avec Bessières le 16 juillet
au soir. Le 18 au matin, le quartier général
s'établit à Gloubokoë. Murat était à Polotsk,
Eugène à Viléiska, Ney et Oudinot en face de
Barclay. Mais celui-ci n'attendit pas, il quitta
Drissa et remonta la Dwina pour aller à Witebsk
et tâcher d'y rejoindre Bagration. Napoléon fit
aussitôt converger son armée vers Witebsk, laissant une forte aile gauche sur la Dwina vers
Polotsk. Bessières descendit en arrière-garde, par
Kamen et Bechenkowitch, sur Witebsk où il
arriva le 28 juillet.

Malheureusement, l'Empereur n'avait pu arrêter Barclay qui descendait sur Smolensk pour y
donner la main à Bagration que Davout, avec de
trop faibles ressources, avait pu vaincre mais non
écraser. Napoléon passa une quinzaine de jours à
Witebsk avec la garde : le duc d'Istrie s'y installa
également. L'Empereur essaya d'y réorganiser les
troupes et de leur donner du repos; il n'avait
encore obtenu aucun résultat définitif et son
armée était déjà terriblement diminuée par les
combats et surtout par les deux grands fléaux,
la maladie et la désertion. De 400 000 hommes,
il lui en restait 260 000 environ. La Jeune Garde
avait été fortement atteinte : la désertion avait fait
des vides immenses dans les contingents étrangers d'infanterie, surtout dans les jeunes recrues
polonaises de la division Claparède, dont plus de
la moitié avait quitté le drapeau. La cavalerie
avait peu souffert, sauf les régiments de cavalerie
légère employés aux reconnaissances personnelles
de l'Empereur et qui avaient subi quelques pertes.
Les corps de la Vieille Garde seuls n'avaient pas
été atteints mais l'effectif général avait baissé à
28 000 combattants. Bessières s'efforça de bien
refaire ses troupes durant ce séjour.

Il eût fallu s'arrêter; Napoléon ne repoussait

pas absolument cette idée mais il voulait auparavant remporter sur les Russes quelque triomphe bien net. Il résolut de marcher sur le Dnieper, de passer sur la rive gauche et, joint à Davout, de surprendre les Russes à Smolensk pour les couper de Moscou. En conséquence, l'Empereur fit partir son armée vers le Dnieper : il descendit à l'arrière-garde avec Bessières par Babinowiczi sur Rassasna. La garde y franchit le Dnieper dans la nuit du 13 au 14. Mais le mouvement échoua ; Napoléon ne put qu'enlever Smolensk de vive force après de furieux combats et l'armée russe continua sa retraite sur Moscou (17, 18 août).

Allait-on enfin s'arrêter à Smolensk ou continuer à s'enfoncer dans l'intérieur de la Russie? Napoléon disait : « Nous ne ferons pas la folie de Charles XII.... La première campagne de Russie est finie, plantons ici nos aigles ; 1813 nous verra à Moscou, 1814 à Saint-Pétersbourg. La guerre de Russie est une guerre de trois ans. » Mais l'impatience le prit bientôt : le désir d'atteindre Moscou l'emportait en son âme. Il décida d'avancer toujours et à ce moment on l'en approuva. A Moscou, Bessières dit encore à Baudus : « L'Empereur seul a bien vu ; quand il nous demanda notre avis à Smolensk sur le meilleur parti à prendre

pour la suite des opérations, nous l'engageâmes à
ne pas aller plus loin, tant était grande notre con-
viction qu'il serait imprudent de faire sur Moscou
une pointe qui nous placerait à une aussi forte
distance des deux ailes... » Mais au moment où
Bessières parlait, la fortune ne souriait plus pour
longtemps à Napoléon.

On marcha donc sur Moscou. L'avant-garde lui
annonçait que les Russes semblaient attendre une
bataille à Dorogobouge : il y dirigea toutes ses
troupes. Bessières quitta Smolensk le 24 au matin
sur la route de Valoutina; Napoléon le rejoignit
le soir. Mais le 25 l'armée russe décampa une fois
de plus. L'Empereur, tranquillisé sur ses derrières par deux victoires remportées sur la Dwina
et le Dnieper, continua à la suivre, voulant à
toutes forces joindre les Russes et remporter sur
eux une grande victoire. Barclay reculait toujours ;
Napoléon suivait. Bessières arriva en trois étapes
à Dorogobouge, en trois autres à Wiasma, à
l'arrière-garde de l'armée. Le 31 août, il quitta
Wiasma pour Ghjat : là, l'armée prit deux jours
de repos pour se préparer à mieux lutter. Le jour
de se battre allait enfin arriver : Kutusow venait
remplacer Barclay à la tête de l'armée russe et se
préparait à arrêter les Français dans la formidable

position de Borodino. 140 000 hommes occupaient
une merveilleuse situation défensive entre les
bords de la Kolocza et les bois d'Outitza, sur les
crêtes d'un vaste plateau en demi-cercle, protégé
par de redoutables ouvrages, entre les villages
de Borodino, Gorko et Seménoffskoïé. Le 5 septembre, Napoléon déboucha en face de Borodino
et réunit son armée pour livrer bataille, bivoua-
quant au milieu de sa garde près de la Kolocza.
Dès l'aube, il partit avec ses lieutenants pour
reconnaître les positions russes et arrêter ses
plans. Napoléon chargeait Eugène d'attaquer
Borodino et la grande redoute à gauche — au
centre Ney, à droite Davout attaqueraient de front
les Russes que le prince Poniatowski irait tourner
par les bois. La cavalerie de Murat soutiendrait
les divers corps. L'Empereur garderait en réserve
la division Friant, Bessières et la garde.
127 000 Français étaient présents, qui occupèrent leurs positions dans la journée du 6. Le
7 septembre, Napoléon résolut d'attaquer les
Russes.

La bataille commença à trois heures du matin.
Elle débuta victorieusement et à dix heures,
Eugène, Ney et Murat avaient enlevé tous les
ouvrages des Russes.

C'était un moment décisif; Murat et Ney, qui
dirigeaient la bataille au centre, envoyèrent Bel-
liard à l'Empereur et lui demandèrent toutes
ses réserves. Bessières, très animé, désirait se
joindre à Murat pour percer définitivement le
centre de l'ennemi et en finir ainsi; mais Napoléon était fatigué par un gros rhume et peu
porté à agir énergiquement : il refusa la garde
et envoya seulement Friant. Kutusow, au contraire, jetait toutes ses réserves en avant, repoussait le prince Eugène et engageait au centre un
combat d'une violence extrême. Murat multiplia
les charges de cavalerie et résista à tout : les
Russes furent repoussés, Bagration tué. On pouvait essayer à nouveau d'enfoncer le centre
ennemi et on le proposa à l'Empereur : celui-ci
allait se décider quand une diversion de la cavalerie russe l'arrêta encore. Il resta à Schwardino
avec la garde. Bessières conduisit seulement à
Ney et à Murat tout le reste de l'artillerie de la
garde et se tint prêt à agir avec sa cavalerie.
Mais il ne fut guère de l'avis de Ney et de Murat :
il rapporta à Napoléon que le centre des Russes
était de nouveau renforcé et qu'après le temps
qu'on venait de perdre, les vues de ces deux chefs
n'étaient plus exécutables. L'Empereur partagea

son opinion et ordonna simplement à Eugène de faire à gauche un effort décisif. Cependant, avec le secours de l'artillerie de la garde, Murat et Ney arrêtaient les masses russes en avant de Seménoffskoïé, puis recommençaient l'attaque de la cavalerie. Bessières revint observer le combat : Caulaincourt, remplaçant Montbrun à la tête du 2ᵉ corps de cavalerie, décida la victoire par une charge merveilleuse. Mais ce brave général fut tué au milieu de son succès, dix minutes après avoir causé avec le duc d'Istrie.

L'armée russe se retirait partout : on pouvait alors peut-être achever de la détruire en faisant donner la garde. Bessières, revenu près de Napoléon, le supplia de le laisser marcher : avec ses troupes fraîches il allait aborder l'armée russe et la jeter dans la Moskowa. Napoléon remonta à cheval avec le duc d'Istrie pour observer la hauteur du soleil sur l'horizon et voir si l'on avait le temps d'agir. Mais il trouva les Russes acculés, prêts à une résistance désespérée : il avait déjà des pertes énormes et ne voulait pas sacrifier encore, si loin de tout, son corps d'élite et sa ressource suprême. « Je ne ferai pas démolir ma garde, dit-il à Bessières. A huit cents lieues de France, on ne risque pas sa dernière réserve. »

C'était un refus décisif : l'Empereur termina la bataille par une épouvantable canonnade.

Napoléon avait encore 100 000 hommes sous la main : il marcha sur Moscou. Le 9 septembre l'armée fut à Mojaïsk; le 14, elle arriva devant l'antique cité impériale que Kutusow abandonna, et y entra sans combat.

Le 15 septembre, l'armée pénétra dans Moscou déserte et s'y établit, espérant enfin y trouver un long repos. Bessières était installé avec sa garde près du Kremlin où vint loger l'Empereur. La tranquillité dura bien peu : le gouverneur de Moscou, Rostopchin, avait, avant de partir, décidé l'incendie de la grande capitale et, dans sa haine des Français, avait chargé les incendiaires de chasser les conquérants de Moscou. Dans la nuit du 15 au 16, le feu gagna la ville entière. Bessières dînait quand on vint lui dire que tout brûlait autour du Kremlin : « Messieurs, dit-il à ses aides de camp, allons chercher un dîner ailleurs. » Il se rendit aussitôt au Kremlin rejoindre l'Empereur; celui-ci hésitait à partir. Le duc d'Istrie le conjura de s'en aller et finit par vaincre ses résistances : il confia Napoléon à son aide de camp Baudus qui le conduisit hors de Moscou. Il resta avec la garde autour du Kremlin pour essayer de le sauver, tandis que tout le reste de l'armée évacuait Moscou : il se signala durant ces journées horribles par de nombreux actes de touchante bonté envers les malheureux Russes innocents, restés à Moscou. On réussit à sauver le Kremlin et un cinquième de la ville environ. Napoléon y rentra le 19 septembre.

Il avait, pendant ce temps, chargé la cavalerie de Murat de suivre la marche de Kutusow. Mais le général Sébastiani à l'avant-garde venait, sur la route de Riazan, de perdre la trace de l'ennemi qui, par un brusque à droite s'était porté au sud de Moscou vers la route de Smolensk afin de menacer notre flanc. Napoléon s'en inquiéta; il forma un nouveau corps d'armée dont il donna le commandement à Bessières. Ce corps comprenait : l'armée polonaise du prince Poniatowski, la 4e division d'infanterie de Davout, division Friederich, la cavalerie légère du 1er corps de cavalerie, la division des dragons de Grouchy et les lanciers de la garde. Ce corps se dirigea par la route de Kalouga vers le sud. En même temps, il donnait ordre à Bessières de joindre les dragons de la garde à la division d'infanterie Broussier (armée d'Italie) et à la division de cui-

rassiers qui devaient aller sur la route de Smolensk
en observation.

Kutusow, devant la fureur de son armée après
l'incendie de Moscou, se décidait à faire son
mouvement tournant vers l'ouest assez près de
la capitale. Le 17, laissant une arrière-garde de
cavalerie devant Sébastiani, il s'était porté derrière la Pakra, sur le flanc de l'armée française.
Le 18, il était à Podolsk, le 19 à Krasnaïa-Pakra :
c'est là qu'il fut rejoint. Murat avait repris l'avant-
garde, vu l'erreur de Sébastiani et, tournant à
droite, remontait la Pakra derrière Kutusow.
Bessières, sorti de Moscou, fit appuyer ses troupes
du sud au sud-ouest et rencontra les Russes à
Desna. Il y trouva une forte arrière-garde russe
que commandait Miloradovich et qui gardait la
ville. Pour pénétrer dans celle-ci, il n'y avait
qu'un seul petit pont sur la Pakra et il eût fallu
éprouver beaucoup de pertes pour en forcer le
passage. Bessières, très humainement, refusa
d'autoriser l'attaque et voulut faire tourner la
position par Podolsk. Il y dirigea les Polonais
de Poniatowski et s'y rendit lui-même avec les
lanciers de la garde pour presser le mouvement. Miloradovich évacua Desna et cette belle
manœuvre de Bessières réussit à empêcher une

inutile effusion de sang, malgré les ordres de l'Empereur qui avait ordonné une poursuite sans répit.

Du côté des Russes, le général Benningsen eût voulu qu'on livrât une bataille nouvelle immédiatement; mais Kutusow n'avait que 70 000 hommes et croyait avoir affaire avec toute l'armée française. Il préféra attendre des renforts et rétrograda encore. Pressé d'un côté par Murat à droite, de l'autre par Bessières à gauche, il se retira, le 27, par Woronowo et Winkowo, derrière la rivière de la Nara. Là, il s'établit solidement au camp de Taroutino pour y refaire son armée. Bessières et Murat avaient fait leur jonction : ils vinrent camper en face de Kutusow et s'y arrêtèrent. Ils étaient à vingt lieues de Moscou et ne voulaient rien risquer sans de nouveaux ordres de l'Empereur.

Celui-ci était quelque peu endormi dans son repos; il hésitait entre hiverner à Moscou et rentrer en Pologne. Il eût voulu se rapprocher seulement de la Pologne en menaçant Saint-Pétersbourg : c'était là un beau mouvement mais très dur. Ses lieutenants commençaient à être las et inquiets de la fatigue de toute l'armée. Sur la Nara, Bessières et Murat voyaient avec souci le mauvais état de sa cavalerie dont une grande

partie était avec eux : ses forces étaient déjà
compromises et le séjour de Winkowo l'achevait
encore. Les Cosaques ne lui laissaient pas un
instant de répit. Et, malgré des mouvements continuels, on ne pouvait arriver à la nourrir. Murat
et Bessières n'avaient ni grains ni fourrages :
Napoléon ne put leur en envoyer beaucoup. Il
leur proposa de se rapprocher de Moscou, mais ils
préférèrent ne pas s'exposer à de nouvelles et
fatigantes manœuvres et à ne pas quitter l'assez
bonne position qu'ils avaient en face des Russes
sur le petit cours d'eau de la Czernicznia. Bessières envoya même Baudus à Moscou pour faire
part à l'Empereur de ses inquiétudes. Celui-ci fut
fort en colère : « Est-ce que ces bougres-là ont
peur? s'écria-t-il. Dites-leur que s'ils ont peur, je
les ferai remplacer. » Ces emportements n'amé-
lioraient malheureusement en rien la situation.

Cependant Napoléon essayait de négocier avec
les Russes et envoyait M. de Lauriston au camp
de Bessières pour s'aboucher avec Kutusow et lui
proposer à la fois une guerre moins barbare et
un armistice tacite, avant-coureur de paix. Lauriston arriva le 4 septembre à Taroutino et, après
quelques difficultés, commença des négociations
qui donnèrent à Murat et à Bessières une tranquil-

lité momentanée. Malheureusement la Russie ne voulait plus de la paix : elle se contentait de feindre et de temporiser pour rassembler de nouvelles forces avant de reprendre la lutte. Napoléon semblait s'endormir dans les douceurs de Moscou et ne pensait pas à profiter de la belle saison pour se tirer de cette situation sans issue. Bessières voulut employer son influence sur l'Empereur pour le faire sortir de sa torpeur et le presser d'agir; il se rendit à Moscou dans ce but, mais en repartit pour la Nara, sans en avoir pu rien obtenir. Le 13 octobre enfin, dans un conseil de guerre tenu à Moscou avec Eugène, Berthier, Davout, Ney et Mortier, l'Empereur se décidait à laisser une garnison au Kremlin et à marcher contre Kutusow vers Kalouga : seuls Murat et Bessières, retenus devant Taroutino, manquaient au conseil. Il était plus que temps d'agir; les Russes venaient en effet de le prévenir et de reprendre l'offensive.

Kutusow se trouvait alors à la tête de cent mille Russes et Cosaques bien prêts à combattre. Benningsen, son ardent second, lui proposa de reprendre les hostilités par un hardi coup de main contre Murat et Bessières. Le 17 octobre, il lança

sur leur aile gauche la plus grande partie de la
cavalerie russe sous le général Orloff-Denissoff
et l'infanterie du général Bagowouth, tandis que
le gros de son armée s'avançait pour attaquer le
front des positions françaises. Le 18 au matin,
s'engagea le combat de Winkowo : les Français
d'abord surpris et vivement ramenés en arrière se
remirent aussitôt. Bessières développa l'infanterie
polonaise et là division Friederich et arrêta l'attaque principale de l'armée russe. Pendant ce
temps, Murat ralliait ses escadrons et, de concert
avec le duc d'Istrie, faisait exécuter à la cavalerie
des charges admirablement conduites. Sous la
merveilleuse direction de ces deux grands chefs
de la cavalerie impériale, celle-ci rompit promptement les escadrons d'Orloff-Denissoff : Murat
et Bessières firent ensuite charger les quatre
bataillons de Bagowouth et enfoncèrent tout dans
un vigoureux élan. Ils se retirèrent alors en bon
ordre devant la supériorité des forces ennemies
sur Woronowo, sans être inquiétés dans leur
retraite. Dans la surprise, ils n'avaient perdu
que quelques prisonniers et des bagages :
1 500 Français étaient tués ou blessés et plus de
2 500 Russes dont le général Bagowouth. Ils
appelèrent Napoléon. L'Empereur se décida enfin

à quitter Moscou le 19 octobre : la retraite de
Russie était commencée. Napoléon avait encore
100 000 hommes sous la main mais peu de cavalerie et trop de bagages. Il voulait d'abord aller
attaquer Kutusow à Taroutino et marcher sur
Kalouga; sorti de Moscou, il recula devant une
nouvelle grande bataille et après avoir rallié
l'armée de Murat et de Bessières, il se décida à
marcher vers Smolensk par Malo-Jaroslawetz
pour tourner en même temps les positions russes.
Il prit sans retard les mesures nécessaires à ce
mouvement, de façon à réunir le 25 octobre toute
son armée devant Malo-Jaroslawetz : le 21, son
avant-garde s'y trouva et il la rejoignit bientôt
avec Bessières et la garde. Malheureusement
Kutusow devina son projet et porta rapidement
son armée à Malo-Jaroslawetz pour y disputer le
passage aux Français. Un horrible combat s'y
engagea le 24 et l'avant-garde française, au prix
de pertes énormes, resta maîtresse du champ de
bataille sur les deux rives de la Lougea.

Le 25, Napoléon établi à Gorodnia accourut
pour observer avec son état-major la position
russe et savoir s'il devait persister à percer sur
Kalouga ou s'il lui fallait battre en retraite vers
Smolensk. Tandis qu'il faisait l'examen des lieux

un incident tragique se produisit : 5 000 Cosaques
environ dirigés par l'hetman Platov avaient
franchi par surprise la Lougea; ils vinrent en un
instant entourer le petit groupe impérial et l'attaquèrent violemment pour s'emparer de l'Empereur. Murat, Besssières, Rapp qui entouraient
Napoléon mirent le sabre en main et défendirent
vaillamment leur souverain qui souriait au
danger. Ils eussent succombé, mais le duc d'Istrie
avait eu le temps d'appeler à lui un détachement
des dragons de la garde qui se trouvait non loin :
quelques-uns de ceux-ci accoururent au secours
de l'Empereur avec leur lieutenant Dulac et le
dégagèrent. Puis Bessières se mit à leur tête et
avec ces merveilleux soldats qu'il avait su jusque-
là maintenir dans toute leur puissance, exécuta
une charge furieuse contre les Cosaques. Il en
fit sabrer beaucoup avec quelques renforts qui lui
arrivaient, il en tua et en prit plus de six cents et
les rejeta très maltraités dans la Lougea après leur
avoir enlevé tout leur butin. C'était un glorieux
fait d'armes : Bessières avait sauvé l'Empereur :
le Bulletin de la Grande Armée le fit savoir à
l'Europe entière.

Après avoir terminé son inspection, Napoléon
revint à Gorodnia et, dans une grange du village,

réunit les chefs de corps pour un suprême conseil de guerre. Fallait-il attaquer Kutusow et
percer vers Kalouga ou se retirer vers Smolensk?
Bessières, comme tous les lieutenants de l'Empereur, opina pour une franche et rapide retraite :
une bataille nouvelle affaiblirait encore l'armée
et il était impossible de traîner à sa suite dix
mille blessés jusqu'en Pologne. Seul Davout proposa de rentrer à Smolensk non par la route
prise à l'aller, qui cheminait en pays désert, mais
par un chemin neuf où l'armée trouverait sa subsistance. Mais il fut peu écouté et Napoléon eut
le tort de ne pas le soutenir car il eût mieux aimé
rétablir son prestige par une victoire, et quand, le
lendemain, il donna sa décision, il renonça bien
à une bataille mais pour accepter une retraite
rapide et directe.

Le 26 octobre, cette retraite commença définitivement vers Mojaïsk par Wereja. Bessières
marchait désormais en tête avec la garde, puis
Murat, Ney, Eugène et Davout en arrière-garde.
Les moments pénibles allaient commencer, la
cavalerie s'anéantissait peu à peu et il ne restait
plus que les escadrons de Bessières bien diminués.
L'artillerie, au contraire, embarrassait l'armée et
on était obligé d'en abandonner une partie. Le

29 octobre, Bessières atteignit Mojaïsk : il y
rejoignit Mortier qui ramenait la garnison de
Moscou, contenant une partie de la Jeune Garde.
Puis l'armée s'achemina vers Smolensk : Kutusow
venait d'adopter une nouvelle tactique, se contentant de harceler sans cesse nos flancs et laissant au
climat le soin de nous détruire. L'armée fondait
déjà terriblement : seul le corps de Bessières, qui
marchait en tête et avait peu affaire à l'ennemi, le
plus soigné aussi, se maintenait encore dans son
ensemble. Il passa à Wiasma le 1er novembre
avant l'arrivée de Kutusow, qui allait vainement
essayer d'y couper l'armée, le 5 à Dorogobouge ;
Napoléon marchait toujours avec lui ainsi que le
quartier général.

Là, de tristes nouvelles attendaient l'Empereur : les forces laissées par lui sur ses ailes en
arrière reculaient devant les Russes qui menaçaient de réunir 80 000 hommes à la Bérésina
devant Napoléon. Celui-ci hâta la retraite : le 6,
l'armée partit pour Smolensk où l'avant-garde de
Bessières arriva enfin le 9 novembre. L'armée
avait encore cruellement souffert du froid et des
Russes : des 100 000 hommes partis de Moscou,
il restait 37 000 combattants actifs. Le duc d'Istrie
avait vu fondre avec désespoir sa cavalerie même

dont le froid avait tué les montures, et la Vieille
Garde commençait à se débander : le corps entier
est réduit à 11 000 hommes, la cavalerie à
500 chevaux. Mais à Smolensk l'armée ne trouve
presque rien pour se refaire et, la terrible menace
de la route de la Bérésina fermée devenant plus
certaine, Napoléon ne peut s'arrêter. Dès le 14,
Bessières repart de Smolensk avec la garde et l'Empereur et marche vers Krasnoë où il arrive le 15.

Il y trouva l'ennemi. Kutusow le laissa passer,
puis se plaça aussitôt sur ses derrières pour barrer
le chemin au reste de l'armée. Napoléon s'arrêta
pour tendre la main à ses lieutenants : il allait
les rallier peu à peu dans l'état le plus navrant
et aux prix de pertes effrayantes. Le 16, Eugène
passait en sacrifiant une division. Le 17, Davout
approchait : Napoléon et Bessières sortirent de
Krasnoë sur la route de Smolensk et rangèrent
la garde en bataille. Davout arriva, se jeta en
colonnes serrées sur l'ennemi et passa en l'enfonçant; il vint s'établir à la gauche de la garde sur
le plateau de Krasnoë. Les Russes attaquèrent le
plateau : les corps Galitzin et Miloradovich, la
réserve russe de cavalerie firent un vigoureux
effort, mais Mortier, Bessières, Davout se multiplièrent et l'héroïsme invincible de la Jeune Garde

sauva l'armée. Ney restait encore en arrière, séparé de l'empereur par les Russes, mais il fallait partir si l'on ne voulait pas trouver la route barrée : Bessières et Mortier recommencèrent la retraite vers Orscha et le Dnieper, suivis d'Eugène et de Davout. On y marcha le plus rapidement possible et on y arriva le 19. Par un coup d'héroïsme et d'habileté merveilleuse, Ney, qui avait vainement essayé de forcer à travers les Russes à Krasnoë et avait miraculeusement sauvé les débris de son corps en passant le Dnieper, rejoignit l'armée à Orscha; celle-ci se trouvait réduite à 25 000 hommes à peine des 400 000 combattants qui avaient passé le Niemen : la garde, Bessières et Mortier avaient encore 8 000 hommes. Eugène 3 000, Davout 9 000, Ney 1 500, Poniatowski et Junot 2 500, soit 24 000 combattants environ. Pour la garde en particulier : la Vieille Garde comptait 3 500 hommes (le reste des 6 000 grenadiers avait péri, mais il n'y avait pas eu de désertion dans ce corps d'élite); la Jeune Garde, décimée par les combats et vidée par la débandade, n'avait plus que 3 500 combattants; — enfin la cavalerie de Bessières gardait 500 cavaliers montés environ et autant de démontés qui suivaient le corps en fantassins. Napoléon vou-

lait essayer de préserver ces précieux débris et les
ménageait avec soin.

A Orscha, on apprit que la retraite sur la Bérésina était coupée par les armées russes du Nord
et du Midi, sous Wittgenstein et Tchitchakoff,
qui occupaient tous les passages de la Bérésina.
L'Empereur dirigea son armée un peu au-dessus
de Borisow vers Studianka où il allait rallier les
30 000 hommes de Victor et Oudinot. Le général
Eblé devait y jeter deux ponts à la hâte. Le
26 novembre, Napoléon y arriva au galop avec
Murat, Berthier, Eugène, Bessières, Duroc. Le
moment était critique : le salut de l'armée dépen-
dait du passage. Enfin l'Empereur arrivant à
temps put protéger l'installation des ponts et
jeter Oudinot sur l'autre rive ; l'armée, au fur et
à mesure, défilait rapidement ; l'état-major se
multiplia pour diriger les mouvements et Bessières s'y signala comme Eblé et Berthier, par un
dévouement de tous les instants.

Victor arriva le dernier faisant tête à Wittgenstein, tandis qu'Oudinot commençait sur l'autre
rive à résister à Tchitchakoff. Le 27 novembre se
passa ainsi ; le 28, Kutusow arriva avec de nouvelles forces et une bataille suprême s'engagea
pour détruire les Français.

A droite Ney, remplaçant Oudinot, battit complètement Tchitchakoff. A gauche, la tâche était
dure car les traînards et les bagages gênaient
la défense; des paniques terribles eurent lieu que
rien ne put arrêter. Cependant Victor parvint à
rejeter l'ennemi et passa à son tour dans la soirée.
Il ne restait plus que les traînards : Eblé, Victor,
Bessières avec une touchante humanité se multiplièrent pour en sauver le plus possible, mais ils
ne purent les recueillir tous. Le 29, il fallut incendier les ponts en abandonnant toute une foule
désespérée.

Le maréchal Bessières fit sauver, au moment
de partir, un pauvre bébé dont la mère se noyait
et le fit soigner par sa suite. Puis il suivit l'Empereur : les débris de l'armée étaient sauvés.

La débâcle continua vers Wilna par Molodeczno.
La grande question qui agitait alors les esprits
était celle du départ de l'Empereur. Certains
historiens prétendent que Napoléon n'aurait pas
dû quitter l'armée; il aurait pu, fort de son ascendant, rallier à Wilna toutes ses réserves, avec
100 000 hommes, faire face aux Russes considérablement affaiblis eux-mêmes et tout sauver
ainsi.

C'est là s'avancer à tort, car il était désormais

impossible d'arrêter la débâcle et mieux valait que
Napoléon allât le plus tôt possible rassembler en
France de nouvelles forces pour les luttes futures.
Tel était l'avis de ses conseillers, mais aucun
n'osait en parler et affronter la colère de Napoléon
qui avait interdit ce sujet de conversation. Berthier et Duroc eux-mêmes avaient peur. A Smor-
goni, Murat et le prince Eugène demandèrent à
Bessières d'intervenir : celui-ci était très aimé
et pouvait peut-être essayer de parler franchement; mais Bessières avait à peine commencé à
dire quelques mots du sujet brûlant que l'Empereur entra dans un violent accès de colère; seul,
dit-il (selon Baudus), son plus mortel ennemi
pouvait lui proposer de quitter l'armée dans la
situation où elle se trouvait. Il alla plus loin encore
et fit mine de se jeter sur le duc d'Istrie, l'épée
nue. « Quand vous m'aurez tué, dit froidement
Bessières, il n'en sera pas moins vrai que vous
n'avez plus d'armée, que vous ne pouvez plus
rester ici parce que nous ne pouvons plus vous
garder. » Murat et Eugène entraînèrent Bessières,
mais Napoléon, sa rage passée, le rappela et céda.
Le 5 décembre, il rassembla son état-major, lui
fit ses adieux et partit.

Les souffrances reprenaient terribles pour

l'armée. Elle arriva le 9 décembre à Wilna où de nouveaux désastres l'attendaient. Murat, qui dirigeait la débâcle, ne put que partir avec les états-majors, perdant encore 20 000 hommes, le trésor et les trophées de l'armée. Les maréchaux arrivèrent le 11 décembre à Grodno sur le Niemen : Bessières y réunit un millier d'hommes de la garde qui restaient encore. C'était la fin de la Grande Armée de Russie : elle était complètement détruite.

Murat rassembla un conseil suprême avec Berthier, Bessières, Davout, Ney, Eugène, les chefs de corps restants. Mais on ne put rien décider que toujours fuir et on se rallia seulement à Kœnigsberg. La campagne de Russie était finie, immense désastre de la fortune napoléonienne.

Le maréchal Bessières était, à Noël, à Elbing quand l'Empereur le rappela promptement en France pour présider à la réorganisation de la garde et de la réserve de cavalerie.

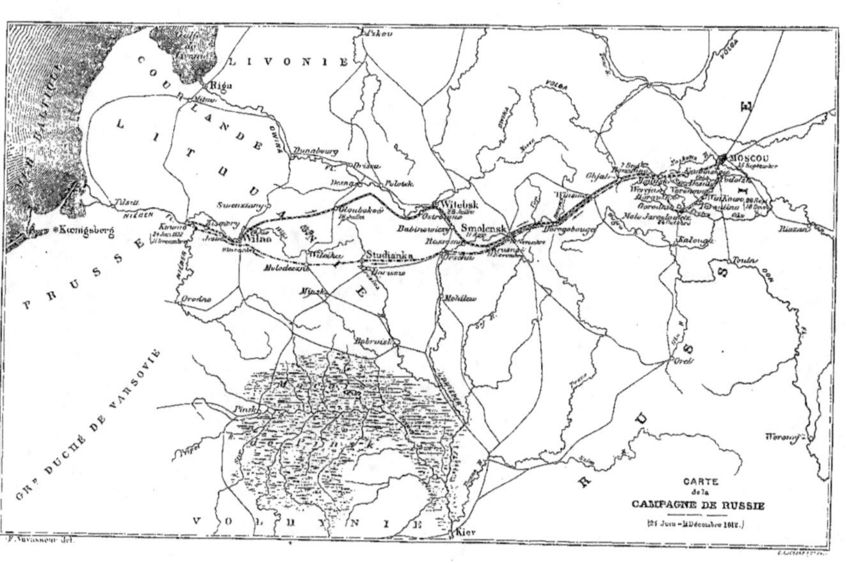

CARTE
de la
CAMPAGNE DE RUSSIE
(24 Juin — 14 Décembre 1812.)
MER BALTIQUE
LIVONIE
COURLANDE
LITHUANIE
PRUSSE
GR.e DUCHÉ DE VARSOVIE
VOLHYNIE
RUSSIE
Riga
Dunabourg
Drissa
Polotsk
Swenziany
Witebsk
Smolensk
Wilna
Kowno
Koenigsberg
Tilsit
Studianka
Molodeczno
Minsk
Orcha
Bobruisk
Pinsk
Mohilew
Kiev
Moscou
Kalouga
Toula
Riazan
Woronej
DWINA
VOLGA
NIEMEN

CHAPITRE XIV

LA DERNIÈRE CAMPAGNE
MORT DE BESSIÈRES

Préparatifs de la campagne d'Allemagne. — Réorganisation de
la garde. — Bessières commandant de la réserve de cavalerie. — Début de la campagne.
Mort de Bessières, 1er mai 1813. — Récit de son aide de camp
Baudus. — Bulletin de la Grande Armée et lettre de l'Empereur à madame Bessières. — Honneurs rendus au duc d'Istrie.

Napoléon, rentré en France, poussait aussitôt
fébrilement les préparatifs de la campagne prochaine. Il fallait vaincre une dernière fois toute
l'Europe soulevée contre sa tyrannie. Bessières
travailla beaucoup durant ces premiers mois de
1813 : il s'occupait à la fois de la réorganisation
de la garde et de celle de la cavalerie. Pour la
première, la tâche était encore facile, car tous les
éléments dissous pendant la débâcle de Russie
venaient peu à peu se grouper à nouveau. Pour
la seconde, elle était très dure, la cavalerie étant

complètement démontée : les généraux Sébastiani, Bourcier et Latour-Maubourg se multiplièrent sous la direction de l'Empereur, de Berthier et de Bessières pour organiser la remonte, mais de nombreuses difficultés, dues surtout aux révoltes allemandes, entravèrent leurs efforts.

Ce furent alors les derniers moments que le maréchal Bessières passa au milieu des siens. En avril 1813, il repartait pour l'Allemagne pour se dévouer une fois de plus au service de l'Empereur : il devait y laisser sa vie.

Pour résister aux forces de la coalition, Napoléon venait encore de mettre sur pied une formidable armée : trois corps occupaient l'Allemagne du Nord, sous Davout à Hambourg, Victor à Magdebourg et Rapp à Dantzig. Le prince Eugène, avec Macdonald et Lauriston, avait 60 000 hommes sur l'Elbe, Poniatowski tenait avec 20 000 hommes en Pologne. Enfin, Napoléon marchait au secours du prince Eugène avec trois corps d'armée (Ney, Marmont, général Bertrand); la garde, 15 000 hommes déjà prêts dont 3 000 vétérans et 3 000 cavaliers, et une réserve de cavalerie confiée à Bessières. C'était 300 000 hommes jetés en Allemagne pour faire face à l'Europe.

Napoléon se dirigea aussitôt vers la Saxe. Il descendait la rive gauche de la Saale tandis qu'Eugène la remontait, venant faire sa jonction avec lui à Mersebourg. L'Empereur avait désormais 200 000 hommes sous la main; il commença la campagne. Le 29 avril, Ney força le passage de la Saale à Weissenfels contre les Russes; le 1ᵉʳ mai, Napoléon commença à prendre l'offensive : dès le matin, il monta à cheval avec Bessières, Ney, Mortier, Duroc. Il voulait déployer ses troupes dans la plaine de Lutzen et poussait vivement le maréchal Ney en avant. C'est à cet instant des opérations que mourut le duc d'Istrie.

Voici comment Baudus raconte les derniers moments du maréchal : « On parle souvent des pressentiments dont quelques militaires ont été favorisés sur l'époque précise de leur mort; il en fut ainsi pour Bessières. Le 30 avril, le quartier général impérial passa la nuit à Weissenfels; le maréchal, qui commandait toute la cavalerie, y coucha également. Le lendemain, déjeunant en tête à tête avec lui, je le trouvai triste et je fus longtemps sans pouvoir lui faire accepter aucun des mets que je lui offrais. Enfin, il finit par céder à mes instances en prononçant ces paroles extraor-

dinaires : « Au fait, si un boulet de canon doit
» m'enlever ce matin, je ne veux pas qu'il me
» prenne à jeun ! » Ces mots me surprirent d'autant
plus qu'il lui était arrivé plusieurs fois, lorsque
nous nous trouvions exposés à un feu meurtrier,
de nous dire en riant : « Gare à vous, messieurs.
» Pour moi, il ne m'arrivera rien. » En sortant de
table, le maréchal me donna la clef de son porte-
feuille et me dit : « Faites-moi le plaisir de me
» chercher les lettres de ma femme. » Je les lui
» remis : il les prit et les jeta au feu...

» L'Empereur était monté à cheval : le maréchal
le suivit. Sa figure était si triste et si pâle que,
frappé de cette circonstance et la rapprochant de
ce qui venait de se passer entre lui et moi, je dis
à un de mes camarades : « Si nous nous battons
» aujourd'hui, je parierais que le maréchal sera
» tué ! » L'affaire s'engagea : le duc d'Elchingen
ayant enlevé le village de Rippach, le duc d'Istrie
s'empressa de reconnaître le défilé dont nos
troupes venaient de prendre possession, pour le
faire traverser à une partie de sa cavalerie. En
arrivant sur la hauteur qui domine le village,
lorsqu'on en sort par la route de Leipzig, il se
trouva en face d'une batterie d'artillerie que les
Prussiens venaient d'établir pour enfiler la

grande route. Le premier boulet qui en partit emporta la tête d'un maréchal des logis des chevau-légers polonais de la garde, qui, depuis quelques années, faisait auprès du maréchal le service d'ordonnance. Cette perte l'affligea : il s'éloigna au galop. Cependant, après avoir examiné la position de l'ennemi, il revint près de ce malheureux cadavre, accompagné du capitaine Bourjolly, de son mameluck Mirza et de quelques aides de camp. Il leur dit : « Je veux qu'on » fasse enterrer ce jeune homme. D'ailleurs, l'Em- » pereur serait mécontent s'il voyait un sous-offi- » cier de la garde tué là; car, si ce poste était » repris, il serait fâcheux qu'à la vue de cet uni- » forme nos adversaires se persuadassent qu'on a » fait donner la garde. » Un boulet lancé par la même batterie le tua raide au moment où il ache-vait de prononcer ces paroles. Le maréchal re-mettait sa lunette dans sa poche : il eut la main gauche, qui tenait les rênes, fracassée, le corps traversé et le coude droit brisé. Sa montre, quoi-qu'elle n'eût pas été touchée, s'arrêta sur le coup : elle marque encore aujourd'hui l'heure fatale de la mort du maréchal. »

Le maréchal Ney, qui venait de quitter Bes-

sières et le vit expirer, dit : « C'est notre sort!
c'est là une belle mort. » On sauva le corps du
duc d'Istrie à grand'peine au milieu de la charge
furieuse que fit l'ennemi en ce moment. Le corps
fut transporté couvert d'un grand manteau et on
cacha jusqu'au lendemain la mort à l'armée dont
on craignait de paralyser le courage : « La mort
s'approche de nous, » dit l'Empereur. Il alla le soir
visiter le tombeau de Gustave-Adolphe, mort dans
ces mêmes plaines de Lutzen, et il ordonna qu'on
élevât à côté un monument au maréchal Bessières.

Le lendemain, il annonçait en ces termes le
triste événement dans le Bulletin de la Grande-
Armée : « ... Par une de ces fatalités dont la
guerre est pleine, le premier coup de canon qui
fut tiré dans cette journée coupa le poignet au
duc d'Istrie, lui perça la poitrine et le jeta raide
mort. Il s'était avancé à cinq cents pas du côté
des tirailleurs pour reconnaître la plaine. Ce
maréchal, qu'on peut, à juste titre, nommer
brave et juste, était recommandable autant par son
coup d'œil militaire, par sa grande expérience
de l'arme de la cavalerie, que par ses qualités
civiles et par son attachement pour l'Empereur.
Sa mort sur le champ d'honneur est la plus digne
d'envie; elle a été si rapide qu'elle a dû être sans

douleur. Il est peu de pertes qui puissent être plus sensibles au cœur de l'Empereur : l'armée et la France entière partageront la douleur que Sa Majesté a ressentie. »

Napoléon écrivit à la duchesse d'Istrie une lettre très affectueuse :

« Madame, votre mari est mort au champ d'honneur.' La perte que vous faites et celle de vos enfants est grande, sans doute, mais la mienne l'est davantage; le duc d'Istrie est mort de la plus belle mort et sans souffrir. Il laisse une réputation sans tache : c'est le plus bel héritage qu'il ait pu laisser à ses enfants. Ma protection leur est acquise : ils hériteront aussi de l'affection que je portais à leur père. Trouvez dans ces considérations des motifs pour alléger vos peines et ne doutez jamais de mes sentiments pour vous. »

L'Empereur, après avoir signé la lettre qu'il écrivait à la duchesse d'Istrie, dit à son secrétaire, le baron Fain : « Vous connaissiez Bessières depuis longtemps? — Oui, Sire, sa perte sera un deuil pour l'armée qui le chérissait. — Il me faut une victoire pour compenser un tel malheur, reprit Napoléon. — C'était, pour Votre Majesté, un ami fidèle, un sujet dévoué, ajouta Fain. — Dites aussi que c'était un honnête homme; ce mot comprend tous les éloges. »

Le corps de Bessières fut amené à Paris : l'état-major de la place et la garnison le reçurent et l'accompagnèrent aux Invalides où il resta exposé sous le dôme jusqu'à ce qu'on lui rendît les honneurs dus à son rang. Quand, le 24 mai, Duroc fut tué en Allemagne, Napoléon ordonna une cérémonie publique où seraient prononcés solennellement les éloges funèbres de Bessières et de Duroc par MM. Villemain et Victorien Fabre. Mais les événements ne permirent pas l'accomplissement de cette cérémonie.

Tout le monde, amis et ennemis, avait pleuré la perte du noble soldat qu'était le duc d'Istrie. Elle avait fait une vive impression sur l'armée qui l'adorait pour la simplicité et la bonté qui s'alliaient chez lui à l'héroïsme. Mais les étrangers eux-mêmes lui rendirent de touchants hommages : le roi de Saxe lui fit élever un monument; quand, en 1815, l'empereur d'Autriche recouvra l'Istrie, il assura une pension à la veuve de Bessières afin de reconnaître le parfait désintéressement du maréchal. En Espagne eut lieu la manifestation la plus spontanée et la plus touchante : dans ce pays, peu suspect de tendresses envers nous, plusieurs villages, autrefois gouvernés par Bessières, et perdus depuis par nos troupes, célébrèrent cependant des services funèbres pour le duc d'Istrie, en souvenir de la profonde humanité montrée par ce dernier. C'est là, certes, le plus rare des hommages.

Bessières, bien qu'ayant occupé les plus grands emplois, ne mourait pas riche ; mais tout le monde assura l'avenir de sa famille et, plus tard, Louis XVIII devait faire de son fils un pair de France. Le maréchal était président à vie du collège électoral de Haute-Garonne. En 1845, le conseil général du Tarn vota des crédits et commença une souscription pour élever sa statue dans sa ville natale de Prayssac : le monument y fut dressé l'année suivante.

Telles sont les diverses circonstances qui accompagnèrent et suivirent la mort du maréchal Bessières, duc d'Istrie.

CONCLUSION

Dans le *Mémorial de Sainte-Hélène*, Napoléon
dit en parlant de Bessières : « Il vécut comme
Bayard, il mourut comme Turenne. »

Comme le loyal chevalier de la Renaissance, le
duc d'Istrie se montra durant toute sa vie digne
du respect universel : « Ce n'est pas seulement
comme soldat, dit la duchesse d'Abrantès, comme
existence militaire que la sienne est remarquable,
c'est comme citoyen vertueux, comme ami fidèle,
comme sujet dévoué. Oh! Bessières était ce qu'on
appelle sans aucune fiction un honnête homme :
ce mot comprend tous les éloges. » Il se retrouve
dans toutes les bouches à propos de Bessières.
C'est que, si ce dernier fut comme Turenne l'idole
des soldats et l'objet de la vénération publique, il
ne commit pas les pénibles erreurs qui ternirent
un moment la belle carrière du grand maréchal

du xviie siècle; celle du duc d'Istrie fut ennoblie
par sa pure fidélité autant que par sa valeur
militaire, son héroïsme et sa bonté. Son nom
restera lié aux plus beaux faits d'armes de la garde
et de la merveilleuse cavalerie impériale dans
l'épopée napoléonienne : de Roveredo à Lutzen en
passant par Austerlitz, Eylau, Medina del Rio-
Seco, Essling, le maréchal est partout aux côtés
de son souverain, dont son intelligence et son
noble caractère lui assurent la durable affection;
de Madrid à Moscou l'Empereur met sans cesse à
l'épreuve ses grandes qualités et son inlassable
dévouement, que seule la mort vient arrêter. Et
peut-être cette mort fut-elle heureuse : le maréchal n'assista pas au triste écroulement du superbe
édifice impérial. Elle lui épargna sans doute non
les bassesses qui ternirent la gloire jusque-là sans
tache des plus grands lieutenants de Napoléon,
bassesses que sa droiture eût su lui faire éviter,
mais les persécutions que son attachement trop
fidèle lui eût attirées. Peut-être aussi fut-elle un
malheur pour nos armes : Bessières aurait bien
figuré à côté de Ney à Waterloo, et la cavalerie
française, sous son chef habituel, si brave et si
habile, aurait peut-être eu raison des inébranlables carrés de Wellington et changé la face de

l'histoire. Mais ce sont là des hypothèses : la réalité suffit largement à la gloire du duc d'Istrie et
l'on peut dire avec un de ses contemporains :

« Si jamais notre patrie a un Plutarque digne
d'écrire la vie des hommes illustres de l'époque
révolutionnaire, Bessières tiendra certes un rang
distingué dans cette galerie de héros. »

FIN

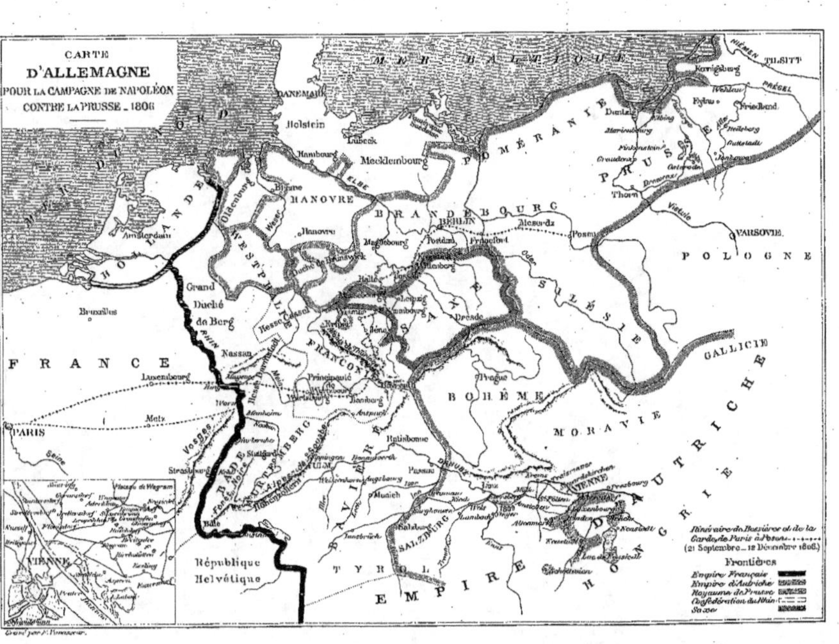

CARTE
D'ALLEMAGNE
POUR LA CAMPAGNE DE NAPOLÉON
CONTRE LA PRUSSE _ 1806
MER DU NORD
MER BALTIQUE
DANEMARK
Holstein
Lubeck
Hambourg
Mecklembourg
Brême
HANOVRE
Hanovre
Oldenbourg
ELBE
HOLLANDE
Amsterdam
POMÉRANIE
PRUSSE
NIÉMEN
TILSITT
Kœnigsberg
Wehlau
PRÉGEL
Pylau
Friedland
Dantzig
Elbing
Marienbourg
Heilsberg
Finkenstein
Osterode
Graudenz
Dantzig
Thorn
Vistule
BRANDEBOURG
BERLIN
Potsdam
Magdebourg
Francfort
Oder
Alexandx
Posen
VARSOVIE
POLOGNE
SILÉSIE
GALLICIE
Halle
Leipsick
Dresde
SAXE
Grand
Duché
de Berg
Bruxelles
FRANCE
Luxembourg
Metz
PARIS
Seine
Nassau
Hesse
Erfurt
Iéna
FRANCONIE
Prague
BOHÊME
MORAVIE
VIENNE
D'AUTRICHE
Vosges
Strasbourg
Rhin
Bâle
République
Helvétique
WURTEMBERG
BADE
Stutgard
Ulm
Munich
Ratisbonne
BAVIÈRE
DANUBE
Passau
TYROL
Innsbruck
SALZBOURG
Salzbourg
EMPIRE
HONGRIE
EMPIRE D'AUTRICHE
Itinéraire de Bessières et de la
Garde, de Paris à Posen ....
(21 Septembre _ 12 Décembre 1806.)
Frontières
Empire Français
Empire d'Autriche
Royaume de Prusse
Confédération du Rhin
Saxe
Plan de Wagram
VIENNE
Gravé par M. Vonsperer.

BIBLIOGRAPHIE

ARCHIVES ET DOCUMENTS

Mémoires : Baudus, aide de camp de Bessières. — Duchesse d'Abrantès. — Prince Eugène. — Roi Joseph. — Général Baron de Marbot. — Maréchal Masséna. — Maréchal Jourdan. — Maréchal Marmont, etc., etc.

Collection des ouvrages tirés des archives de la guerre :

Foucart, *Campagne de Prusse : Iéna et Prenzlow-Lubeck*, 2 vol. — *Campagne de Pologne : Pultusk et Golymin*, 2 vol.

Balagny, *Campagne de Napoléon en Espagne*, 1 vol.

Saski, *Campagne de 1809*, 3 vol.

Thiers, *Histoire de la Révolution. — Histoire du Consulat et de l'Empire.*

Jomini.

Napier, Général Foy, *Histoire de la guerre dans la Péninsule.*

Colonel Van Angeli, *l'Archiduc Charles.*

Recueil des Victoires et Conquêtes.

Bulletin de la Grande Armée.

Diverses histoires de la guerre des Pyrénées pendant la Révolution, de la guerre d'Égypte, de la campagne de Russie, etc.

CARTES

TABLE

CHAPITRE PREMIER

INTRODUCTION

1768-1796.

CHAPITRE II

LES PREMIÈRES CAMPAGNES

1796-1799.

CHAPITRE III

LE CONSULAT ET L'EMPIRE

1799-1804.

CHAPITRE IV

LE MARÉCHAL BESSIÈRES

CHAPITRE V

AUSTERLITZ

1805.

CHAPITRE VI

IÉNA. — CAMPAGNE DE PRUSSE. — EYLAU ET FRIEDLAND

CHAPITRE VII

BESSIÈRES EN ESPAGNE. — MEDINA DEL RIO-SECO

CHAPITRE VIII

NAPOLÉON EN ESPAGNE

CHAPITRE IX

LA CAMPAGNE DE 1809. — D'ABENSBERG A VIENNE
CAMPAGNE DE BESSIÈRES EN BAVIÈRE

CHAPITRE XIV

LA DERNIÈRE CAMPAGNE. — MORT DE BESSIÈRES

COULOMMIERS
Imprimerie Paul BRODARD.

CALMANN-LÉVY, ÉDITEURS

DERNIÈRES PUBLICATIONS

— Format in-8° —

DUC D'AUMALE

Histoire des princes de Condé 7 volumes.................... 52 50

1 volume *index*.............. 3 50

H. DE BALZAC

Lettres à l'Étrangère, 1 vol. 7 50

C. DE BARANTE

Souvenirs du baron de Barante, 8 volumes........... 60 »

A. BARDOUX

La Duchesse de Duras, 1 vol. 7 50

HIPPOLYTE BUFFENOIR

La Comtesse d'Houdetot, 1 vol. 7 50

RAOUL DE CISTERNES

La Campagne de Minorque, 1 volume................... 7 50

MADAME OCTAVE FEUILLET

Souvenirs et correspondances 1 volume................... 7 50

COMTE D'HAUSSONVILLE

La Duchesse de Bourgogne, tomes I, II et III.......... 22 50

COMTE D'HAUSSONVILLE et G. HANOTAUX

Souvenirs sur Madame de Maintenon, tomes I et II.. 15 »

VICTOR HUGO

Correspondance, tomes I et II 15 »

PAUL LAFOND

Garat, 1 vol 7 50

J. LEMOINE et A. LICHTENBERGER

De La Vallière à Montespan, 1 v. 7 50

PIERRE LOTI

OEuvres complètes t. I à VII 52 50

COMTE DE MONTALIVET

Fragments et Souvenirs, 2 vol. 15 »

PRINCE HENRI D'ORLÉANS

Autour du Tonkin. 1 volume. 7 50

LUCIEN PEREY

Charles de Lorraine et la Cour de Bruxelles sous le règne de Marie-Thérèse, 1 volume 7 50

COMTE CH. POZZO DI BORGO

Correspondance diplomatique. 2 volumes................... 15 »

VICOMTE DE REISET

Souvenirs, 3 volumes........ 22 50

ERNEST RENAN

Histoire du peuple d'Israël, 5 volumes................... 37 50

Lettres intimes de Renan et de Henriette Renan. 1 vol... 7 50

Lettres du Séminaire......... 7 50

E. RENAN et M. BERTHELOT

Correspondance. 1 volume ... 7 50

LÉON SAY

Les Finances de la France sous la Troisième République, 4 volumes.......... 30 »

PIERRE DE SÉGUR

La Jeunesse du Maréchal de Luxembourg (1628-1668), 1 vol. 7 50

PRINCE DE TALLEYRAND

Mémoires, avec une préface du duc de Broglie, 5 volumes.. 37 50